ジャストシステム公認
JN091180
まるごと活用！
一太郎2020
基本＆作例編
ジャムハウス編集部［編］
太郎
35th Anniversary
かしこい日本語。
ATOK
Jam House

祝！ 35周年 一太郎の歴史

1985年2月に、「jX-WORD太郎」が発売されてから今年で35年。
今までに発売された一太郎は、31バージョンにもなります。
今回、35周年を記念して、懐かしのパッケージを一挙紹介。
あなたはどの一太郎から使っていますか？

jX-WORD太郎

1985（昭和60）年2月発売
一太郎の歴史はここから始まった！

一太郎

1985年8月発売
「一太郎」という名前を冠した初バージョン

一太郎 Ver.2

1986年5月発売
バージョンアップサービス業界初導入

一太郎 Ver.3

1987年6月発売
花子データも文書中に組み込めるように

一太郎 Ver.4

1989（平成元）年4月発売
ジャストウィンドウと呼ばれるウィンドウシステムを採用

一太郎 Ver.5

1993年4月発売
白地に黒い文字、今と同じような画面に

一太郎 Ver.6

1995年1月発売
マウスを利用した直感的な操作が可能に

一太郎 Ver.7

1996年9月発売
リアルタイム文書校正が可能なATOKが魅力

一太郎8

1997年2月発売
一太郎、累計出荷1,000万本を突破！

一太郎9

1998年9月発売
ガイダンスに従って入力するだけの「ドキュメントナビ」登場

一太郎10

1999年9月発売
Excelなどのデータを一太郎のシートに取り込めるように

一太郎11

2001年2月発売
編集作業に特化した「プロフェッショナル画面」を搭載

一太郎12

2002年2月発売
関西弁が入力できる「話し言葉関西モード」が話題に

一太郎13

2003年2月発売
自分好みに一太郎をカスタマイズできる「一太郎メイク」登場

一太郎2004

2004年2月発売
一太郎が「考えるための道具」に進化。「アウトラインスタイル」を採用

一太郎2005

2005年2月発売
20周年の一太郎は“日本語力”を強化。流れるように文書が作れます

一太郎2006

2006年2月発売
ユーザーインターフェースを一新。フェーズタブが新登場

一太郎2007

2007年2月発売
エディタとビューアフェーズの追加で、あらゆる「書くこと」をサポート

一太郎2008

2008年2月発売
添削、校正機能を強化。文書の完成度を高めます

一太郎2009

2009年2月発売
「POP文字」が登場。インパクトのあるタイトル文字の作成が可能に

一太郎2010

2010年2月発売
25周年の一太郎。ユーザーからの支持が高い機能を中心に徹底強化

一太郎2011 創

2011年2月発売
「ジャンプパレット」と「ツールパレット」が初お目見え

一太郎2012 承

2012年2月発売
電子書籍フォーマットにも対応し、新たなステージへ

一太郎2013 玄

2013年2月発売
Kindle形式での保存も可能に。「写真をまとめてレイアウト」も新搭載

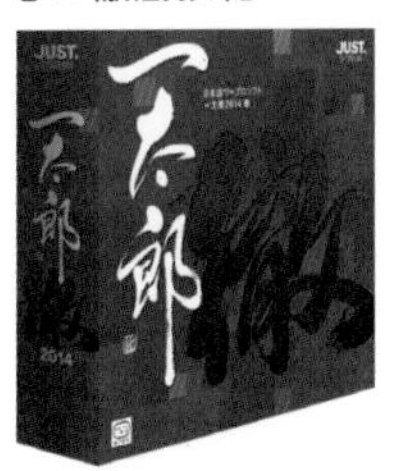

一太郎2014 徹

2014年2月発売
「きまるスタイル」、「表作成」で見栄えのよい文書作成が可能に

一太郎2015

2015年2月発売
30周年の一太郎は、さまざまな機能強化で「最上の快適さ」を実現

一太郎2016

2016年2月発売
魅せる文書を作成できる「モジグラフィ」「写真の切り抜き」が人気

一太郎2017

2017年2月発売
「一太郎オーダーメイド」登場。もの書きさんのための機能も満載

一太郎2018

2018年2月発売
折り本など多彩な出力をアシストしてくれる「アウトプットナビ」登場

一太郎2019

2019年2月発売
文書校正機能を大幅に強化し、正しい日本語文書作成へ

一太郎2020

2020(令和2)年2月発売
35周年の感謝を込めて。スマホやタブレットとの連携など、文書作成の起点となる「入力」に着目した強化をはかった新しい一太郎の誕生です。

その魅力をご紹介します！

35th Anniversary

■本文中のキー表記については、基本的にWindowsパソコンでのキーボード（日本語106キーボード）で表示をしています。なお、日本語対応のキーボードではない場合、本書中で解説している機能が実行できないことがありますので、ご注意ください。
■キーボード上でのキーは、Escのように囲んで表記しています。
■キーを「+」でつないでいる場合は、2つあるいは3つのキーを同時に押しながら操作をすることを示しています。たとえば、Shift+Aの場合は、Shiftキーを押しながらAキーを押すという動作を示します。
■マウス操作については、「クリック」と表記されている場合、左ボタンでのクリックを表しています。右ボタンでのクリックは「右クリック」と表記しています。
■本書中の画面はWindows 10、一太郎2020 プラチナ[35周年記念版]の環境で作成しました。
■本書では、特に注釈のない場合、一太郎の画面や操作環境は初回起動時の設定で解説しています。
■本書では、ジャンプパレットやツールパレットは解説内容に応じて表示／非表示を切り替えていることがあります。
■本書では、解説内容に応じて画面表示の解像度や倍率を変更している図版があります。そのため記載されている画面表示と実際の操作画面で、多少イメージが異なる場合があります。操作上の問題はありませんので、ご了承ください。
■インターネットに関係する機能は、サービス内容および画面が随時変更する場合がありますので、ご了承ください。

Contents

特別付録　花子2020の基本操作　233

序　章

一太郎2020の新機能

一太郎2020では、文書作成の起点にある「入力」に着目して、さまざまな機能を進化させました。スマホで撮影するだけで自動で文字に変換、一太郎に取り込むことができたり、PDFファイルや画像ファイルを一太郎文書として直に開いたり。文書作成の可能性がさらに広がります。ATOKでは、推測変換や連想変換が刷新。長いフレーズも短い文字数で入力できるので時短につながります。

1　文書作成の可能性を広げる「一太郎Pad」

スマートフォンはいつでもどこでも利用できるのが魅力です。今回新たに登場したスマートフォン・タブレット専用メモアプリ「一太郎Pad」は、スマホで撮影した内容を自動でテキストデータに変換できます。さらにシームレスに一太郎2020に読み込むことができます。

※「一太郎Pad」アプリは、iOS/iPadOS、Androidに対応しています。

1-1　写真の中の文字をテキストに自動変換　NEW!

仕事で使用する紙の資料、講義プリント、製品カタログなど、アナログの資料は多々あります。また、外出先で見かけた案内板や説明の看板などの内容も、スマホで撮影するだけでテキストデータに変換、メモを作成してくれます。

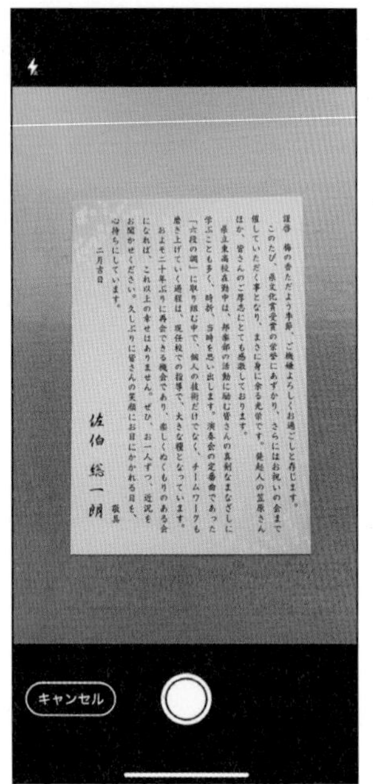

カメラで撮影します。

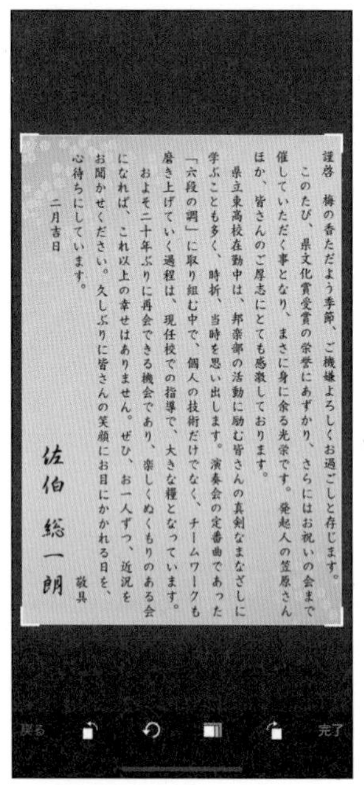

必要な部分をトリミングし、[完了]をタップ。

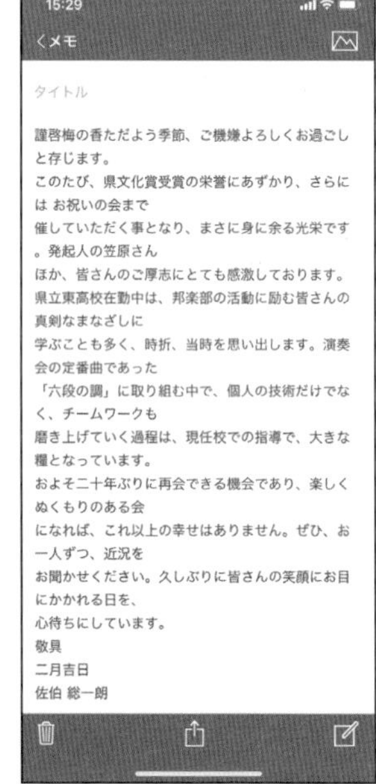

自動でメモが作成されます。

※画像の内容によっては、期待通りの文字変換にならない場合があります。

1-2 「省入力ツール」で文字入力もラクラク NEW!

一太郎Padは、直接文字を入力してメモを作成するのも可能。外出先でちょっと思いついたことなど、サッと手軽に書き留めておくことができます。現在時刻やスペースなどは、入力キーに追加される「省入力ツール」を使えばタップするだけで入力できて便利です。

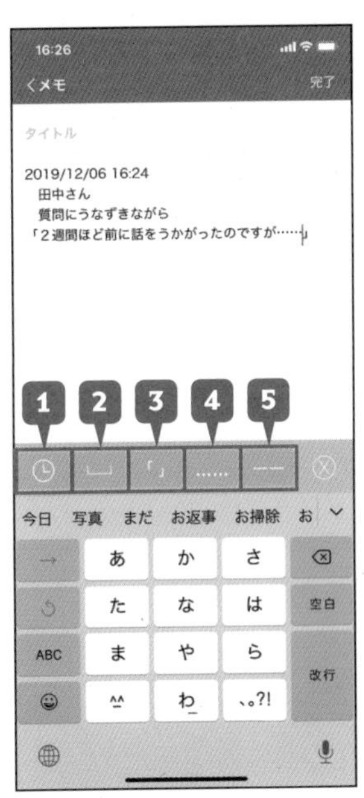

①タイムスタンプ：「2020/02/07 12:34」のような形式で、現在日時を入力します。

②全角スペース： 全角のスペースを入力します。

③カギ括弧：「」を入力します。「の次にカーソルが移動するので、そのまま会話文などを入力できます。

④三点リーダー：「……」を入力します。

⑤ダッシュ：「――」を入力します。

1-3 メモのデータはかんたんに一太郎2020へ NEW!

一太郎Padのメモは、かんたんにパソコンの一太郎に転送できます。Wi-Fi接続で転送するので、ケーブルでつなぐといった手間も必要ありません。

一太郎でメモを読み込むコマンドを実行すると、Wi-Fiを利用してメモをパソコンに転送します。

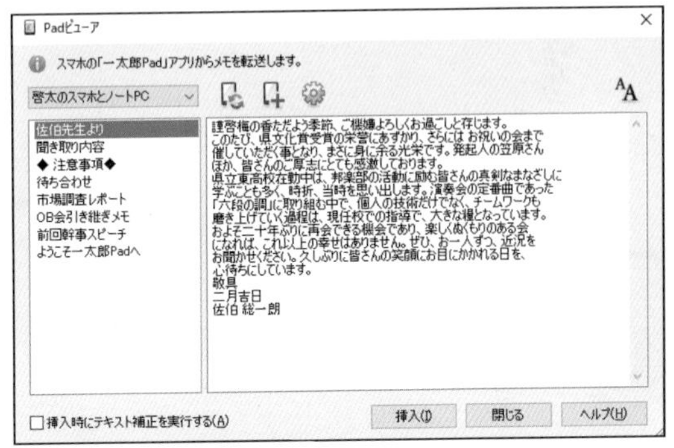

Padビューアで確認したら、一太郎に挿入します。[挿入時にテキスト補正を実行する]をオンにすれば、不要な半角スペースの削除、文字種ごとの全角・半角変換、誤字脱字チェックなどを自動的に一括処理してくれます。

2 さまざまなファイルを一太郎で開く

一太郎2020は、PDFファイルや画像ファイルを一太郎文書として開くことができます。データの再利用、再編集に便利です。

※一太郎2020 プラチナ［35周年記念版］に搭載の「JUST PDF 4［作成・編集・データ変換］」のインストールが必要です。

2-1 PDFファイルや画像ファイルを開く NEW!

［ファイル－他形式の保存/開く］で、PDFファイルや画像ファイルを一太郎文書として直接開くことができます。レイアウトを保ったまま、文字や画像を抽出でき、テキスト補正もかけられます。

プリントを撮影した画像を［ファイル－他形式の保存/開く－画像から変換して開く］を実行して開きます。

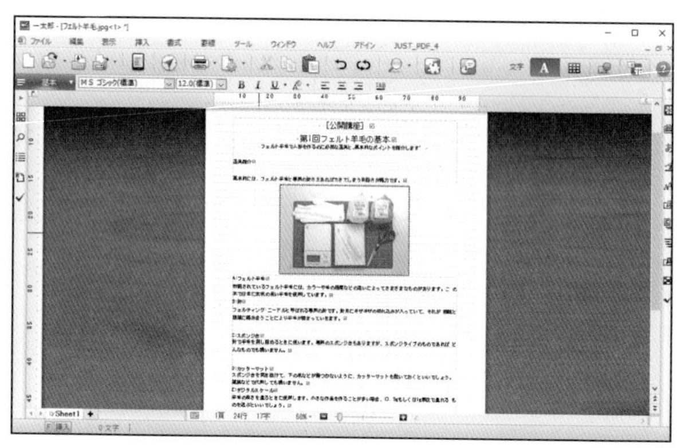

一太郎文書として読み込まれました。

2-2 文字コードを選択してテキストファイルを開く UP

一太郎2020では、テキストファイルを開く際に、文字コードを選択できるようになりました。プレビューで確認してから読み込むことができます。

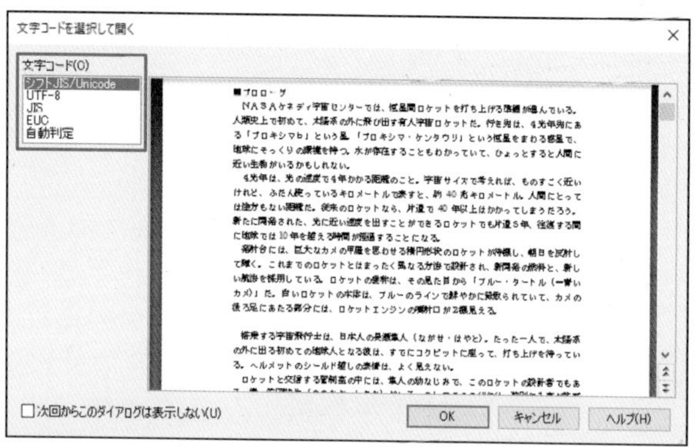

テキストファイルを開くと、文字コードを選択する画面が表示されます。コードを選択すると、右側にプレビューが表示されるので、文字化けなどを防げます。

3 読み手に配慮した文書作成

日本語には漢字かな交じり文など、日本語ならではの特有の難しさがあります。誰もが読みやすい、わかりやすい文書を作成するために、ふりがな機能を強化し、あらたに「文節改行」の機能を搭載しました。

3-1 誤読しやすい語、読みづらい語にふりがなをふる UP

「奇（く）しくも」「完遂（かんすい）」といったような読み間違いやすい語句や、「羨（うらや）む」「僅（わず）か」といったような、一般的に使われるものの読みづらい語句に、まとめてふりがなをふります。

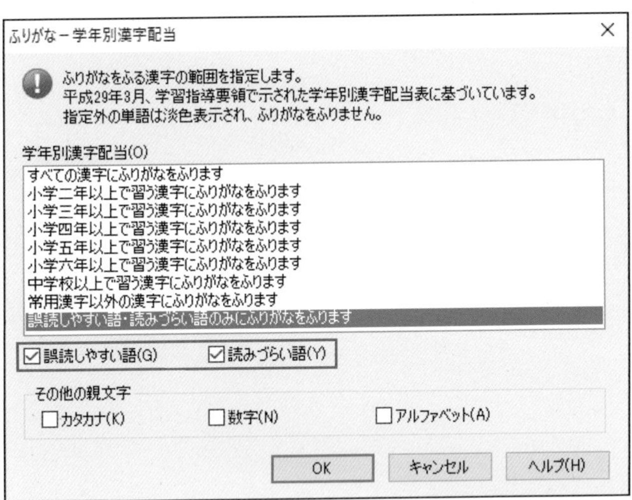

［書式ーふりがなーすべての単語］の［学年別漢字配当］で、［誤読しやすい語・読みづらい語のみにふりがなをふります］を選択し、［誤読しやすい語］と［読みづらい語］のチェックボックスをオンにします。

ふりがなーすべての単語
親文字一覧(L) 出現順　プレビュー(P)　学習済みは表示しない(I)
親文字 ふりがな
軌道 きどう
計算 けいさん
僅か わず/
差 さ
笑い わら/
言う い/
間違いない まちがい/
僅か
ふりがな(F) わず/ 削除(D)
ふりがな対象 誤読しやすい語/読みづらい語 学年別漢字配当(G)...
すべての単語/1ページから 初出オプション(A)...
ふりがな書式 促音・拗音を大文字にする(Y)
文字種(K) ひらがな
ふり方(T) モノルビにする
※一文字ごとにふります。
書式(O)...
OK キャンセル ヘルプ(H)

誤読しやすい語、読みづらい語がふりがな対象となります。

3-2 文節を判断し改行する～文節改行～ NEW!

日本語の文章は、行の幅で折り返すレイアウトが多いため、ことばが文節の途中で次の行に送られてしまい、文章が読み取りにくい場合があります。子どもや日本語に不慣れな外国人の方にもわかりやすい文章となるよう、行末に近い文節を自動で判別して改行することができます。

文節改行未設定

なくそうポイ捨て　やめよう"路上喫煙"

■ルールとマナーを守ろう
みどりちょう内では、町内全域でペットボトルや空き缶などのゴミ、タバコのポイ捨て、路上喫煙が条例で禁止されていることをご存じですか？（『みどりちょうなんでもQ&A』参照）。
住民の1人1人がルールとマナーをきちんと守り、みどりちょうがきれいで安全なまちになるよう心がけましょう。
特に駅周辺など、通行者の多い場所は"ゴミの散乱防止重点区域"に指定されています。この区域でゴミを捨てたり、路上喫煙といった迷惑行為を行うと3万円～10万円の罰金が科せられるので、注意してください。

■目指そう！　きれいで安全なまちづくり
ペットボトルや空き缶、ガムのかみかすやタバコなどが散らかっていると、まちの景観を損ねますし、タバコは、きちんと火が消えていないと、思わぬ火災につながることもあります。
また、路上での歩きながらの喫煙は、ほかの人にぶつかってやけどを負わせたり、衣類を焦がしたりすることもあり大変危険なので、絶対にやめましょう。

［編集－補助－文節改行－設定］を実行

なくそうポイ捨て　やめよう"路上喫煙"

■ルールとマナーを守ろう
みどりちょう内では、町内全域でペットボトルや空き缶などのゴミ、
タバコのポイ捨て、路上喫煙が条例で禁止されていることを
ご存じですか？（『みどりちょうなんでもQ&A』参照）。
住民の1人1人がルールとマナーをきちんと守り、みどりちょうが
きれいで安全なまちになるよう心がけましょう。
特に駅周辺など、通行者の多い場所は"ゴミの散乱防止重点区域"に
指定されています。この区域でゴミを捨てたり、路上喫煙といった迷惑
行為を行うと3万円～10万円の罰金が科せられるので、注意してください。

■目指そう！　きれいで安全なまちづくり
ペットボトルや空き缶、ガムのかみかすやタバコなどが散らかっていると、
まちの景観を損ねますし、タバコは、きちんと火が消えていないと、
思わぬ火災につながることもあります。
また、路上での歩きながらの喫煙は、ほかの人にぶつかってやけどを
負わせたり、衣類を焦がしたりすることもあり大変危険なので、絶対に
やめましょう。

4 より正しい文書作成を～文書校正～

文書校正に「住所表記チェック」「法人等略語チェック」という新しいチェック項目を追加しました。意外とややこしい住所表記のルールや、（株）（有）などといった法人等略語の統一に役立ちます。

4-1 住所表記チェック NEW!

同じ文書の中で、住所表記が一定のルールに従って記載されていると、きちんとした印象を受けます。また、公文書や法律文書などでは、政令指定都市名は省略するなどといった細かい様式が定められている場合があります。そういった場合の、特定の様式に対応したチェックを行えます。

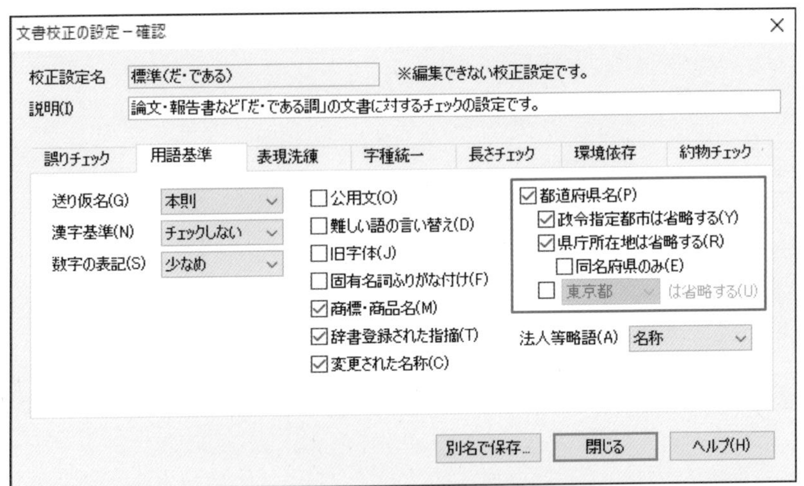

住所表記をチェックしたい場合は、[都道府県名]で設定する。

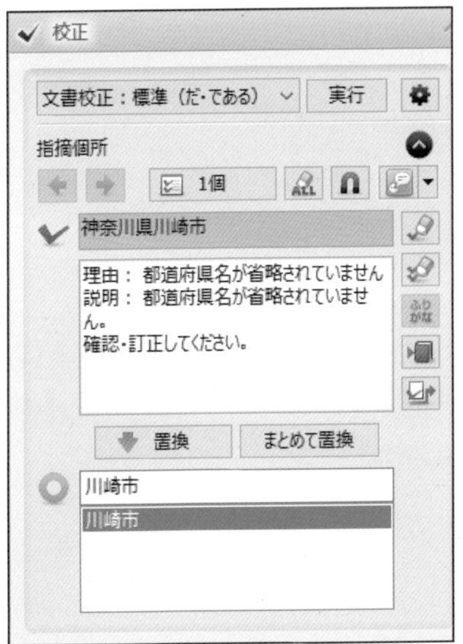

[政令指定都市は省略する]もオンの場合、政令指定都市が省略されていないと指摘される。

4-2 法人等略語チェック NEW!

株式会社を「株式会社」と略さず表記するか、「(株)」などの漢字略語で表記するか、法人名称の表記が統一されているかどうかをチェックします。特にビジネス文書の作成に役立ちます。

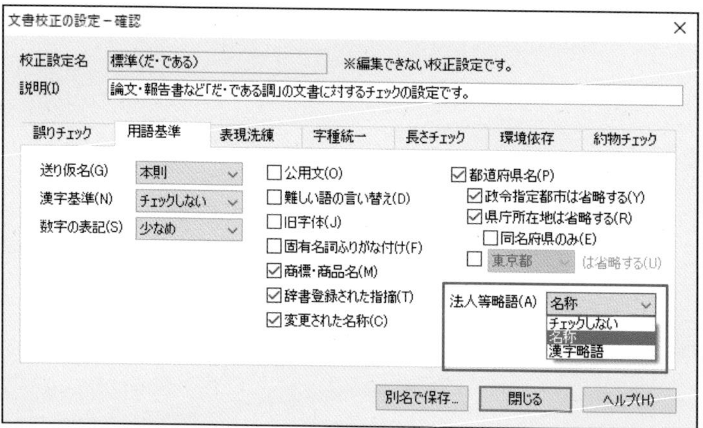

[法人等略語]で、法人名称を略さず表記するかを設定する。

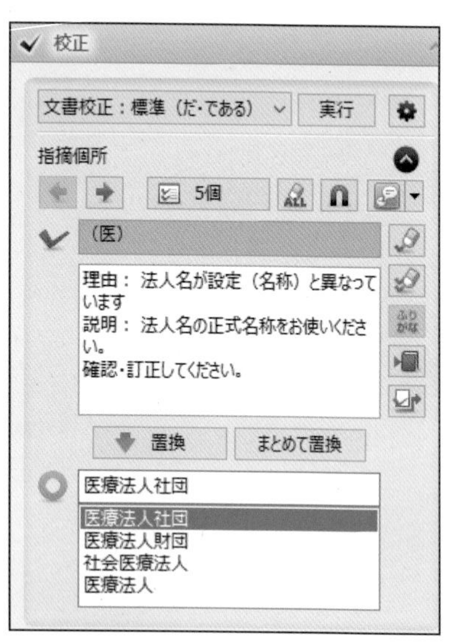

設定と違っていると指摘される。

4-3 指摘精度の向上

一太郎2020では指摘精度をさらに強化し、より効率的なチェックが可能となりました。新しい名称や時事的な用語をはじめ、語彙の解析を強化しています。過剰な指摘が抑制され、校正作業がスムーズに行えます。

5 入力環境の向上

カーソル位置がすぐわかるようになる「ハイライト表示」、そしてステータスバーに文字数や文字コードが表示されるようになりました。文書入力環境がさらに向上しています。

5-1 入力箇所をわかりやすく表示「ハイライト表示」 NEW!

今カーソルがある行を色付きで強調表示できるようになりました。ふと目を離した隙に、カーソルを見失うといったことがありません。

建物に続く庭の手前には、大きな門があり、鉄の扉がついている。カギはかかっておらず、隼人が手をかけると簡単に開いた。かなり錆びていて、今にも崩れ落ちてしまいそうだ。広い庭は、かつてはキレイに手入れされていたのだろうが、今ではヒザの高さの草がおいしげっている。

足を取られながらも玄関の前まで進むと、ここもカギはあいていて、ドアはやや開いた状態になっている。隼人はドアをゆっくり押しながら、中に向かって呼びかけた。

「ごめんくださーい。誰かいますか？」

「誰かいますかー？」円香も続く。

もちろん中には誰も居ない。古い建物の中から、カビやほこりのにおいが鼻を刺激してくる。ドアを開けると玄関スペースだ。いわゆる洋館に入るのは初めてだが、映画で見かけるような、吹き抜けや二階に続く階段はない。ただただ、奥へと長く廊下のような空間が続いている。その長さは20～30メートルといったところだろうか。廊下の横の壁紙は茶色くなっていて、一部ははがれている。床もところどころめくれていて、かなり古びた様子だ。その奥には１枚のドアがある。

カーソル位置の行の色を変えるだけでなく、周囲の行を隠すことで、より際立たせることもできます。

5-2 文字数をステータスバーで確認 UP

文書の文字数は、基本編集ツールパレットの［文字数］パレットで確認できますが、ステータスバーにも表示されるようになりました。ツールパレットを閉じて画面を広く使いたいときでも、常に確認できるので便利です。
また、テキストファイルを開いた際には、文字コードも表示することができます。

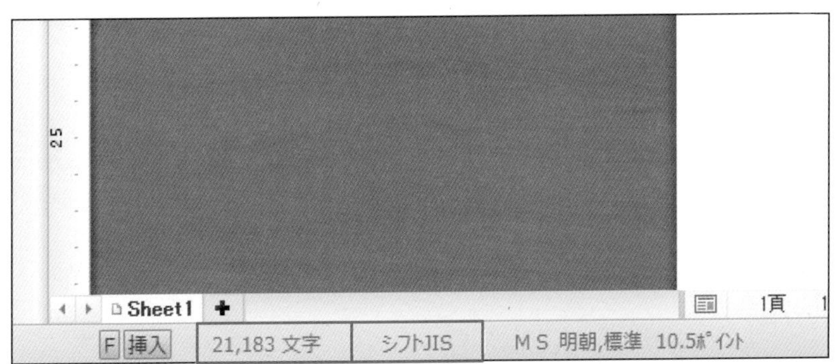

6 35周年記念ソフト・コンテンツ

一太郎2020には、35周年を記念したソフト「フォトモジ」と、記念コンテンツ「昭和・平成・令和 時をかけるイラスト70」が搭載されています。一太郎文書に彩りを加える特別なソフト・コンテンツとなっています。

6-1 写真を使って文字を作成～フォトモジ～

写真を文字型で切り抜くことができます。切り抜いた文字には、さらに効果を付けたり、背景に色を敷く、背景部分の写真を半透明にするといった効果を設定することもできます。
写真を利用することで、人目を引く印象的なタイトル文字を作成できます。

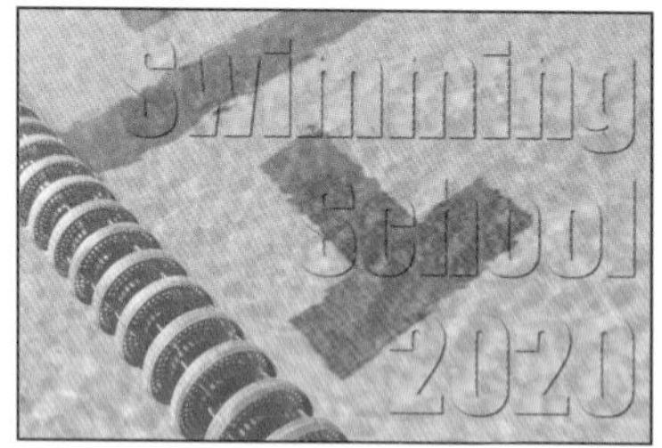

操作は簡単3ステップ

［アドイン－フォトモジ］でフォトモジを起動したら、写真を選択します。

文字入力画面で文字を入力します。文字枠をドラッグして位置を調整し、文字枠の四隅の□をドラッグしてサイズを決めます。

効果設定画面で、背景や文字の効果を設定します。

フォトモジは単体でも使用可能

フォトモジは一太郎から使うだけでなく、デスクトップ上の[フォトモジ]アイコンをダブルクルックすることで、単体でも使用することもできます。作成した画像はファイルとして保存したり、クリップボードにコピーして利用できます。

6-2 時代を映すイラストを搭載 ～昭和・平成・令和 時をかけるイラスト70～

35周年を記念して、「昭和」「平成」「令和」の3時代を象徴するイラストを70点収録しています。自分史の作成、エッセイ、チラシなどに利用できます。

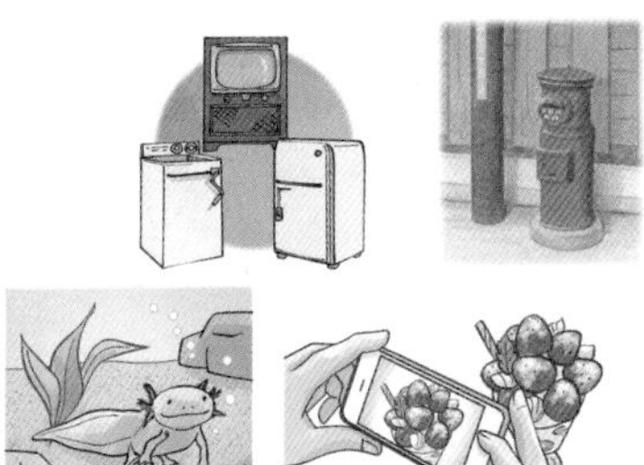

7 ATOKの新機能

ATOK for Windows 一太郎2020 Limited（以下、ATOK）では、長いフレーズも推測候補を表示してくれる進化した「推測変換」、言い換え表現を自動で提案してくれる「新 連想変換」機能を搭載。いつもの定型文も、いつもと違う表現もサッと入力できます。

7-1 推測候補で時短入力 NEW!

新しいATOKは、自分だけが使う定型化されたフレーズや、複数文で構成される表現を繰り返し入力することで自動的に学習し、推測候補として提示してくれるようになります。
長い文章を短い読みで入力できるため、時短にもつながります。

おはようございます。今週のレポートをお送りいたします。

メールの冒頭など、いつも同じフレーズを入力していると……。

おはよう

おはようございます。今週のレポートをお送りいたします。
おはようございます。
：
選択：Tab
先頭を確定：Shift+Enter
推測候補 ×

短い読みで長い推測候補を提示してくれるようになります。

7-2 新 連想変換 NEW!

今までの連想変換では、単語を変換中に Ctrl ＋ Tab キーを押して連想変換候補を呼び出していました。新しいATOKは、意味のよく似た言葉を入力し直している状況で察知。変換を取り消した言葉から連想できる他の言い換え表現を提案してくれます。

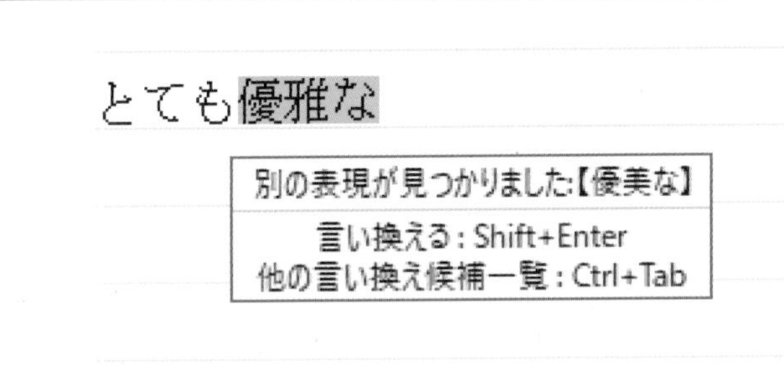

「美しい」と入力変換。確定せずに取り消します。

「優雅な」と入力し直し、変換すると、ATOKが別の言い換え表現を提案。

7-3 ダークモードに最適なデザイン NEW!

Windows 10(バージョン1809以降)でOSカラーを「黒」にしている場合、ATOKの変換候補ウィンドウも自動的にダークなデザインで表示されます。

8 一太郎2020プラチナ［35周年記念版］

一太郎2020に、35周年記念フォント「モリサワフォント」、「大辞林4.0 for ATOK」、そして「花子2020」などを加えたのが「一太郎2020 プラチナ［35周年記念版］」です。文書作成の幅がさらに広がります。

● 35周年記念フォント「モリサワフォント26書体」

美しく、読みやすい、そして時代のニーズに応える株式会社モリサワのフォントを26書体搭載。ユニバーサルデザインのフォント（UDフォント）や、かな専用のフォントも取りそろえています。

MJ-リュウミン Pr6N R-KL

美しいフォント

MJ-UD新ゴ Pr6N R

美しいフォント

MJ-きざはし金陵 StdN M

美しいフォント

MJ-すずむし Std M

美しいフォント

MJ-リュウミン オールドがな R

いろはにほへと

MJ-ネオツデイ こがな R

いろはにほへと

収録フォント一覧

- MJ-リュウミン Pr6N L-KL
- MJ-リュウミン Pr6N R-KL
- MJ-リュウミン Pr6N M-KL
- MJ-リュウミン Pr6N B-KL
- MJ-UD黎ミン Pr6N L
- MJ-UD黎ミン Pr6N R
- MJ-UD黎ミン Pr6N M
- MJ-UD黎ミン Pr6N B
- MJ-UD新ゴ Pr6N L
- MJ-UD新ゴ Pr6N R
- MJ-UD新ゴ Pr6N M
- MJ-UD新ゴ Pr6N DB
- MJ-きざはし金陵 StdN M
- MJ-A1明朝 Std Bold
- MJ-解ミン 宙 Std M
- MJ-すずむし Std M
- MJ-正楷書CB1 Pr5 Regular
- MJ-隷書E1 Std Regular
- MJ-リュウミン オールドがな L
- MJ-リュウミン オールドがな R
- MJ-リュウミン オールドがな M
- MJ-リュウミン オールドがな B
- MJ-ネオツデイ こがな L
- MJ-ネオツデイ こがな R
- MJ-ネオツデイ こがな M
- MJ-ネオツデイ こがな DB

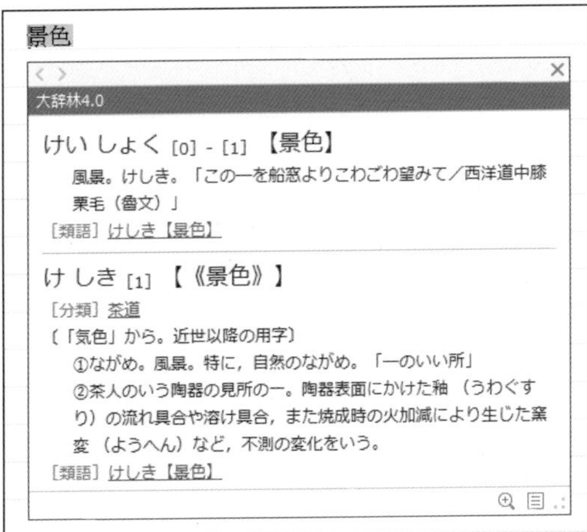

シンギュラリティー
大辞林4.0
シンギュラリティー [4] 〖singularity〗
①科学技術が発達し，現在の理論が通用しなくなる時。特に，人工知能が人間の知的能力を超える時点をいう。技術的特異点。
②⇒特異点（とくいてん）
③⇒特異日（とくいび）

● 大辞林4.0 for ATOK

『大辞林』（株式会社三省堂）は、日常語から専門用語まで、古代のことばから現代のことばまで、日本語の相対を縦横に収めた日本語の基本辞典です。13年ぶりに全面改訂された『大辞林 第四版』をATOK連携電子辞典として搭載しました。ATOKで変換中にEndキーで検索できます。

● 詠太10

文書読み上げソフトの詠太は、新たに日本語女性話者の「RISA」を採用。読み上げエンジンの音声データベースの圧縮方式変更により、音声データをフルで搭載できるようになったため、読み上げ品質が格段によくなりました。同字語彙の読み上げ精度もさらに向上しています。

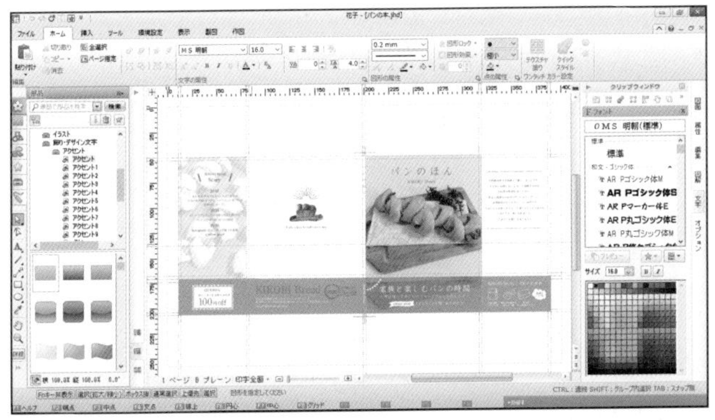

● 花子2020

統合グラフィックソフト花子もバージョンアップ。文字編集が直感的にできる「フォントパレット」や、複数の図面を簡単に切り替えられる「図面切替パレット」。大きく、つかみやすい図形選択マークなど、使いやすさをさらに向上させました。一太郎でも使える部品も23,000点以上収録しています。

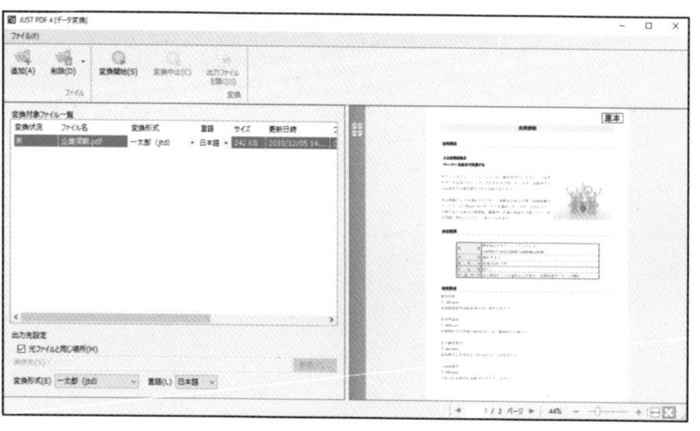

JUST PDF4［作成・編集・データ変換］

JUST PDFには、一太郎などのアプリケーションからPDFを作成する［作成］、PDFを編集できる［編集］に加え、新たに［データ変換］が加わりました。PDFファイルを、一太郎やWord、Excelなど、さまざまなアプリケーションデータに変換できます。

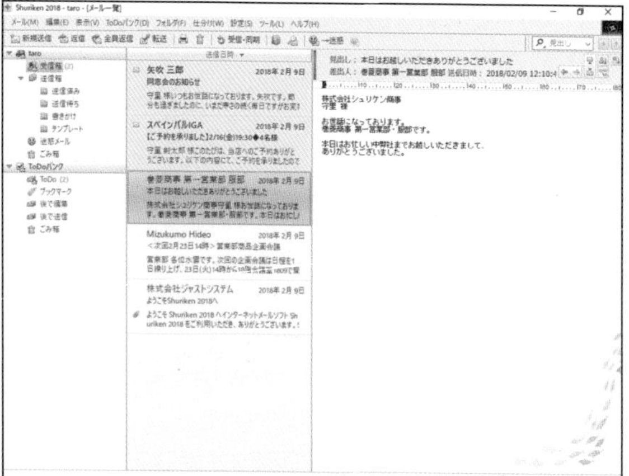

Shuriken 2018

Shuriken 2018は、高いセキュリティ機能と軽快な動きを兼ね備えたメールソフトです。近年増加し、社会問題となっている標的型攻撃メール対策が施され、高いセキュリティ性能を持ちます。

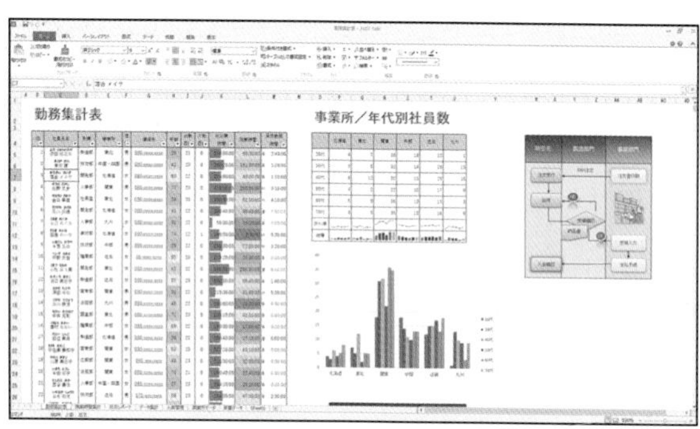

JUST Calc 4 /R.2

Excelと高い互換性を持った表計算ソフトです。Excel形式ファイルの読み込みと保存に対応しています。Excel 2019で追加された新たな関数、Excel 2016で追加された「ヒストグラム」「パレート図」「箱ひげ図」といったグラフにも対応しています。

JUST Focus 4 /R.2

PowerPointと高い互換性を持ったプレゼンテーションソフトです。pptx形式のファイルの読み込みと保存に対応しています。すぐれた表現力とテーマや文字の効果などの機能を備えていて、魅力あるプレゼンテーションを演出します。

第1章 # 基本操作編

一太郎2020の基本操作

一太郎2020の基本操作を確認しましょう。画面各部の名称を確認し、起動と終了、ファイルの保存や印刷などの方法について説明してます。
そのほか、写真の挿入やコピーと貼り付け、書式の調整など文章作成に役立つ機能も解説しています。

1 一太郎2020　各部の名称

一太郎2020は、左側にジャンプパレット、中央に編集画面、右側にツールパレットが配置されています。それぞれの内容を把握して、効率良く文書を作成しましょう。

基本編集フェーズ画面

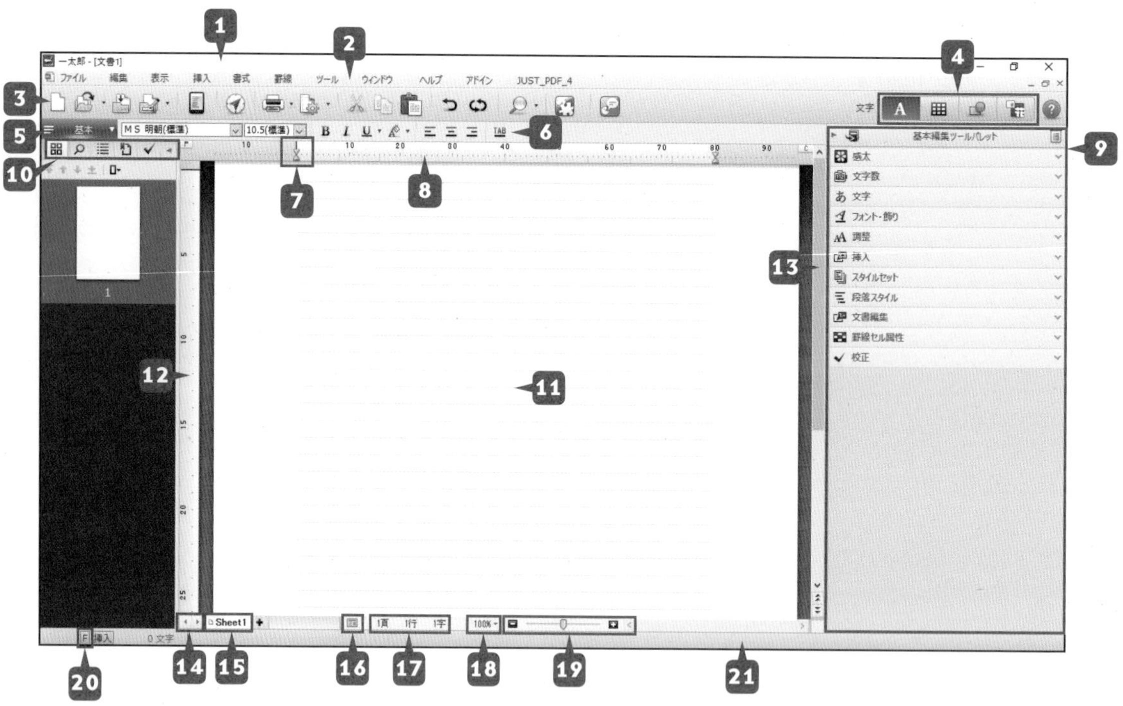

※本書では、一太郎2020プラチナ［35周年記念版］の画面で解説しています。一太郎の操作に違いはありません。

1 タイトルバー

アプリケーション名と編集中の文書名が表示されます。

2 メニューバー

クリックすると、ドロップダウンメニューが表示され、機能を選択して実行できます。

3 ツールバー

よく使用する機能がまとめてあります。アイコンボタンをクリックして、実行できます。カスタマイズすることで、自分がよく使う機能をアイコンとして追加することができます。右端には、現在の編集モードが表示されます。

4 モード切り替えボタン

文字入力や罫線のモードを切り替えます。花子をインストールすると、[花子透過編集]のボタンが現れます。

5 作業フェーズ変更ボタン

[基本編集][エディタ][アウトライン]などの作業フェーズを切り替えます。

6 コマンドバー

ボタンをクリックして、機能を実行できます。編集モードや作業フェーズによって表示されるアイコンが切り替わります。

7 インデントマーク

インデントが設定されている位置を示します。

8 横ルーラー

編集領域の左端からのカラム数を表します。単位を字数に変更できます。

9 ツールパレット

文書の作成や編集でよく使う機能や操作が、内容ごとにまとめられています。

10 ジャンプパレット

ページや見出し、検索を選択すると、目的の位置にジャンプします。

11 行間ライン

行と行の間に表示される線です。

12 縦ルーラー

編集領域の上端からの行数を表します。

13 スクロールバー

ドラッグすると、画面の表示領域が移動します。

14 シートタブスクロールボタン

シートタブの表示を左右に移動します。

15 シートタブ

ファイルに複数のシートがある場合、クリックして切り替えられます。

16 編集画面タイプ切替

[ドラフト編集][イメージ編集][印刷イメージ]といった編集画面タイプを切り替えます。

17 カーソル位置表示

カーソルのあるページ、行、文字位置が表示されます。

18 倍率表示

編集画面の表示倍率です。クリックすると、倍率を変更できます。

19 ズームコントロール

スライダーをドラッグしたり、－ ＋ をクリックしたりすると、表示倍率を変更できます。

20 ファンクションキー表示切替

ファンクションキーに割り当てられた機能の表示／非表示を切り替えます。

21 ステータスバー

操作に関するメッセージや、利用可能なキーなどが表示されます。

2 一太郎2020の起動と終了

インストールが完了すると、いつでも一太郎2020を使うことができるようになります。まずはじめに、一太郎2020の起動と終了の方法を確認しておきましょう。

2-1 一太郎2020を起動する

一太郎2020のインストールが完了すると、スタートメニューやデスクトップのアイコンから起動できます。

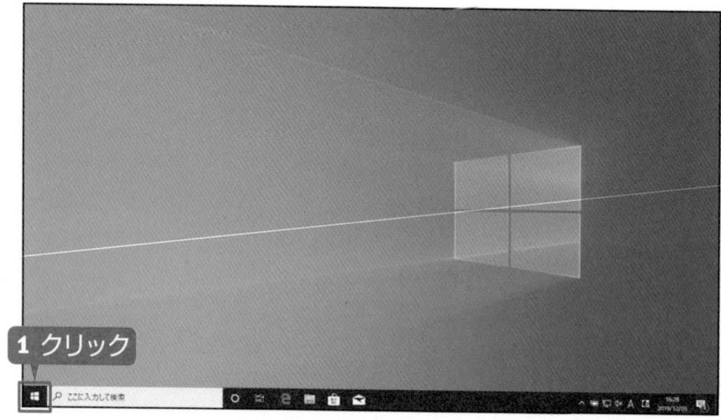

一太郎2020を起動する

1 ［スタート］ボタンをクリックします。

MEMO Windows 10の場合の起動方法です。

2 ［一太郎］をクリックして展開します。

3 ［一太郎2020］を選択します。

一太郎2020が起動するので、入力や編集の作業を開始します。

MEMO 画面各部の名称については、26ページを参照してください。

HINT

そのほかの起動方法

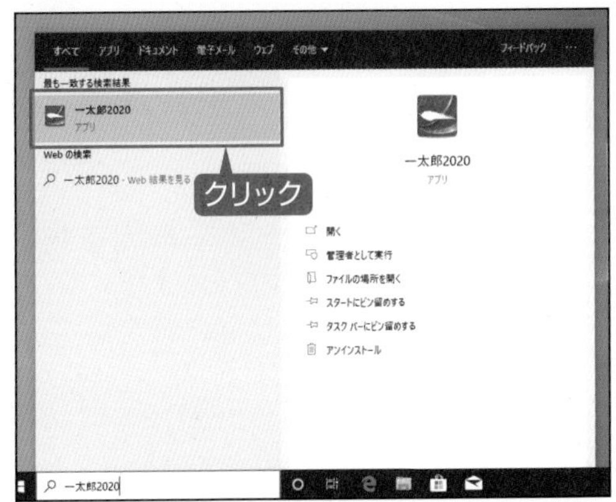

●アプリを検索して起動する

スタートメニューにある検索窓に「一太郎2020」と入力すると、[一太郎2020]が表示されるので、これをクリックします。

●[一太郎2020]アイコンから起動する

インストールの完了後、デスクトップに表示される[一太郎2020]アイコンをダブルクリックして起動する方法もあります。

2-2 一太郎2020を終了する

一太郎を終了します。終了の前には、必ず作成した文書を保存しておきましょう (31ページ参照)。保存していない場合は、確認のメッセージが表示されます。

一太郎2020を終了する

1 ウィンドウ右上の × [閉じる] をクリックします。

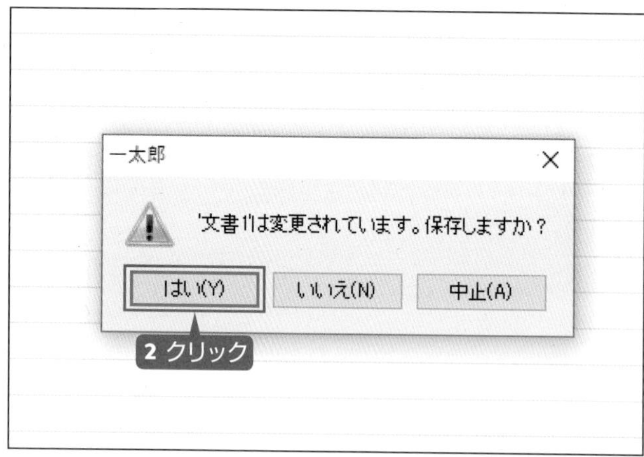

2 文書を保存していない場合は、メッセージが表示されます。はい をクリックして、ファイルを保存します。

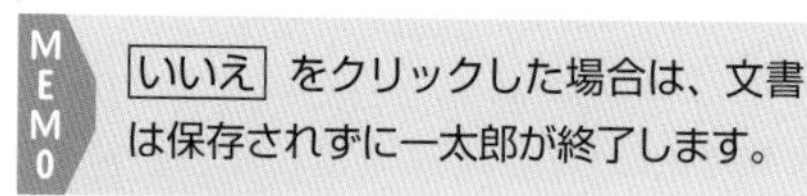
MEMO

いいえ をクリックした場合は、文書は保存されずに一太郎が終了します。

MEMO

メニューから [ファイル－一太郎の終了] を選択するか、ウィンドウ左上のアプリケーションアイコンをクリックして [閉じる] を選択しても一太郎を終了できます。

一太郎 - [文書1 *]
一太郎2020の常駐(J)
スタートアップに登録(T)
元のサイズに戻す(R)
移動(M)
サイズ変更(S)
最小化(N)
最大化(X)
閉じる(C) Alt+F4

3 作成した文書をファイルとして保存する

一太郎2020で作成した文書は、ファイルとして保存しておきます。保存しておけば、いったん一太郎2020を終了しても、あとから続きの作業をしたり、修正したりできます。また、ファイルを人に渡して見てもらうこともできます。

3 - 1 ファイルを保存する

文書を作成したら、名前を付けて保存しておきます。文書の内容がわかるようなファイル名を付けておきましょう。いったん保存したら、それ以降は上書保存すれば更新されます。

名前を付けてファイルを保存する

1 ツールバーの [名前を付けて保存] をクリックします。

MEMO 保存時に、バックアップの設定に関する画面が表示される場合があります(32ページ参照)。

HINT 上書保存の実行

一度名前を付けて保存したら、以降は内容を変更するたびに上書保存を実行します。ツールバーの [上書保存] をクリックするほか、Ctrl＋Sのショートカットキーでも「上書保存」できます。[ファイルー上書保存] を選択する方法もあります。こまめに上書保存することで、停電など、万が一の事態でも、作成中のファイルを失うといったトラブルを避けることができます。

変更前のファイルも残しておきたい場合は、[名前を付けて保存] を実行して、別のファイル名を付けて保存します。

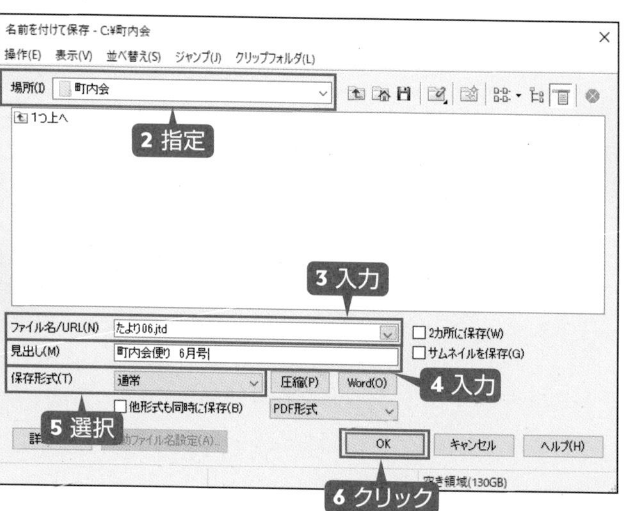

2 ［名前を付けて保存］ダイアログボックスが開くので、［場所］で保存先のフォルダーを指定します。

3 ［ファイル名/URL］に、ファイル名を入力します。

4 ［見出し］には、ファイル名を補足する情報を入力します。省略してもかまいません。

5 ［保存形式］で［通常］を選択すれば、一太郎の標準形式で保存できます。

6 OK をクリックすると、保存は完了です。

MEMO ［他形式も同時に保存］のチェックをオンにすると、PDF形式など、一太郎以外の形式でも同時に保存することができます。

コラム 複数世代のバックアップを管理

一太郎2020では、文書を閉じるたび、または保存するたびに複数世代のバックアップを保管できます。過去の状態を複数残しておけるので、いつでも簡単に戻りたい時点に戻ることができます。

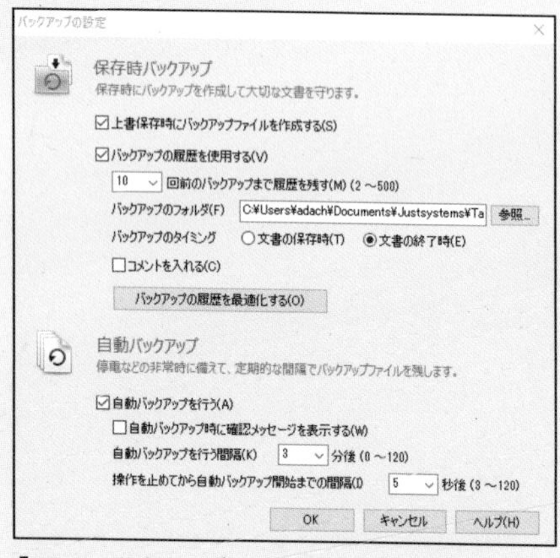

［ファイル－バックアップ－設定］で、何回前までのバックアップを保存しておくかや、バックアップのタイミング、保存先などを設定できます。

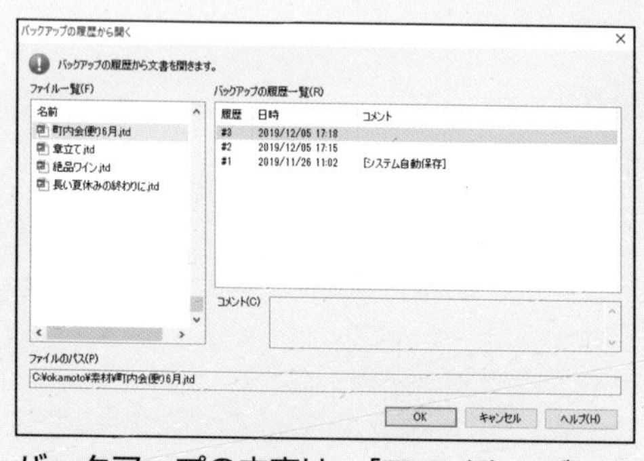

バックアップの内容は、［ファイル－バックアップ－バックアップの履歴から開く］で簡単に開くことができます。

3-2 保存したファイルを開く

保存したファイルは、開いて表示したり、続きの作業を行ったりすることができます。変更を加えた場合は、上書保存しましょう。

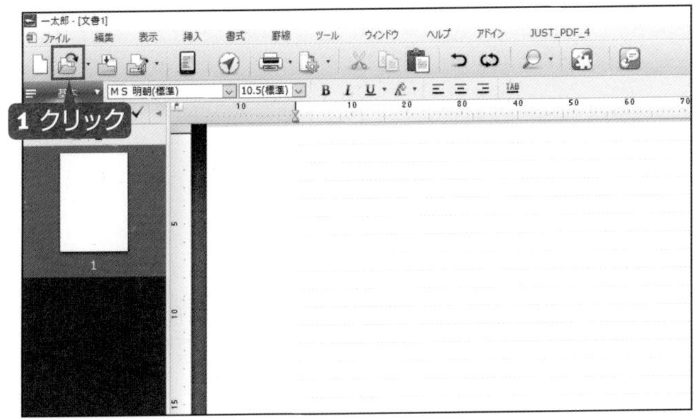

保存したファイルを開く

1 ツールバーの [開く] をクリックします。

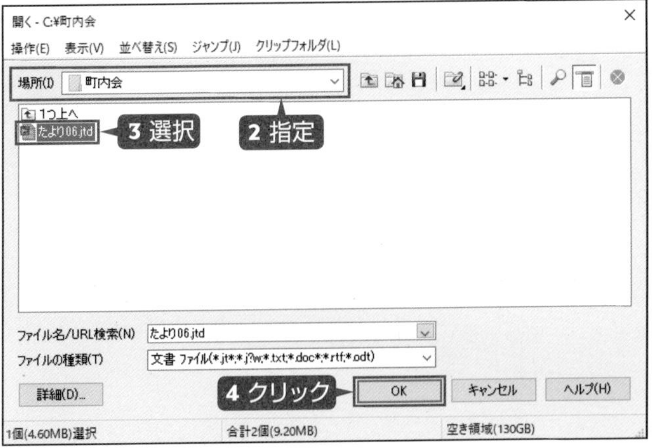

2 [場所] にファイルを保存したフォルダーを指定します。

3 ファイルを選択します。

4 OK をクリックします。

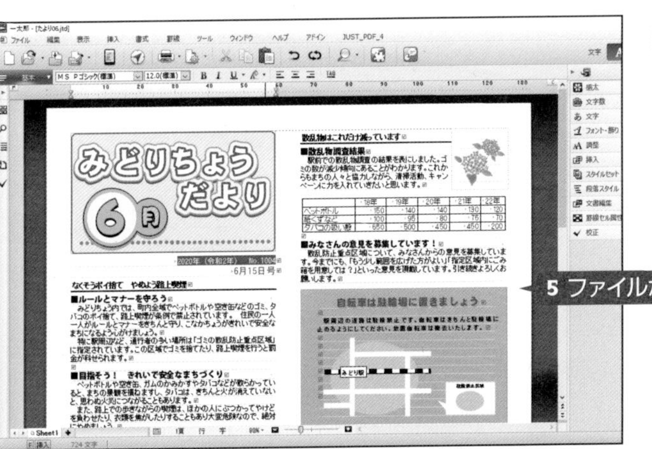

5 選択したファイルが読み込まれるので、修正や変更の作業を行います。

ファイルの履歴から開く

ファイルを保存したり開いたりすると、[ファイル] メニューの右側に [履歴] が表示されるようになります。最近使ったファイルを開きたい場合は、ここから選択すると便利です。
不要な履歴が表示される場合は、削除しておけば、必要なものだけが表示されるようになり、わかりやすくなります。

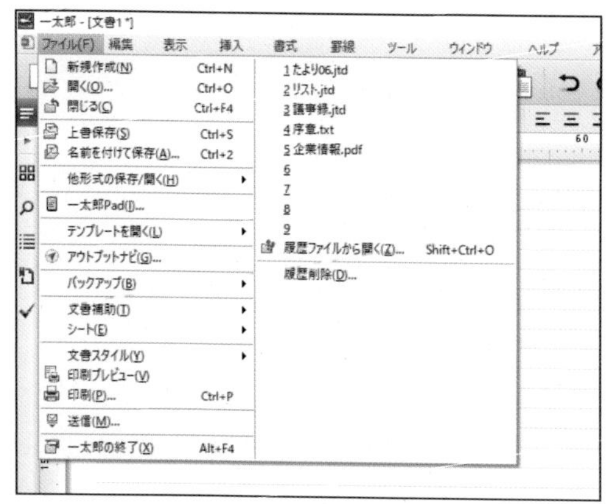

[ファイル] メニューの右側に履歴が表示されます。

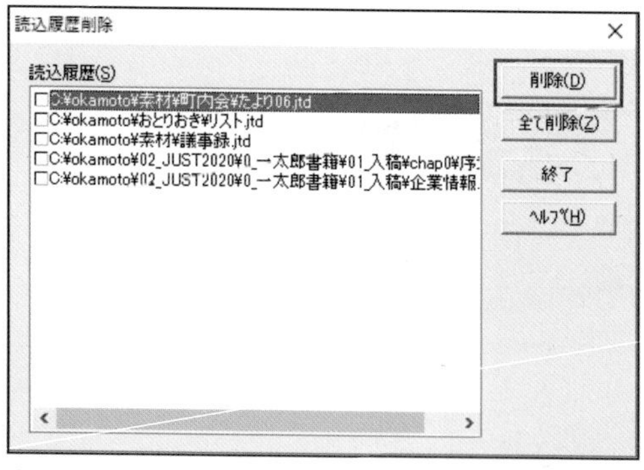

左の画面で [履歴削除] を選択し、[読込履歴] で不要なものにチェックを付けて 削除 をクリックすると不要な履歴を削除できます。

「フォルダツリー」を表示する

[開く] ダイアログボックスで [フォルダツリー表示] をクリックすると、画面の左側にフォルダーの構成が表示されます。ここからフォルダーを選択すると、[場所] の移動がスムーズになります。[名前を付けて保存] のダイアログボックスでもフォルダツリーを表示できます。

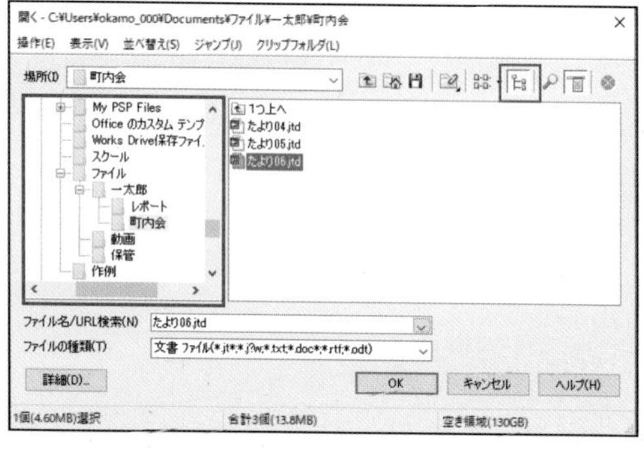

4 文字に色や飾りを付ける

入力した文字は、サイズや書体を変更したり、太字、斜体にしたり、色を付けたりといった、さまざまな書式を設定できます。設定した書式は、まとめて解除することもできるので、気軽にトライできます。

4-1 文字サイズを変更する

文字の大きさは自由に変更できます。タイトルや見出しは大きくして目立つようにしたり、注釈や補足説明などは小さくしたりして、メリハリを付けましょう。

文字の大きさを変更する

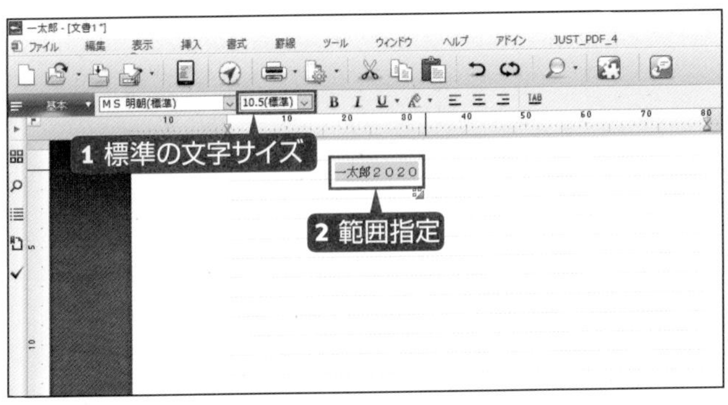

1 文字を入力すると、標準の文字サイズ[10.5] ポイントが設定されます。

2 文字をドラッグして、サイズを変更したい範囲を指定します。

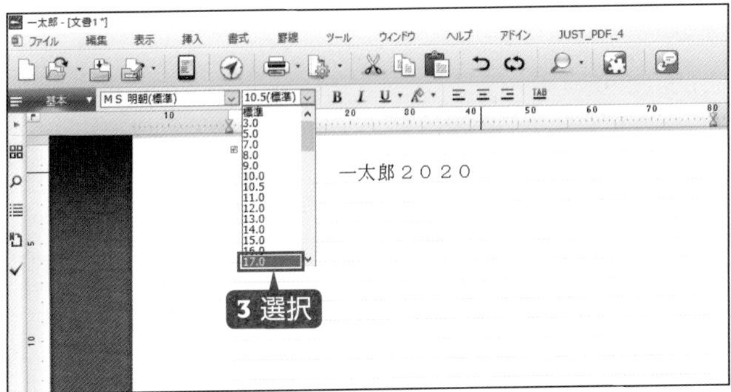

3 コマンドバーの[文字サイズポイント切替]の をクリックし、文字サイズを選択します。

MEMO
マウスポインターを設定したいサイズの上に合わせると、画面上で変更後のイメージを確認できます。

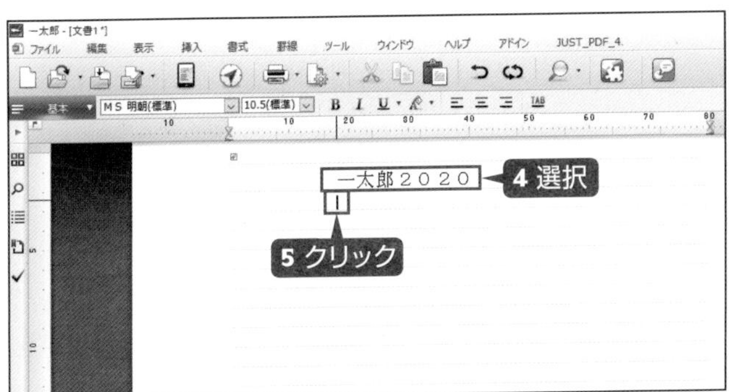

4 選択中の文字列の文字サイズが変更されました。

5 編集画面上の何もないところをクリックして範囲指定を解除します。

4-2 書体を変更する

文字の書体には、明朝体やゴシック体など、さまざまな種類があります。書体を変えるだけで、文書の雰囲気も大きく変わります。また、見出しと本文など、内容に応じて書体を変えると効果的な場合もあります。

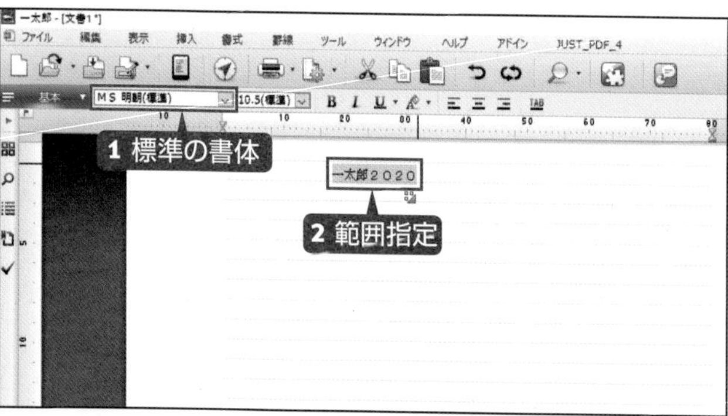

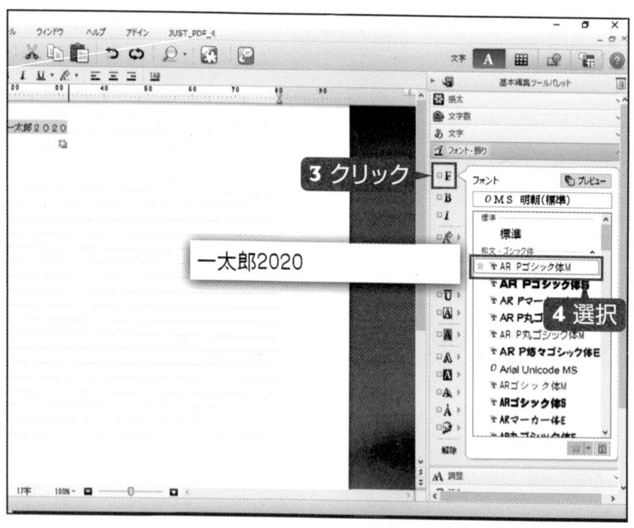

書体を変更する

1. 文字を入力すると、標準の書体[MS明朝]が設定されます。

2. 文字をドラッグして、書体を変更したい範囲を指定します。

3. [フォント・飾り]パレットの F [フォント]をクリックします。

4. フォントを選択します。これで書体が変更されます。編集画面の何もないところをクリックして選択範囲を解除しておきます。

MEMO

書体は「和文ーゴシック体」や「和文ー明朝体」など系統ごとにグループ化されています。指定したい書体のグループの ∨ をクリックして一覧を展開し、書体を選択してください。

HINT コマンドバーからの切り替え

コマンドバーの[和文・欧文フォント切替]から、フォントを選択する方法もあります。

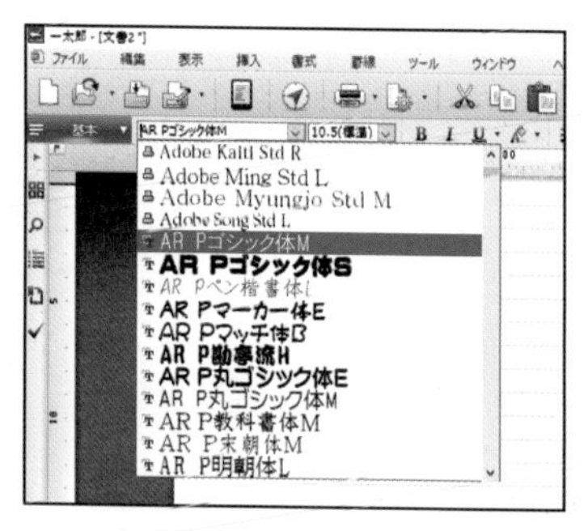

※表示されるフォントはお使いの環境によって異なります。

お気に入りのフォントを利用する

よく使うフォント、気に入っているフォントをお気に入りとして登録できます。お気に入りだけを絞り込んで表示できるので、「フォントがなかなか探し出せない」「毎回同じフォントを選んでいくのが面倒」といった悩みを解消できます。

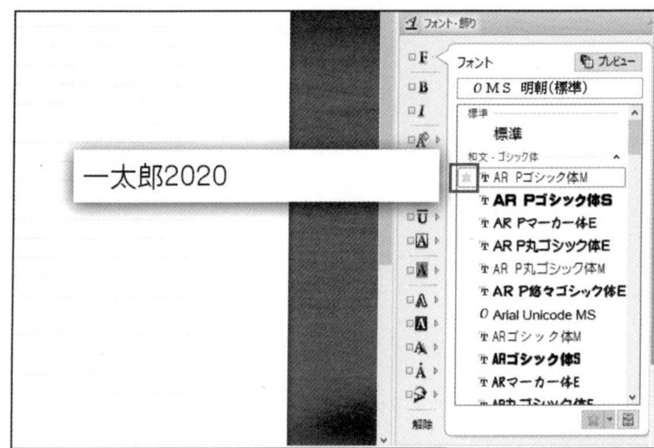

お気に入りに追加したいフォントにマウスポインターを合わせ、左側に表示される☆をクリックします。

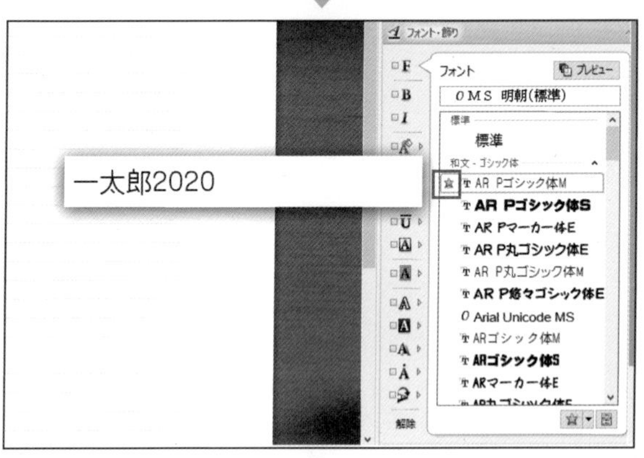

☆が黄色くなり、フォントがお気に入りに登録されます。

[お気に入り]をクリックすると、お気に入りに登録したフォントだけに絞り込んで表示できます。

MEMO 登録フォントだけに絞り込まれた状態で ☆ [お気に入り]をクリックすると、元の表示に戻ります。

4-3 太字、斜体を設定する

タイトルや見出しの文字、あるいは文書中で強調したい文字は太字にすると目立たせることができます。また、文字を斜めに傾ける斜体も設定できます。いずれも、[フォント・飾り] パレットのアイコンをクリックするだけです。

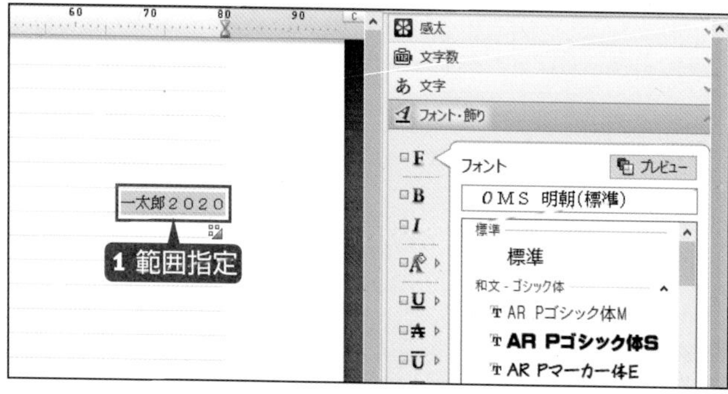

文字に太字を設定する

1 太字を設定したい文字をドラッグして範囲を指定します。

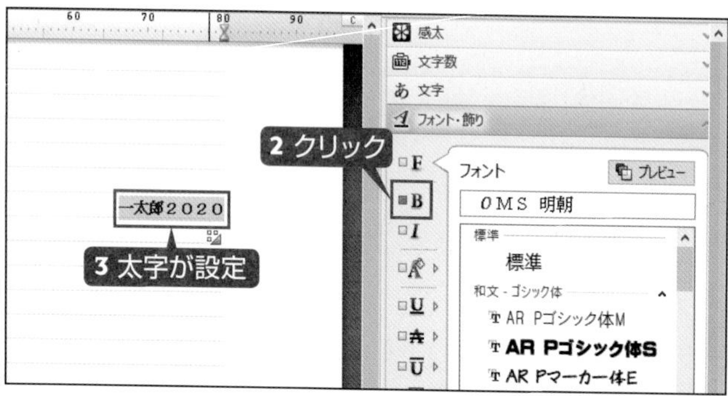

2 [フォント・飾り] パレットの □B [太字] をクリックします。

3 文字が太字になります。

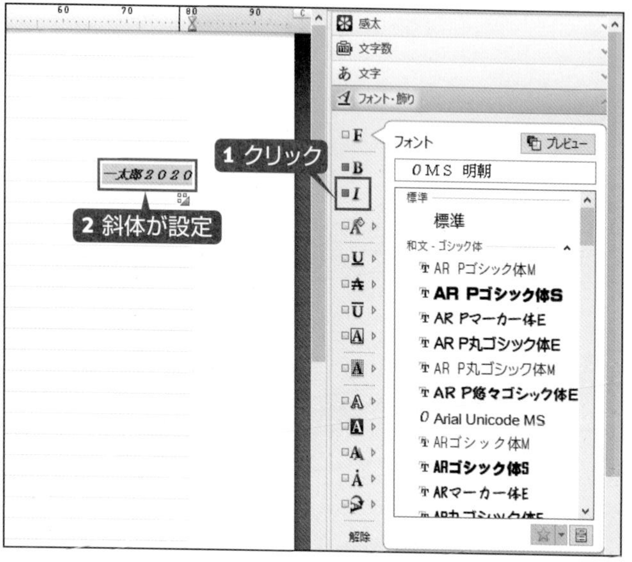

文字に斜体を設定する

1 範囲指定したままで、□I [斜体] をクリックします。

2 文字が斜体になります。編集画面の何もないところをクリックして範囲指定を解除します。

> **MEMO**
> フォント・飾りが設定されると、ボタンの左側の □ が ■ に変わります。

4-4 文字色を設定する

文字には色を付けることもできます。注意を引きたい文字は赤字にしたり、タイトルをカラフルに飾ったりしてみましょう。太字や斜体など、ほかの書式と組み合わせることもできます。

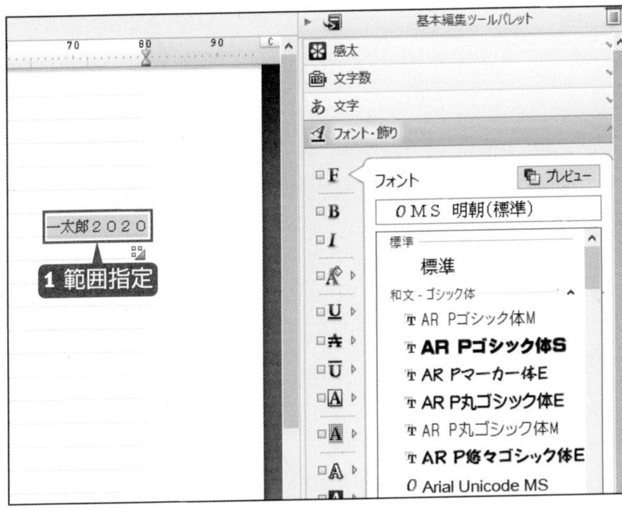

文字の色を変更する

1 文字をドラッグして、文字色を変更する範囲を指定します。

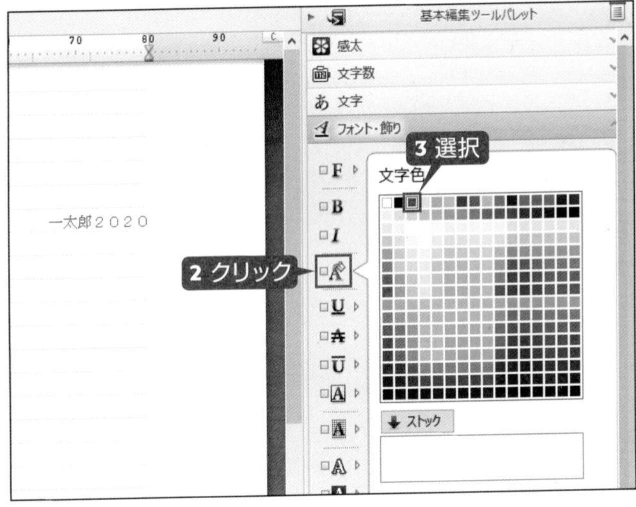

2 [フォント・飾り] パレットの [文字色] をクリックします。

3 パレットから色を選択します。編集画面の何もないところをクリックして範囲指定を解除しておきます。

MEMO

[プレビュー] [リアルタイムプレビューの有効/無効] をクリックして有効にすると、ボタンが [プレビュー] に変わります。色の一覧にマウスポインターを合わせるだけで、設定前に変更後のイメージを確認することができるようになります。

4-5 アンダーラインや取消ラインを引く

強調したい文字の下にアンダーラインを引いたり、文字の上にアッパーラインを引いたりできます。また、文字の中央に引く取消ラインも利用することができます。

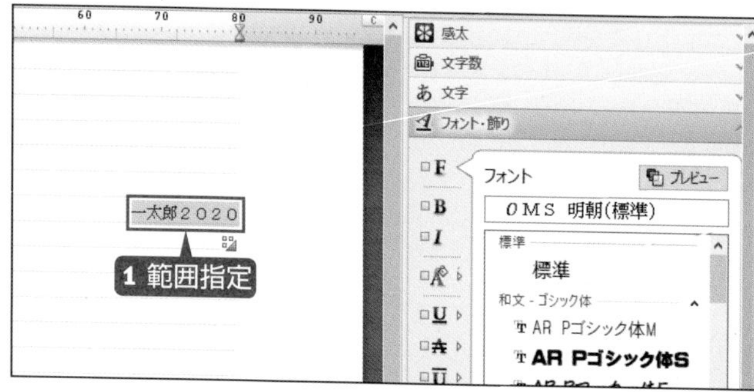

アンダーラインを引く

1 文字をドラッグして、アンダーラインを引く範囲を指定します。

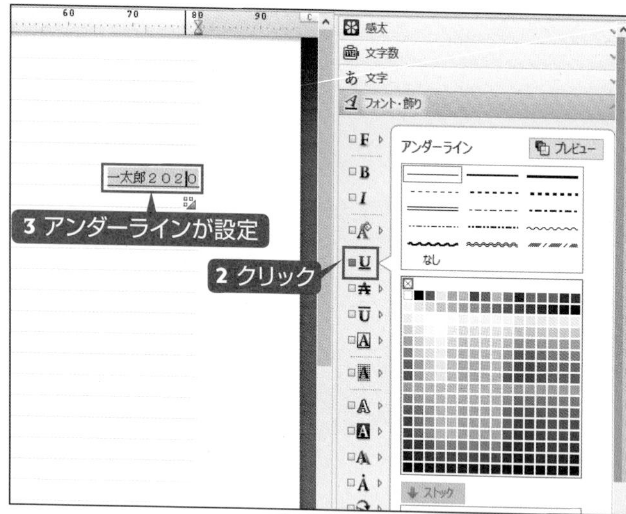

2 [フォント・飾り] パレットの U [アンダーライン] をクリックします。

3 アンダーラインが設定されます。

MEMO [フォント・飾り] パレットの U [アッパーライン] で、アッパーラインが設定できます。

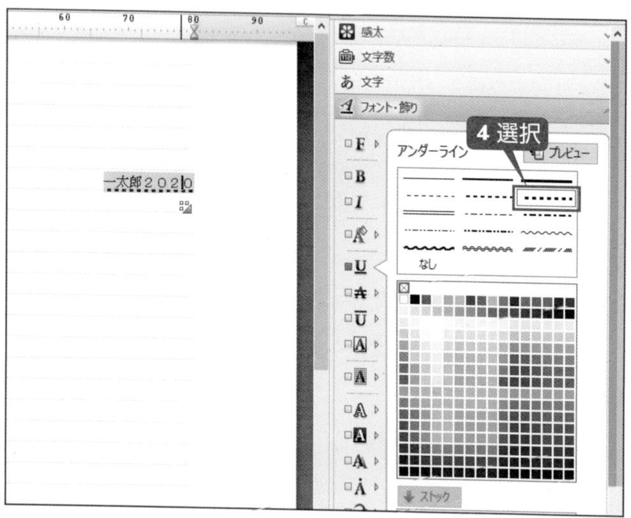

4 線の種類を選択します。

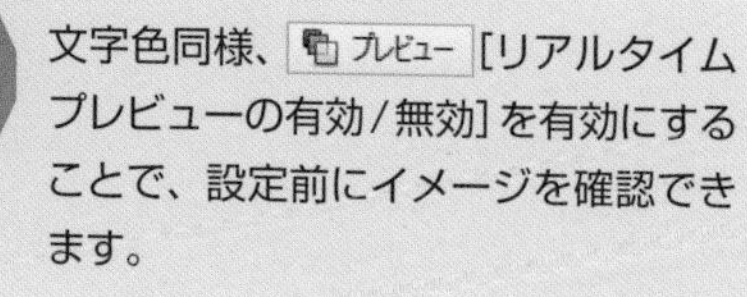

MEMO 文字色同様、プレビュー [リアルタイムプレビューの有効/無効] を有効にすることで、設定前にイメージを確認できます。

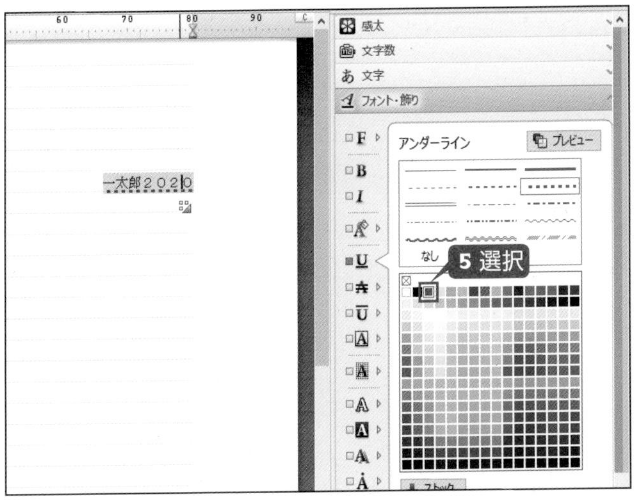

5 パレットから色を選択します。設定が完了したら、編集画面の何もないところをクリックして範囲指定を解除しておきます。

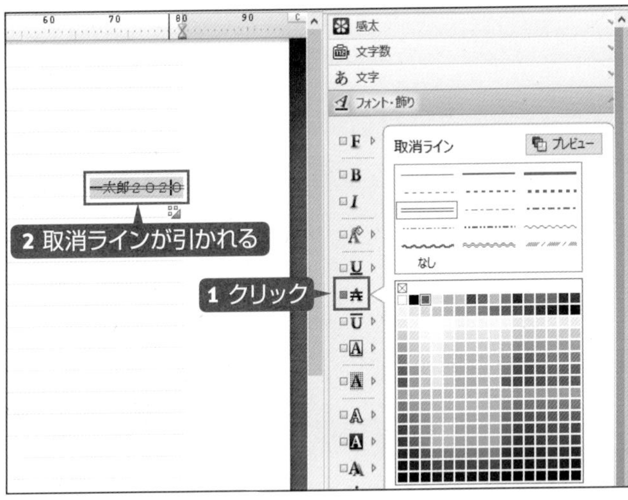

取消ラインを引く

1 文字列を範囲指定し、[フォント・飾り] パレットの [取消ライン] をクリックします。

2 文字に重ねてラインが引かれます。

設定した文字飾りをまとめて解除する

複数の文字飾りを設定している場合、範囲指定して 解除 をクリックすると、まとめて解除できます。また、文字列を範囲指定し、[文字色] や [太字] などのボタンをクリックして を にすると、設定済みの文字飾りを個別に解除することができます。

文字囲や塗りつぶしなども同様の操作で設定できる

そのほかにも文字囲や塗りつぶし、中抜き、反転など、さまざまな文字飾りを利用できます。これらを利用することで、文書を見やすく整えたり、見栄え良くデザインしたりできます。

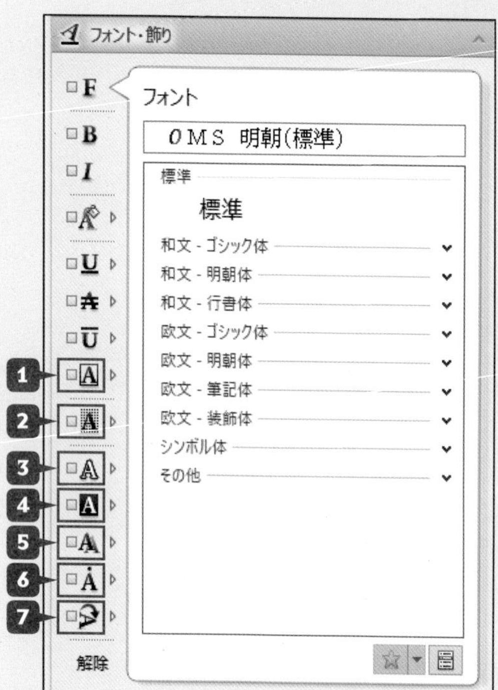

1 文字囲

一太郎２０２０

囲み線の種類と色が設定できます。

2 塗りつぶし

一太郎２０２０

塗りつぶしのパターンと色が設定できます。

3 中抜き

一太郎２０２０

文字の色が設定できます。

4 反転

一太郎２０２０

背景色が設定できます。

5 影文字

一太郎２０２０

影の色が設定できます。

6 傍点

一太郎２０２０

傍点の種類が設定できます。

7 回転

一太郎２０２０

回転の角度が設定できます。

5 書式を微調整する

見出しの文字をもう少し大きくしたい、字間や行間をちょっと広くしたいなど、書式を微調整したいことがあります。[調整] パレットを利用すれば、簡単に調整することができます。

5-1 文字サイズを調整する

文字サイズは、ポイント数で指定することもできますが(35ページ参照)、少しずつ大小を微調整したいときには、[調整] パレットの [サイズ] のアイコンを使うと便利です。

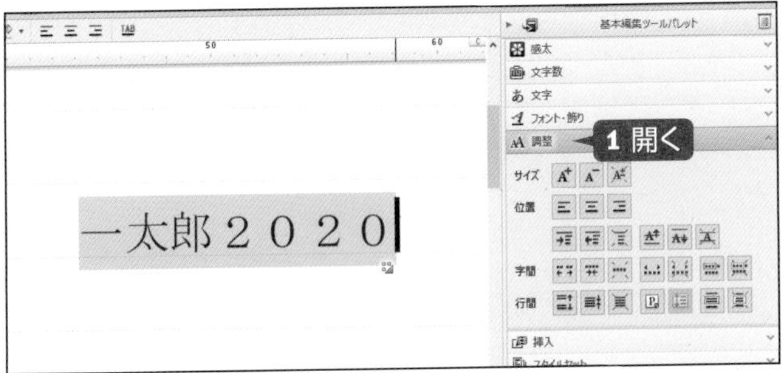

文字サイズを大きくする

1 文字列を範囲指定して [調整] パレットを開きます。

2 [調整] パレットの [文字サイズ大きく] をクリックすると、文字サイズが1ポイント大きくなります。アイコンをクリックするたびに、1ポイントずつ文字サイズが大きくなります。

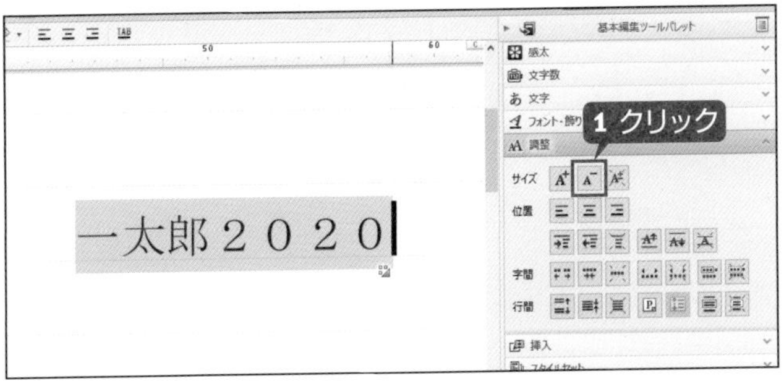

文字サイズを小さくする

1 [文字サイズ小さく] をクリックすると、1ポイントずつ文字サイズが小さくなります。

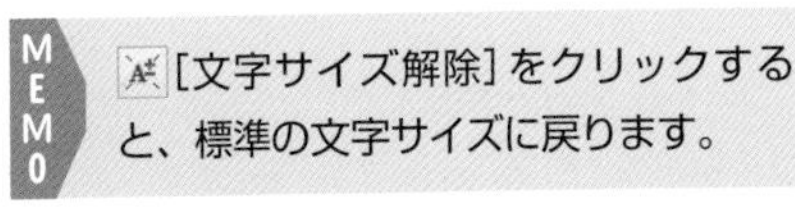
MEMO [文字サイズ解除] をクリックすると、標準の文字サイズに戻ります。

5-2 文字を揃える位置を調整する

文字は通常左寄せで入力されます。タイトルは行の中央に入れたい、日付や署名などは行の右端に入れたいなどのときは、文字揃えを設定します。

文字揃えを設定する

1 文字揃えを設定したい行にカーソルを置きます。

2 ［調整］パレットを開き、三［センタリング］をクリックします。

3 文字が行の中央に揃います。

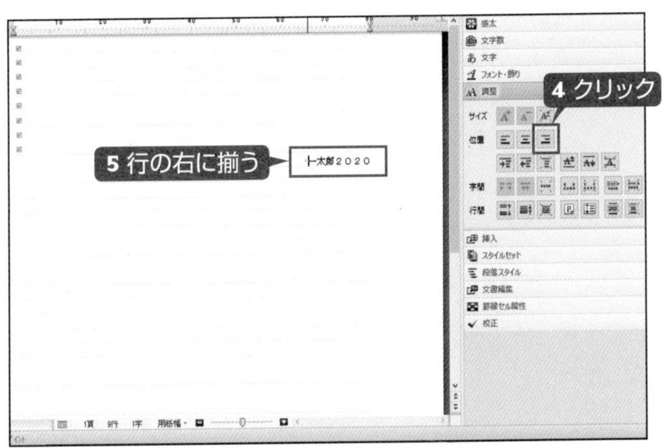

4 ［調整］パレットの ☰［右寄せ］をクリックします。

5 文字が行の右に揃います。

6 ［調整］パレットの ☰［左寄せ］をクリックします。

7 最初の左寄せの状態に戻ります。

コマンドバーを利用して文字寄せを設定する

左寄せ、センタリング、右寄せは、コマンドバーからも実行できます。文字揃えを設定したい行にカーソルを置き、コマンドバーのボタンをクリックすると設定できます。

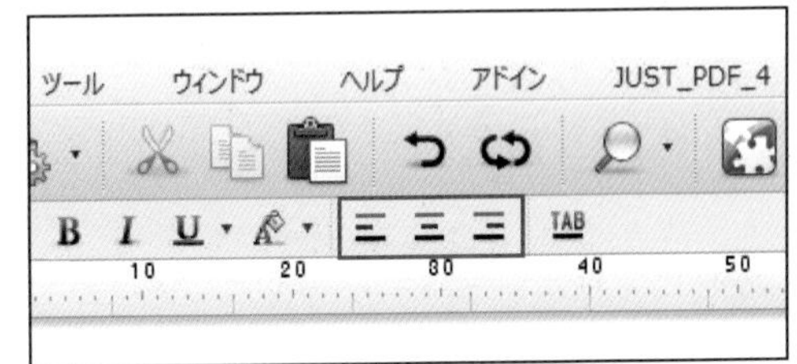

行頭位置の移動や上下の移動

位置の調整では、行頭位置を少しずつ字下げする「インデント」や、文字を揃える「ベースライン」を上下に動かす設定もあります。

インデント

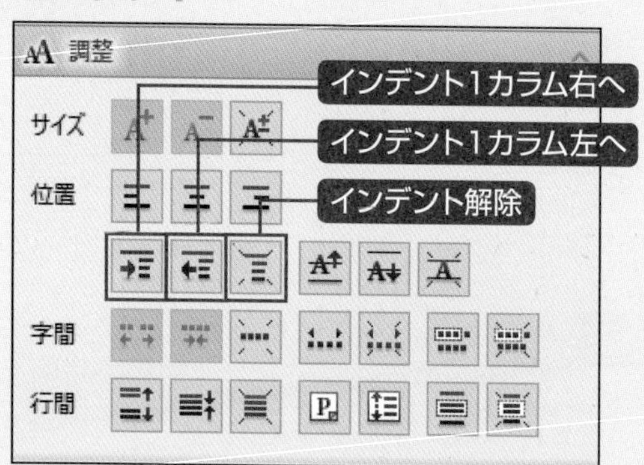

[インデント1カラム右へ] をクリックすると、行頭が半角1文字分右に移動します。クリックするごとに半角1文字分ずつ右へ移動できます。[インデント1カラム左へ] で少しずつ左に、[インデント解除] で解除できます。

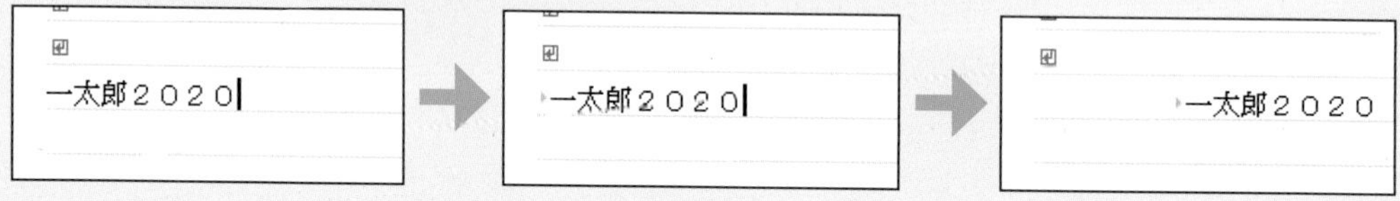

ベースライン

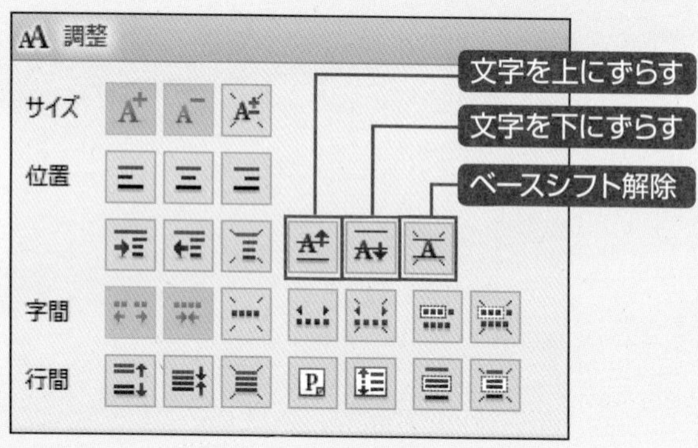

[文字を上にずらす] をクリックすると、文字を揃えるベースラインから少し上に移動します。クリックするごとに少しずつ上に移動できます。[文字を下にずらす] で少しずつ下に、[ベースシフト解除] で解除できます。

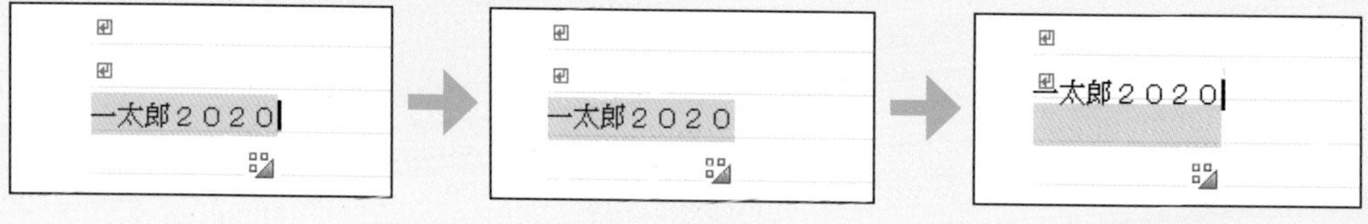

5-3 字間や行間を調整する

文字の読みやすさは、字間や行間も大切です。これらを調整することで、行からあふれる数文字を行内に収めたり、ページからあふれる数行をページ内に収めたりできます。編集画面上で確認しながら微調整しましょう。

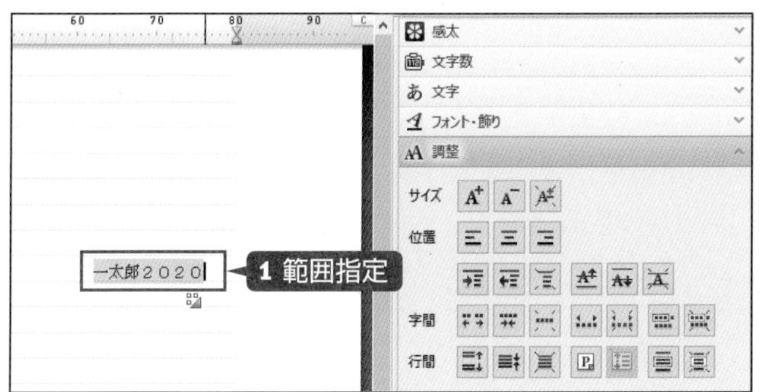

字間を広げる

1 文字をドラッグして、字間を広げたい範囲を指定します。

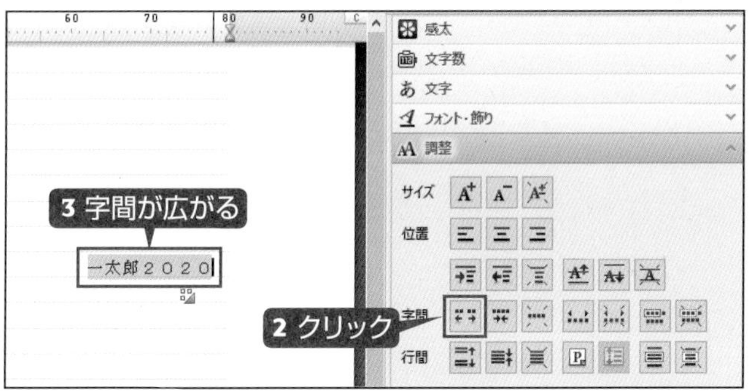

2 [調整]パレットの [字間広く]をクリックします。

3 字間が広がります。クリックするたびに少しずつ広がっていきます。

字間をせまくする

1 [調整]パレットの [字間せまく]をクリックします。

2 字間が少しずつせまくなります。繰り返しクリックすることで、さらにせまくすることができます。

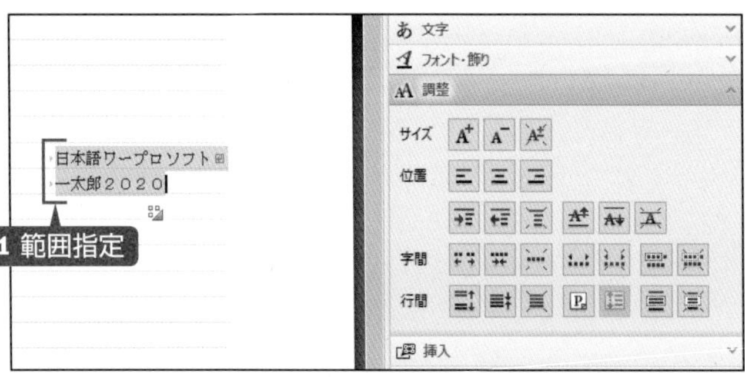

行間を広げる

1 行間を調整したい行の範囲を指定します。

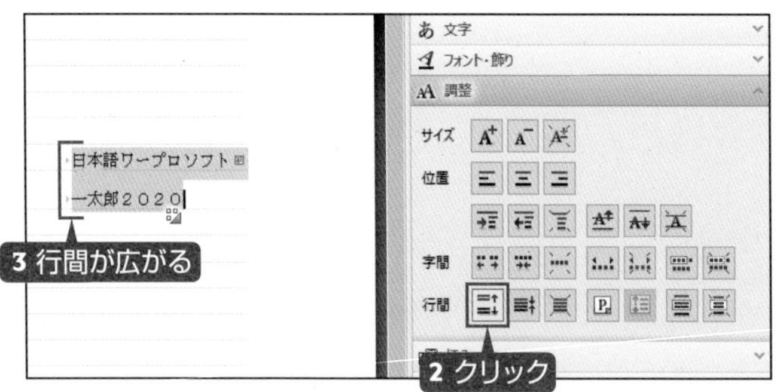

2 [調整] パレットの [改行幅広く] をクリックします。

3 行間が少し広がります。クリックするごとに、さらに行間を広げることができます。

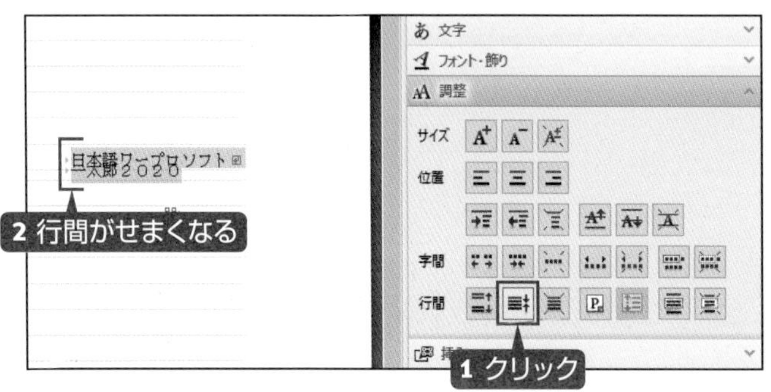

行間をせまくする

1 [調整] パレットの [改行幅せまく] をクリックします。

2 行間が少しせまくなります。クリックするごとに、さらにせまくすることができます。

HINT [均等割付] で字間を調整する

文字を割り付ける範囲を指定して、その範囲に文字を均等に配置する「均等割付」や、指定した範囲の行間を調整して1ページ内に収める方法もあります。いずれも [調整] パレットで操作が可能です。

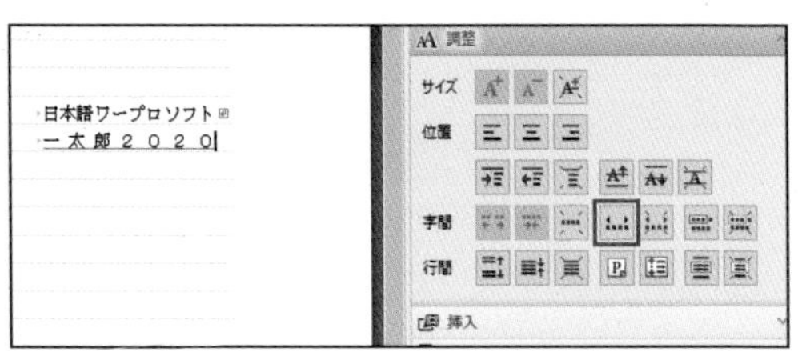

6 写真やイラストを挿入する

一太郎の文書には、絵や写真を挿入することもできます。スマートフォンなどで撮影した写真のほか、あらかじめ一太郎に収録されている素材を利用することもできます。また、ワンポイントとして利用できる「部品」も用意されています。

6-1 自分で撮った写真を挿入する

文字だけの文書に比べ、絵や写真の入った文書は見栄えが良くなります。写真入りの旅行記やイラストの入ったチラシも簡単に作成できます。ここでは、手持ちの写真を挿入する方法を確認しておきましょう。

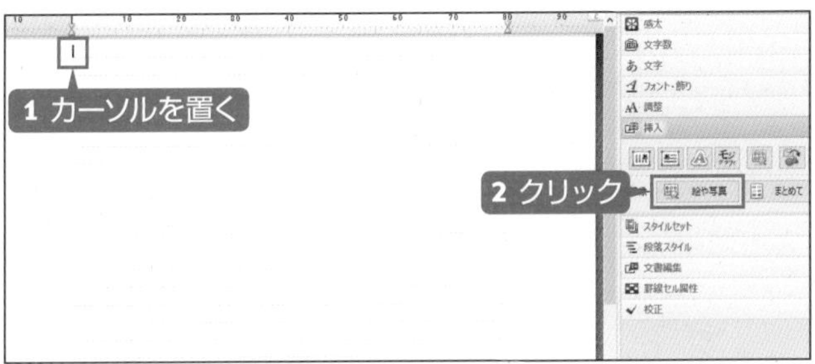

写真を挿入する

1. 写真を挿入したい位置にカーソルを置きます。
2. ［挿入］パレットを開き、絵や写真［絵や写真の挿入］をクリックします。
3. ［絵や写真］ダイアログボックスのタブから、［フォルダーから］を選択します。
4. 写真を保存しているフォルダーを指定します。
5. 挿入したい写真を選択します。
6. 画像枠で挿入 をクリックします。

写真のデータサイズを縮小する

1 文書に写真が挿入されます。

2 バルーンの表示を確認したら、 データサイズを縮小... をクリックします。

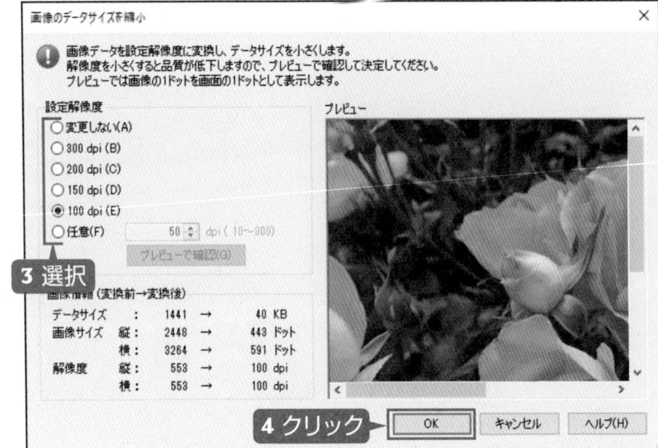

3 [設定解像度] で解像度を選択します。

4 OK をクリックします。

MEMO

高画質の写真は、そのまま貼り付けると、一太郎文書のデータサイズが大きくなってしまいます。貼り付けた際には、データサイズを縮小しておきましょう。なお、小さくすることで画質が低下したと感じた場合は、貼り付け直し、[設定解像度] を選び直してみましょう。ツールバーの [取り消し] で、操作前の状態に戻すこともできます。

5 写真のデータサイズが変更されました。周囲の■をドラッグして画像サイズを調整したり、写真をドラッグして位置を調整したりします。

6 編集画面の何もないところをクリックして、選択状態を解除します。

HINT

写真をまとめてレイアウトする

[挿入] パレットの まとめて [写真をまとめてレイアウト] をクリックすれば、複数の写真をレイアウトパターンに沿って一度にまとめて挿入することができます（171ページ参照）。

6-2 収録されている写真やイラストを挿入する

一太郎には、たくさんのイラストや写真が収録されています。これらを利用すれば、手元にオリジナルの写真やイラストがなくても見栄えの良い文書が作成できます。ここでは、写真を挿入してみましょう。イラストは、一太郎に収録されている写真と同じ手順で挿入できます。

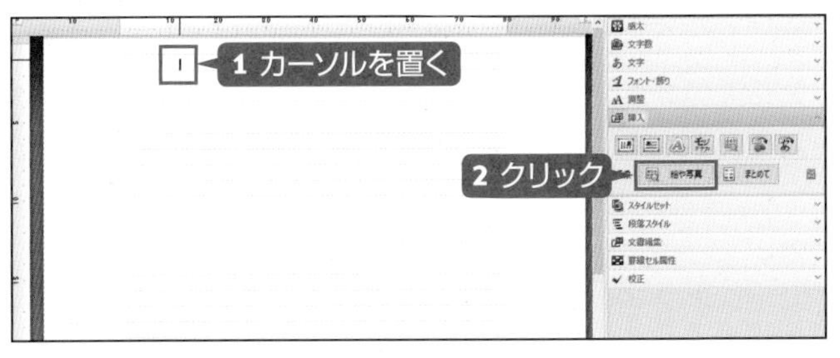

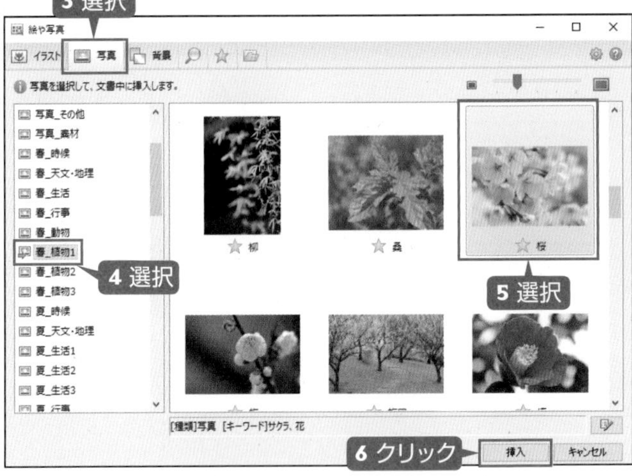

写真を挿入する

1. 写真を挿入したい位置にカーソルを置きます。
2. ［挿入］パレットを開き、 絵や写真［絵や写真の挿入］をクリックします。
3. ［絵や写真］ダイアログボックスのタブから、使用したい素材の種類を選択します。ここでは［写真］タブを選択しています。
4. 写真の分類を選択します。
5. 挿入したい写真を選択します。
6. 挿入 をクリックします。

MEMO 写真ではなく、イラストを挿入したい場合は、手順3で［イラスト］タブを選択します。

HINT

挿入した写真に番号や説明文を付ける

挿入した写真をクリックして選択すると、右側に［枠操作］ツールパレットが表示されます。ここから画像枠の操作や枠飾りの設定などが行えます。［画像枠の操作］パレットでは、写真に「番号」や「説明文」を付けることもできます。この機能で付けた番号や説明文は、写真を移動すると一緒に移動します（111ページ参照）。

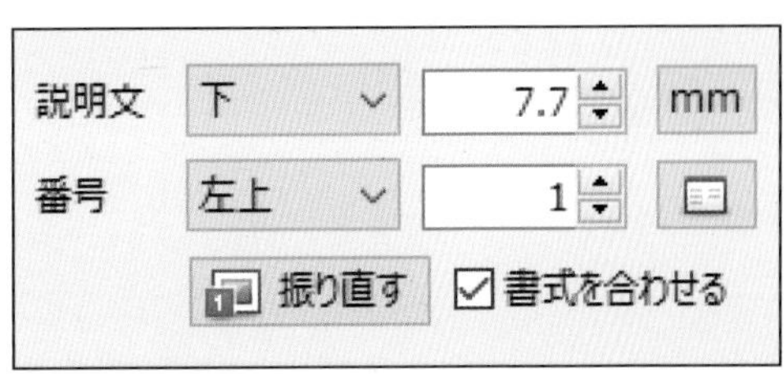

6-3 部品を挿入する

一太郎には、ワンポイントとなるイラストが「部品」として用意されています。部品を挿入することで、文書を楽しく飾ることができます。部品はキーワードを利用して検索することもできます。

部品を挿入する

1. [挿入] パレットを開き、[部品呼び出し] をクリックします。
2. [部品呼び出し] ダイアログボックスが開きます。

3. [キーワードで部品を検索] にキーワードを入力します。
4. [検索実行(E)] をクリックします。
5. 検索結果が一覧に表示されます。
6. 挿入したい部品をクリックします。
7. 部品が挿入されます。部品をドラッグすることで移動、四隅の■をドラッグすることでサイズの調整ができます。

MEMO
サイズを調整する際、Shiftキーを押しながらドラッグすると、縦横の比率を保ったまま拡大縮小できます。

編集画面の何もないところをクリックすると、選択状態が解除されます。

7 文書全体のスタイルを設定する

作成する用紙のサイズ、縦向きにするか横向きにするか、余白をどのくらいにするかといった、文書の基本となる書式は「文書スタイル」でまとめて設定します。文書スタイルは、最初に設定しておくと、完成イメージを確認しながら文書を作成できます。あとから設定を変更することもできます。

7-1 文書全体のスタイルを設定する

文書スタイルを設定します。用紙のサイズや向き、余白の設定により、1行の文字数や1ページの行数に設定可能な数値が変化します。

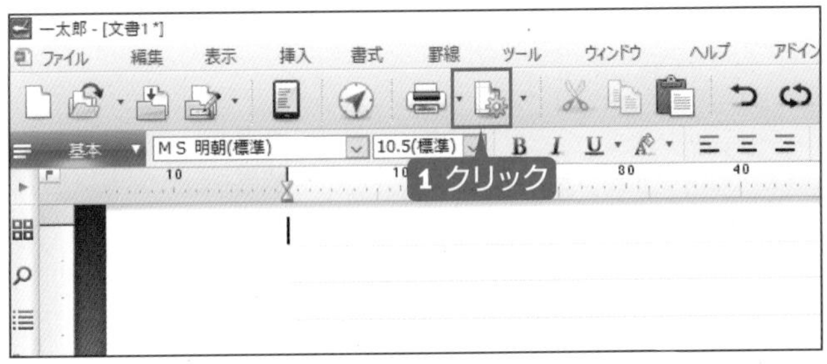

文書スタイルを設定する

1 ツールバーの [用紙や字数行数の設定（文書スタイル）] をクリックします。

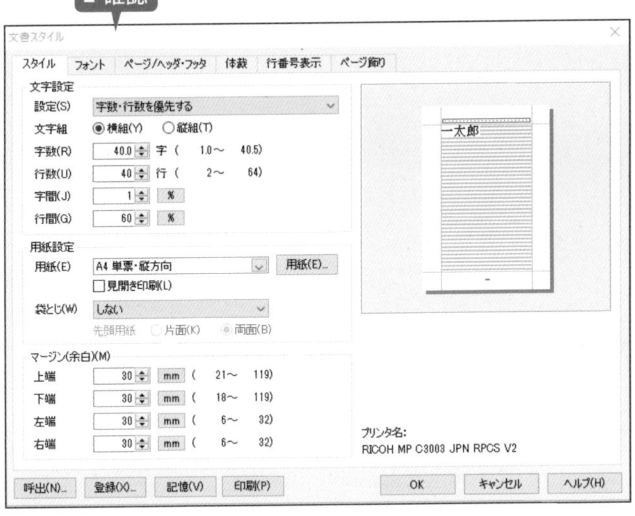

2 初期設定されている文書スタイルの内容を確認できます。

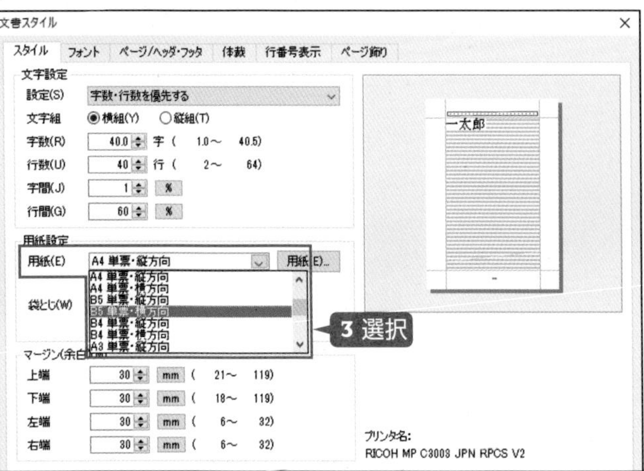

3 [用紙]で用紙のサイズや方向を選択します。

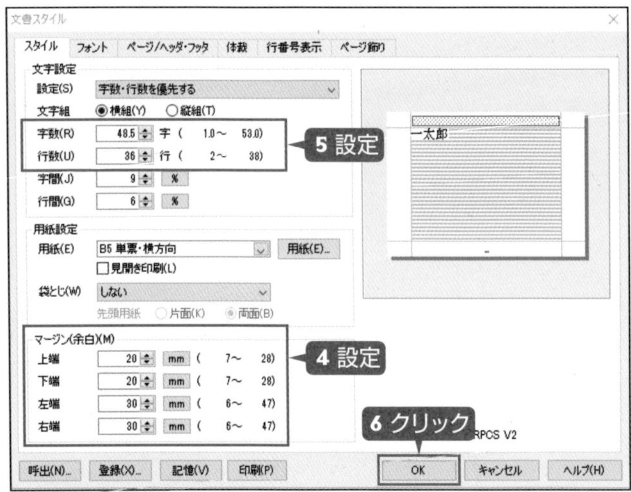

4 [マージン(余白)]で上下左右の余白サイズを設定します。

5 [字数]や[行数]で1行の文字数や1ページの行数を設定します。

6 OK をクリックします。

MEMO [字数][行数]に設定できる数値はマージンの値により変化します。

HINT 文書スタイルでフォントを設定する

標準のフォントは[文書スタイル]ダイアログボックスの[フォント]シートで設定します。初期設定では「MS明朝」が選択されています。漢字のフォントは[和文フォント]で、半角のアルファベットは[欧文フォント]で選択できます。そのほか、[かなフォント]では、ひらがな・カタカナに設定するフォントを、[和文フォント]とは別に選ぶことができます。和文フォントとかなフォントは連動していないので、和文フォントを変更した際には、かなフォントも確認するようにしましょう。
また、[数字フォント]も和文と欧文を選ぶことができます。

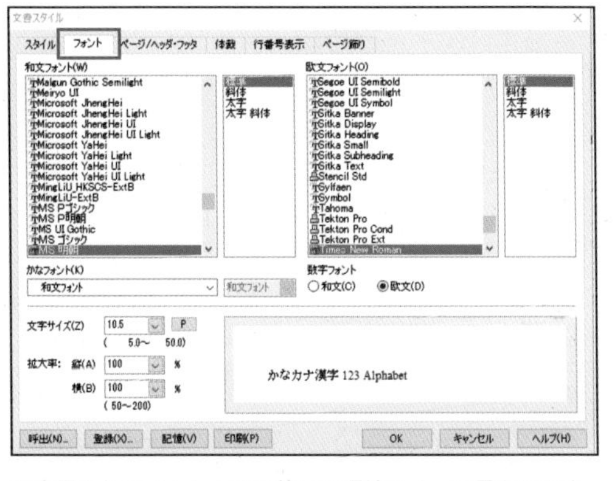

※表示されるフォントはお使いの環境によって異なります。

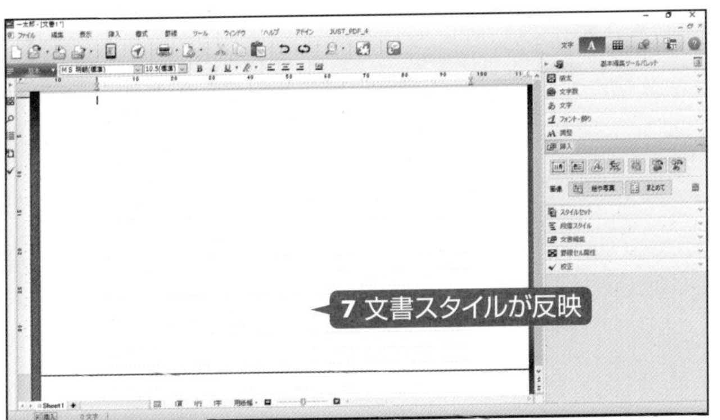

用紙に文書スタイルの内容が反映されます。

MEMO
文書スタイルでは、このほか、文字サイズやページ番号についても設定することができます。

HINT よく利用する文書スタイルを登録する

よく利用する文書スタイルがある場合は、[文書スタイル] ダイアログボックスの 登録 をクリックし、名前を付けて登録しておきましょう。 呼出 をクリックすればいつでも呼び出せるので、毎回文書スタイルを設定する手間を省けます。
また、初期設定されている内容を変更したい場合は、 記憶 をクリックします。現在設定されている文書スタイルが記憶され、以降、新しく作る文書から、そのスタイルが初期設定となります。

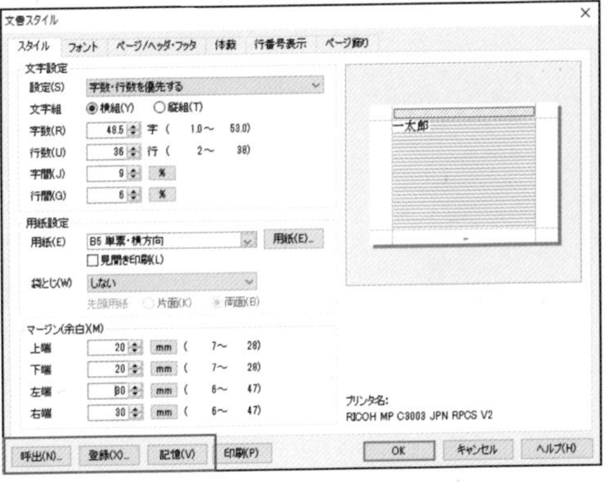

HINT 「きまるスタイル」で文書内容に合った文書スタイルを選ぶ

「きまるスタイル」を利用すると、作成する文書の内容や用紙サイズに合った最適なレイアウトを一発で設定することができます。
[きまるスタイル] を利用するには、ツールバーの [用紙や字数行数の設定(文書スタイル)] の右にある ▼ をクリックし、[きまるスタイル] を選択します。

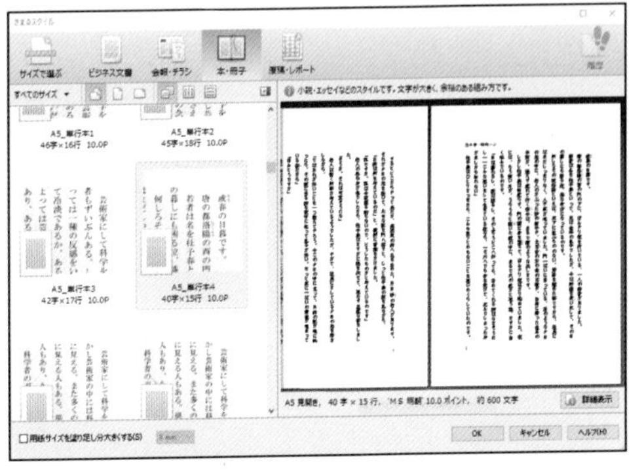

8 コピーや取り消しなど編集操作の基本

文字列をコピーしたり貼り付けたり、操作を取り消したりするときの操作を覚えておきましょう。繰り返して何度も入力する手間が省けたり、失敗した操作をすぐにやり直したりでき、効率的な文書作成に役立ちます。

8-1 コピー、切り取り、貼り付けを実行する

同じ文字列を別の場所でも利用したいときは、コピーして貼り付けましょう。また、入力済みの文字列を別の場所に移動したい場合は、切り取って貼り付けます。

コピーして貼り付ける

1. コピーしたい文字列を範囲指定し、ツールバーの [コピー(範囲先指定)] をクリックします。

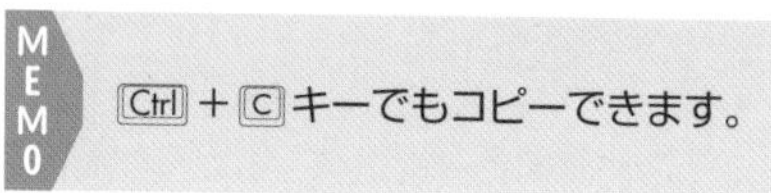

MEMO Ctrl + C キーでもコピーできます。

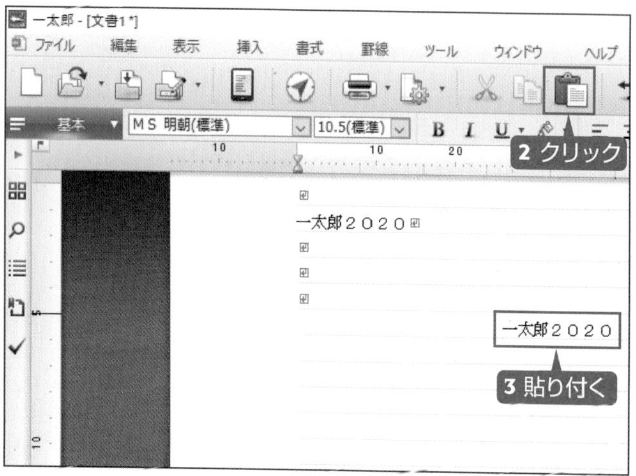

2. 文字列を貼り付けたい位置にカーソルを移動し、ツールバーの [貼り付け] をクリックします。

3. カーソル位置に文字列が貼り付けられます。

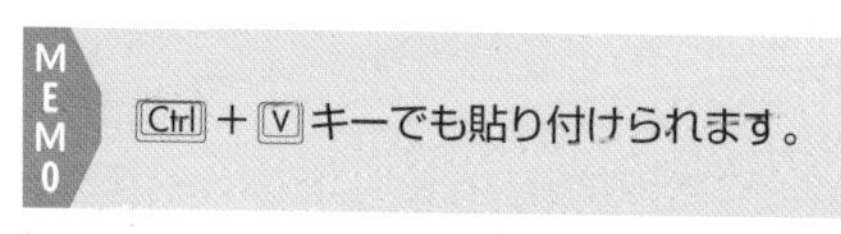

MEMO Ctrl + V キーでも貼り付けられます。

切り取って貼り付ける

1. 文字列を範囲指定し、ツールバーの 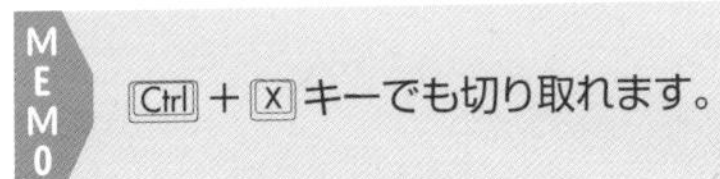 [切り取り（範囲先指定)] をクリックします。

MEMO Ctrl + X キーでも切り取れます。

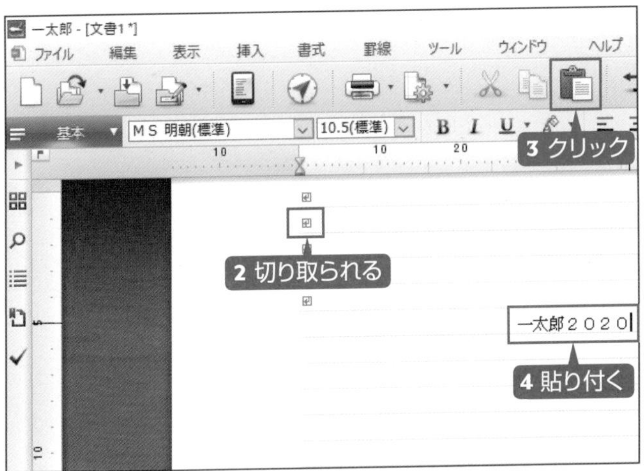

2. 範囲指定していた文字列が切り取られます。

3. 文字列を貼り付けたい位置にカーソルを移動し、ツールバーの [貼り付け] をクリックします。

4. 文字列が貼り付けられます。

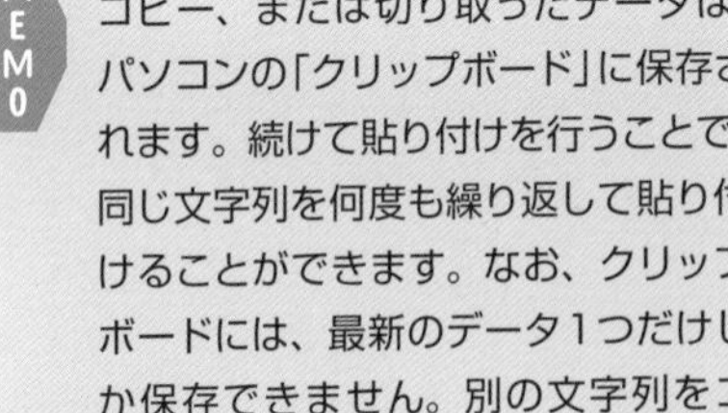

MEMO コピー、または切り取ったデータは、パソコンの「クリップボード」に保存されます。続けて貼り付けを行うことで、同じ文字列を何度も繰り返して貼り付けることができます。なお、クリップボードには、最新のデータ1つだけしか保存できません。別の文字列をコピーしたり切り取ったりした場合には、新しい文字列が保存され、前の文字列は削除されます。

8-2 操作の繰り返しと取り消しを行う

何度も同じ操作を繰り返す場合には、そのたびにコマンドを実行せずに、「繰り返し」を利用しましょう。また、間違った操作をしてしまった場合には、操作を取り消すことができます。取り消しは、実行するたびに操作をさかのぼって順に取り消すことができます。

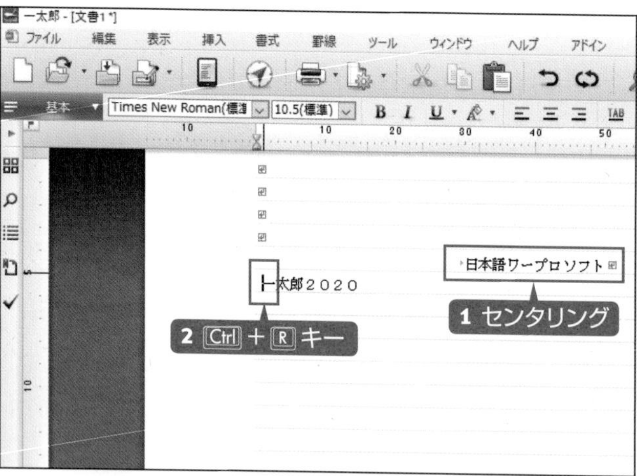

操作を繰り返す

1. 文字列をセンタリングしました。
2. 別のセンタリングをしたい行にカーソルを置いて、Ctrl + R キーを押します。

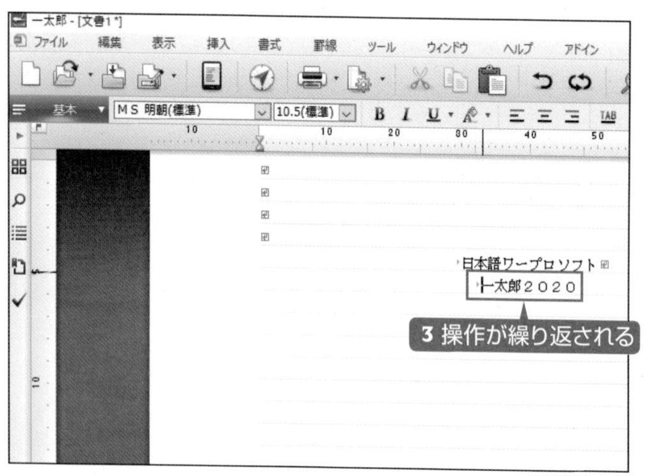

3. センタリングの設定が繰り返されます。

操作を取り消す

1 文字色を設定しました。

2 この操作を取り消したいときには、ツールバーの [取り消し] をクリックします。

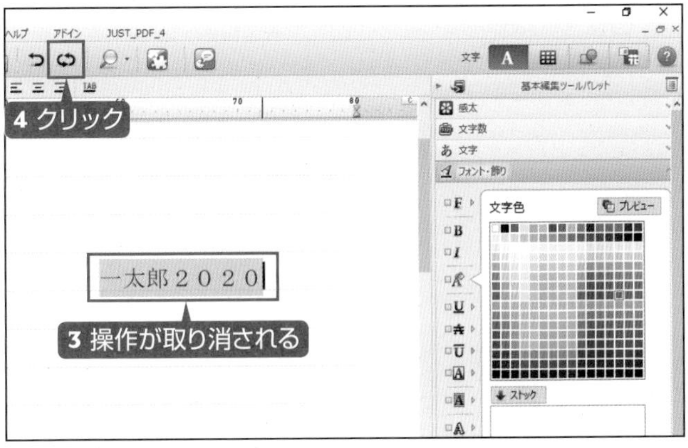

3 文字色の設定が取り消されました。

4 取り消したものの、やはり元に戻したいという場合はツールバーの [取り消しを戻す] をクリックします。

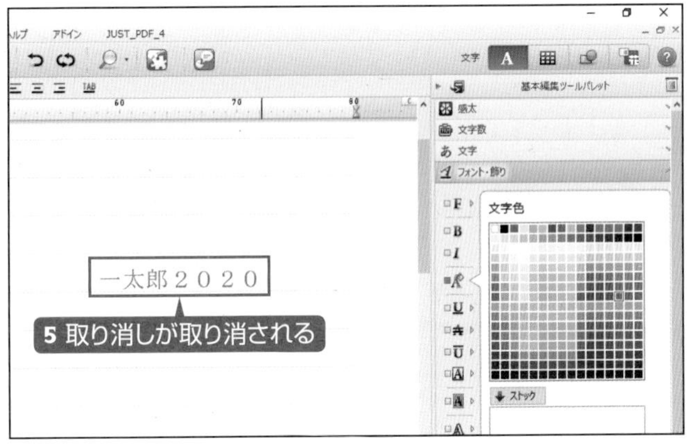

5 取り消し操作が取り消されて、文字色が 1 で設定した色に戻りました。

MEMO コマンドによっては、取り消せない場合があります。

9 文書を印刷する

作成した文書を印刷しましょう。印刷の際には、部数を指定できるほか、拡大印刷や縮小印刷、1枚の用紙に複数ページを印刷するレイアウト印刷など、特殊な印刷も実行できます。

9-1 通常の印刷を行う

部数などを指定して印刷を実行します。印刷する前には、「印刷プレビュー」であらかじめどのように印刷されるかのイメージを確認すると、印刷のミスを防ぐことができます。

文書を印刷する

1 文書が完成したら、ツールバーの [印刷] の右側の  をクリックし、[印刷プレビュー] を選択します。

MEMO 印刷プレビューを確認する必要がない場合は、[印刷] をクリックします。

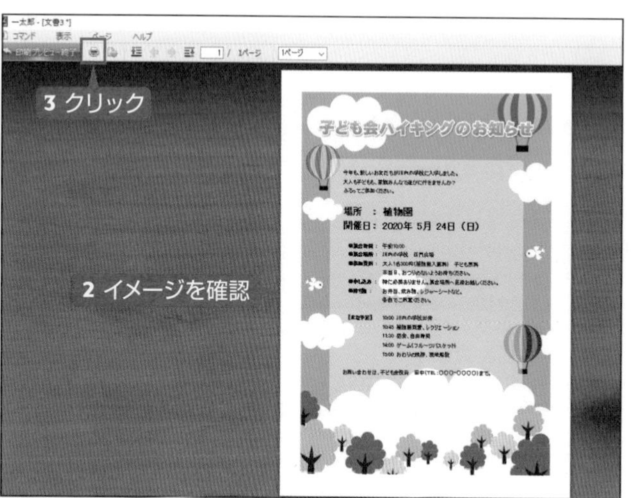

2 プレビューが表示されるので、印刷イメージを確認します。

3 [印刷] をクリックします。

MEMO 編集画面に戻るには、印刷プレビュー終了 [印刷プレビューを終了] をクリックします。

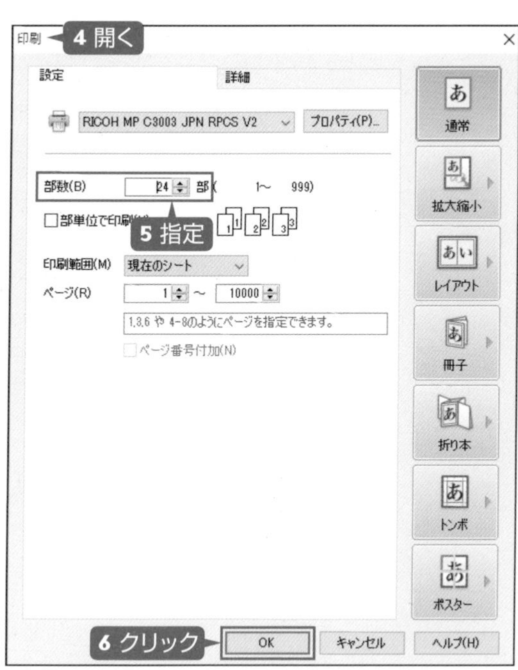

4 [印刷] ダイアログボックスが開きます。

5 [部数] で印刷する部数を指定します。

6 OK をクリックすると、印刷がスタートします。

範囲を指定して印刷する

複数ページの文書の、連続したページだけを印刷したい場合は、[ページ] で印刷したいページの範囲を指定します。任意のページを印刷したい場合は、[ページ] の入力スペースに、カンマで区切ったページや、ハイフンでつないだページを入力します。

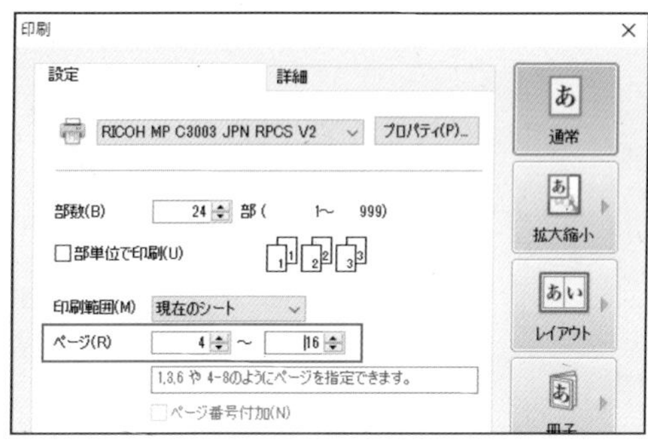

●連続したページだけを印刷する
開始ページと終了ページを指定します。

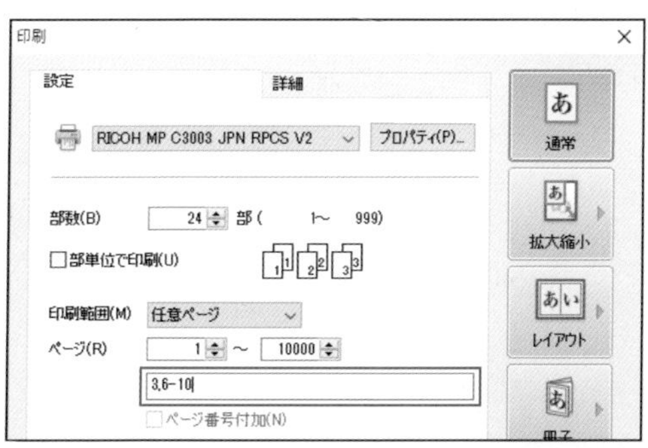

●任意のページを印刷する
飛び飛びのページはカンマで区切り、連続したページはハイフンでつなぎます。

特殊印刷を行う

大きな用紙に拡大して印刷したり、1枚の用紙に複数ページを配置して印刷したりすることもできます。さらに、複数枚の紙を貼り合わせて、大きなポスターを作ることができる「ポスター印刷」機能もあります。こうした特殊な印刷は、各種印刷方法をクリックして展開することで設定します。

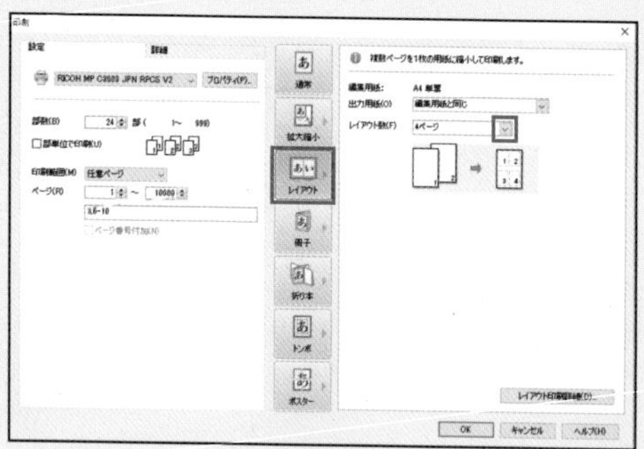

1枚の用紙に複数ページを割り付けて印刷する(レイアウト印刷)

[レイアウト]を選択し、レイアウト数の をクリックして、1枚に配置したいページ数を設定します。

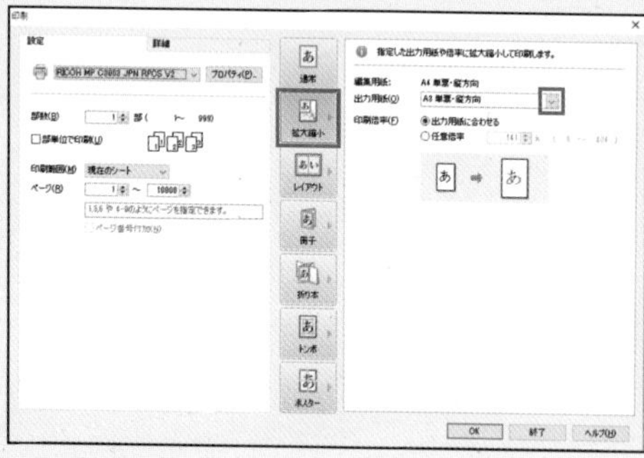

拡大縮小印刷する

[拡大縮小]を選択し、[出力用紙]で印刷したい用紙のサイズと方向を指定します。[任意倍率]を選択して倍率を指定することもできます。

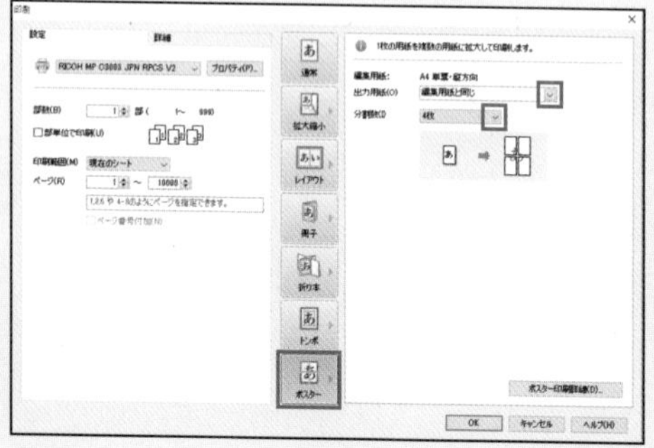

拡大して複数の用紙に分割して印刷する(ポスター印刷)

[ポスター]を選択し、[出力用紙]と[分割数]を指定します。

第2章 # 基本操作編

ATOKの基本操作

一太郎2020には、日本語入力システムとして「ATOK for Windows 一太郎2020 Limited」が標準搭載されています。本章では、ATOKによる日本語入力の基本操作と、効率的に入力する便利な機能を説明します。

1 ATOKの基本操作

ATOK for Windows 一太郎2020 Limited(以下、ATOK)を使って日本語を入力するには、ATOKのオン/オフや読みの入力・変換など、基本的な使い方を覚えておく必要があります。ここでは、日本語を入力するために必要な基本操作を紹介しましょう。

1-1 ATOKのオン/オフを切り替える

ATOKで日本語を入力するには、ATOKがオン(有効)になっている必要があります。ここでは、Windows 10でATOKのオン/オフを切り替える操作を説明します。なお、一太郎を起動すると、ATOKは自動的にオンになります。

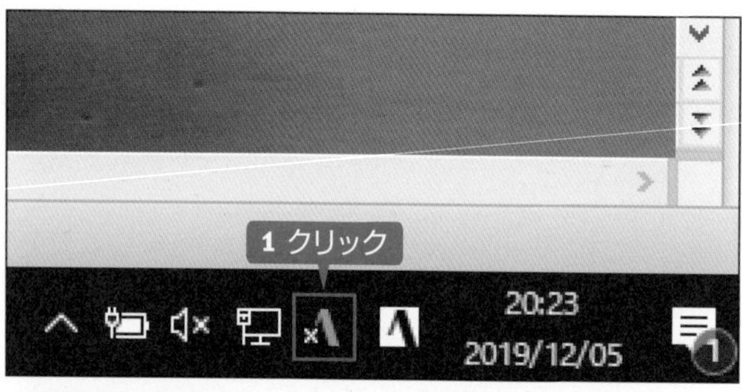

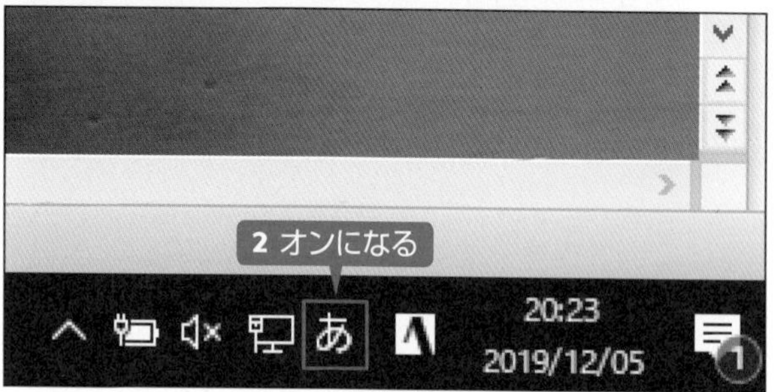

ATOKのオン/オフを切り替える

1. タスクバーの をクリックします。または 半角/全角 キーを押します。
2. ATOKがオンになり、表示が  に切り替わります。もう一度クリックするか、半角/全角 キーを押すとオフになります。

MEMO
ATOK標準のキー操作でお使いの場合は、日本語入力がオフのときに 変換 キーを押すだけで、日本語入力がオンになります。キーボードのホームポジションから手を離さなくて良いのでスムーズな操作が可能です。

日本語入力システムをATOKに切り替える

日本語入力システムがATOK以外になっている場合は、一太郎のメニューから[ツールー入力設定ー日本語入力をATOKにする]を選択してください。タスクバーに表示されている日本語入力のアイコンをクリックしてメニューを開き、[ATOK for 一太郎2020]を選択する方法もあります。また、Windows + キーを押すと、インストールされている日本語入力システムを順番に切り替えられます。

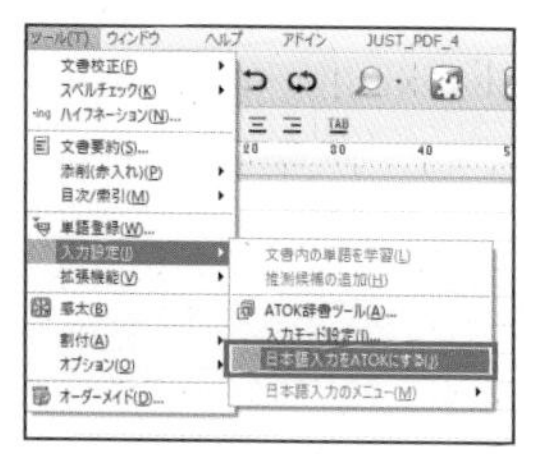

1-2 ローマ字入力/カナ入力を切り替える

ATOKでは、読みの入力方法として「ローマ字入力」と「カナ入力」があります。初期設定は「ローマ字入力」なので、カナ入力で読みを入力する場合は、最初に設定を変更してください。ローマ字入力の方は、設定を変更する必要はありません。

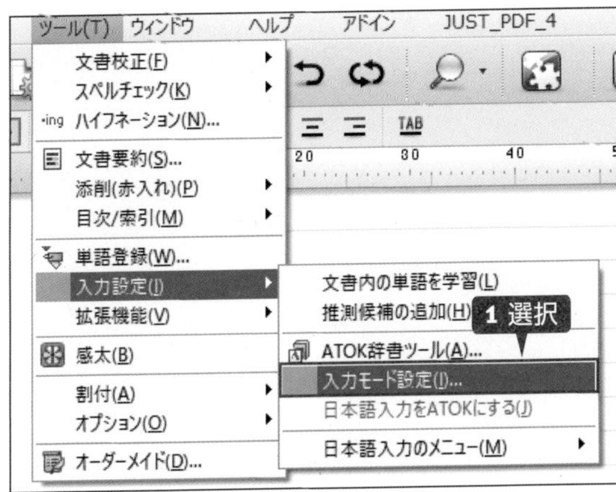

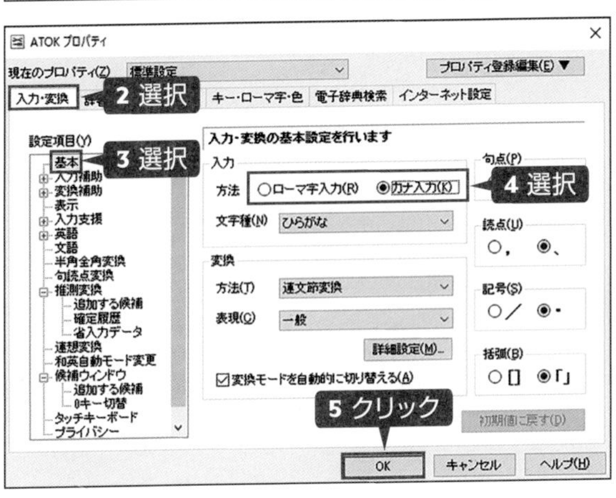

ローマ字入力/カナ入力を切り替える

1. 一太郎のメニューで[ツールー入力設定ー入力モード設定]を選択します。
2. [ATOKプロパティ]ダイアログボックスが表示されたら、[入力・変換]タブを選択します。
3. [設定項目]で[基本]を選択します。
4. [入力]の[方法]で[ローマ字入力]または[カナ入力]を選択します。
5. OK をクリックします。

HINT

ローマ字入力/カナ入力を一時的に切り替える

ATOKがオンのとき、通知領域の あ を右クリックしてメニューを開き、[漢字入力モード]を選択すれば、ローマ字入力/カナ入力を切り替えられます。ただし、この設定は一時的なものなので、アプリケーションを切り替えたり、新しいアプリケーションを起動したりした場合は、もとの入力方法になります。

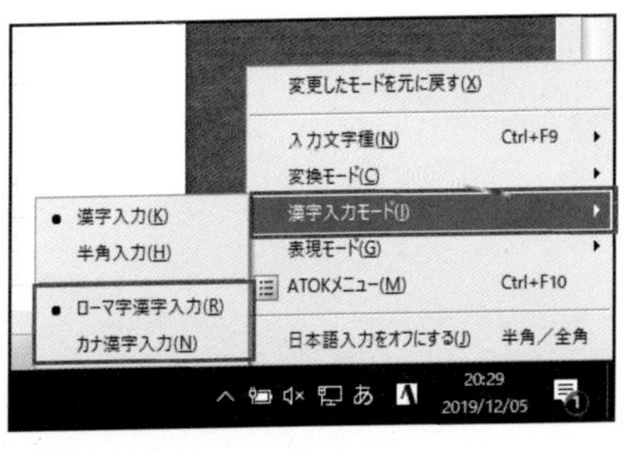

1-3 読みを入力して変換する

漢字仮名交じり文を入力するには、ローマ字入力またはカナ入力で読みを入力したあと、[ ]キーを押して変換します。正しく変換されたら、Enterキーを押して確定します。ここでは、この一連の操作を説明します。

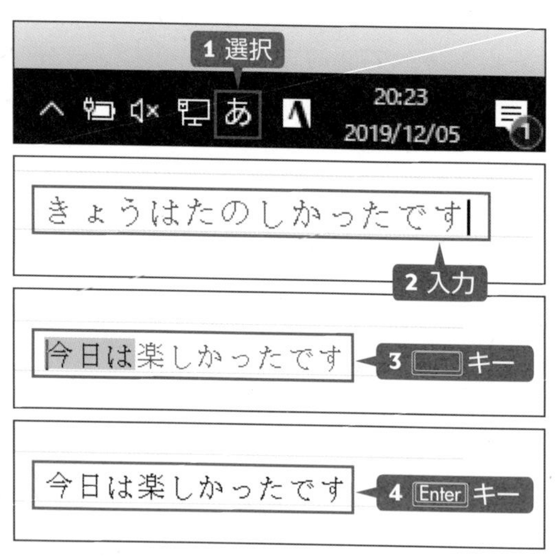

読みを入力して漢字仮名交じり文に変換する

1 ATOKがオンになっていることを確認します、オンになっていない場合はオンに切り替えてください(62ページ参照)。

2 読みを入力します。ローマ字入力、カナ入力のどちらでもかまいません。

3 [ ]キーを押して漢字仮名交じり文に変換します。

MEMO 変換結果はATOKの学習状態によって異なる場合があります。

4 目的のとおりに変換されたらEnterキーを押して確定します。

MEMO 目的のとおりに変換されなかった場合は、次ページを参照してください。

HINT 読みの入力→変換→確定

読みを入力したあと[ ]キーで変換し、目的の変換結果であればEnterキーを押して、それ以上変換されないように固定します。この操作を「確定」と呼びます。このように、「読みの入力」→「変換」→「確定」を繰り返すのが、ATOKによる日本語入力の基本操作です。

HINT ひらがなはそのままEnterキーで確定

ひらがなを入力する場合は、読みを入力したあと、Enterキーを押せばすぐに確定されます。

HINT 入力ミスはEscキーで取り消し

読みの入力中または変換中に入力ミスに気づいた場合は、Escキーを押せば、すべての入力を取り消して、最初から入力し直すことができます。

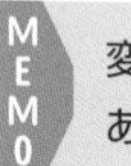

HINT 入力中に推測候補が表示される

ATOKの初期設定では、読みの入力中にATOKが推測した「推測候補」が表示され、Shift+Enterキーを押すと先頭の推測候補に確定できます。なお、本章では日本語入力の基本操作を説明するため、必要な場合以外は推測候補を表示しない設定で説明しています。

HINT 入力中にバーが表示される

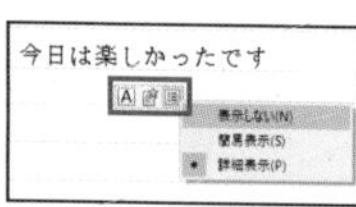

ATOKの初期設定では、入力中に画面のようなバーが表示されることがあります。このバーを使うと、素早くATOKの設定を変更したり、メニューを表示したりできます。バーが不要の場合は、右クリックして[表示しない]を選択してください。なお、本章ではバーを非表示にして説明しています。

1-4 目的の変換候補を選択して入力する

日本語には、読みが同じで意味の異なる言葉がたくさんあります。このため、ATOKでも一度の操作では正しく変換できないことがあります。その場合は、正しい候補を自分で選択することができます。ここでは、「挙げる」と入力する例を説明します。

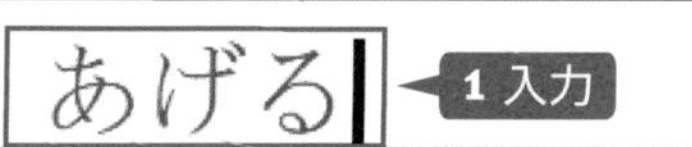

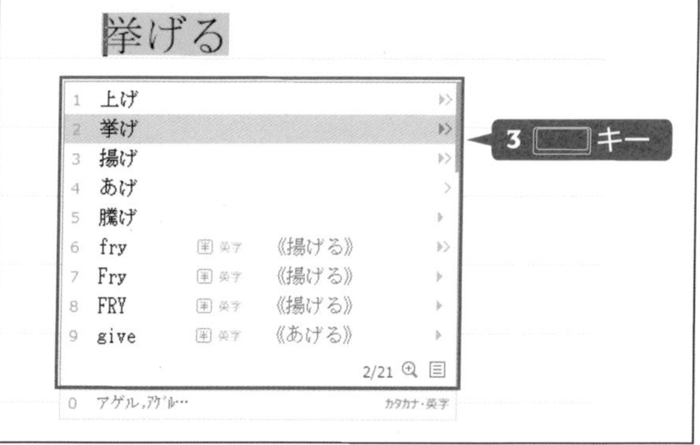

正しく候補を選択する

1. 「あげる」と読みを入力します。
2. キーを押すと「上げる」に変換されます。
3. もう一度キーを押すと、候補ウィンドウが開いて次の候補が選択されます。

MEMO 表示される候補の順番はATOKの学習状態によって変化します。

HINT 少し長めに入力すると正しく変換できる

ATOKは、入力された読みの意味を判断して変換します。このため、単語単位ではなく、そのほかの文節も含めて少し長めの読みを入力すれば、正しく変換できる確率が高くなります。

あたまをあげる  頭を上げる

たこをあげる → たこを揚げる

HINT 同音語の使い分けや言葉の意味を確認する

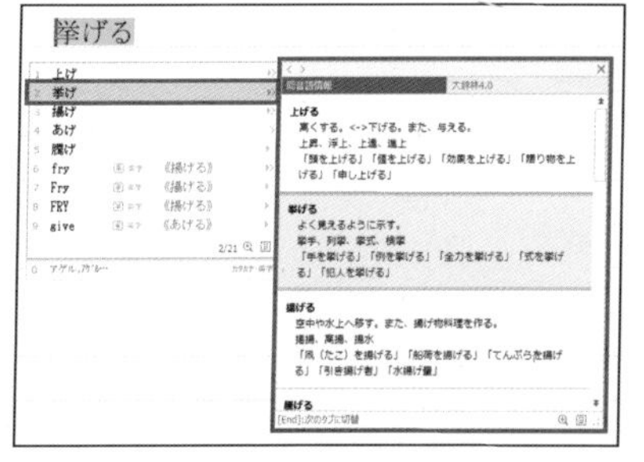

候補ウィンドウの右側にウィンドウが表示されることがあります。このウィンドウは、変換した言葉に同音語があったり、その言葉の情報が電子辞典に掲載されているときに表示されます。同音語の意味・使い方を確認したり、言葉の意味をその場で調べることができます。なお、タブが複数ある場合は End キーで切り替えることができ、Shift + End キーでウィンドウを閉じることができます。

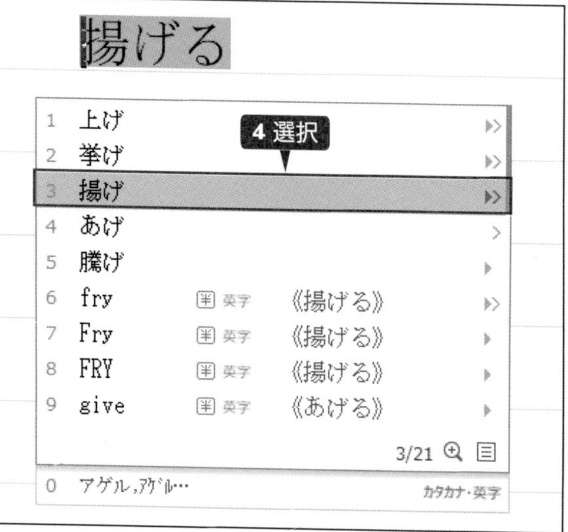

4 [ ] キーを押すと1つ下の候補、[↑]を押すと1つ上の候補を選択できます。このキー操作で目的の候補を選択します。

揚げる
5 Enter キー

5 [Enter] キーを押して、選択した候補を確定します。

文字を拡大表示する

候補の文字が小さくて見づらい場合は、候補ウィンドウ右下にある [拡大表示] ボタンをクリックするとメニューが表示され、拡大率を選択すると拡大表示できます。元のサイズに戻すには、 [拡大表示] ボタンをクリックして [100%] を選択します。

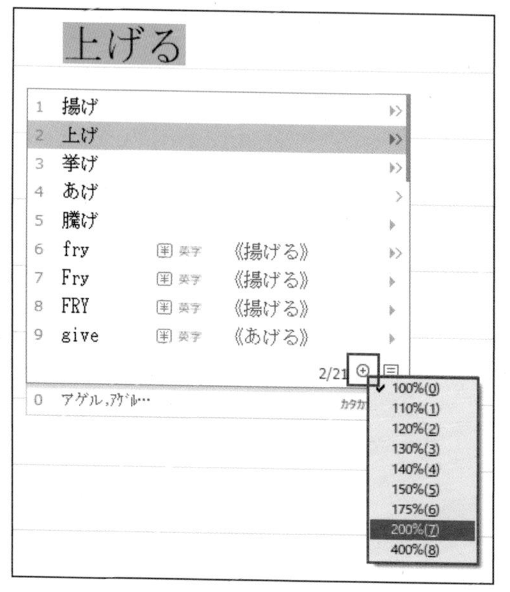

1-5 文節を区切り直して正しく変換する

ATOKは入力された読みを文節に分解し、各文節の関係を判断して適切に変換します。このため、文節の分け方を誤ると正しく変換できません。たとえば、「ここでは着物を脱いでください」と入力しようとして、「ここで履き物を脱いでください」に変換されるような場合です。このような場合は、文節の区切り方を修正すれば、正しく変換し直すことができます。

1 入力

ここではきものをぬいでください

2 [ ] キー

ここで履き物を脱いでください

3 [→] キー

ここではきものをぬいでください

ここでは着物を脱いでください

5 [Enter] キー

ここでは着物を脱いでください

文節を区切り直して変換し直す

1. 「ここではきものをぬいでください」と読みを入力します。
2. [ ] キーを押すと「ここで履き物を脱いでください」に変換されます。これは「ここで/はきものを/ぬいでください」と文節が区切られたからです。
3. [→] キーを1回押して、「ここでは/きものを/ぬいでください」に修正します。
4. [ ] キーを押すと、「ここでは着物を脱いでください」に変換されます。
5. [Enter] キーで確定します。

注目文節の移動と文節の修正

本文の例では、「注目文節の移動」と「文節の修正」の2つの操作を行っています。注目文節とは、現在、変換の対象になっている文節のことで、薄い水色の背景色が表示されます。注目文節の移動と区切りの修正は、以下のキーで移動できます。

- 注目文節の移動　[Shift]+[←]/Iキー
- 文節の区切りを修正　[←]/[→]キー

1-6 カタカナを入力する

「パソコン」「タブレット」「スクール」などの一般的なカタカナ語は、読みを入力して［　］キーを押す通常の操作で変換できます。ただし、人名・地名や会社名などのカタカナの固有名詞は、正しく変換できない場合があります。また、フリガナのようにカタカナだけを入力することもあります。このようなときは、F7キーでカタカナに変換します。

カタカナを入力する

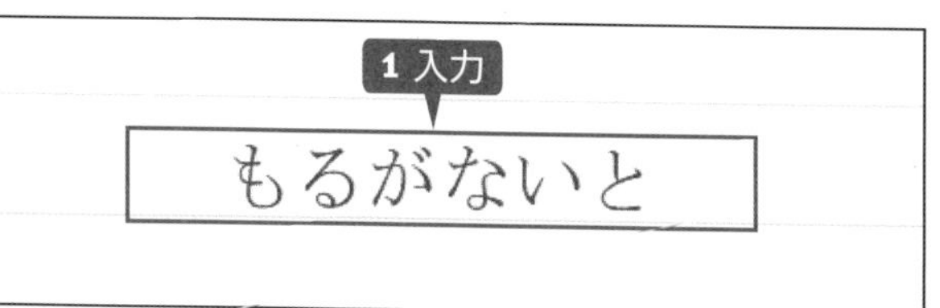

1 「もるがないと」と読みを入力します。

2 F7キーを押してカタカナに変換します。

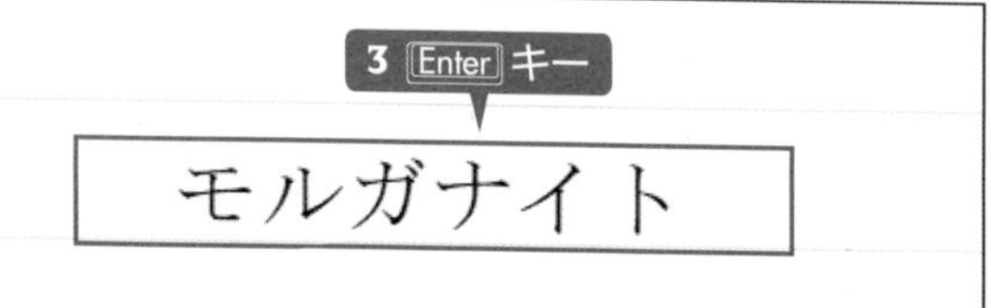

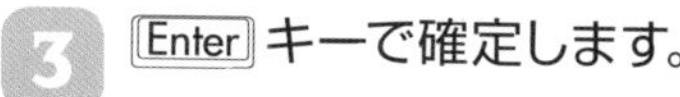

3 Enterキーで確定します。

MEMO
［　］キーで変換すると正しく変換されません。

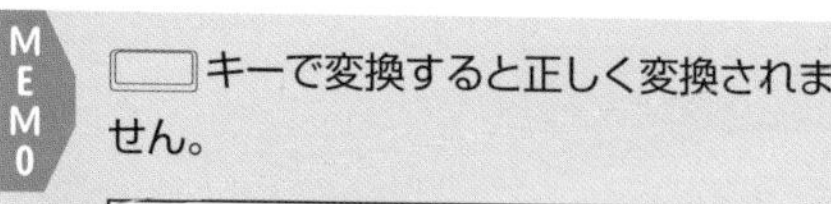

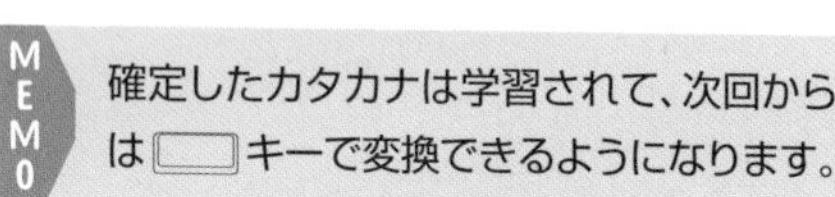

MEMO
確定したカタカナは学習されて、次回からは［　］キーで変換できるようになります。

HINT 正しく変換されなかった言葉を読みに戻す

［　］キーを押したときに正しく変換されなかった場合は、Enterキーで確定する前にBack Spaceキーを押せば読みに戻せます。そのあとでF7キーを押せば、カタカナに変換できます。

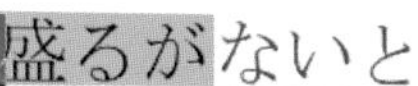

HINT 半角カタカナはF8キー

半角カタカナを入力する場合は、読みを入力したあとF8キーを押してください。

1-7 アルファベット（英文字）を入力する

ATOKには、日本語の入力中に英文字（アルファベット）を入力できる「英語入力モード」という機能が用意されています。ここでは、この機能を使って「彼女はSNSを楽しんでいる」と入力する操作を説明します。

英字を入力する

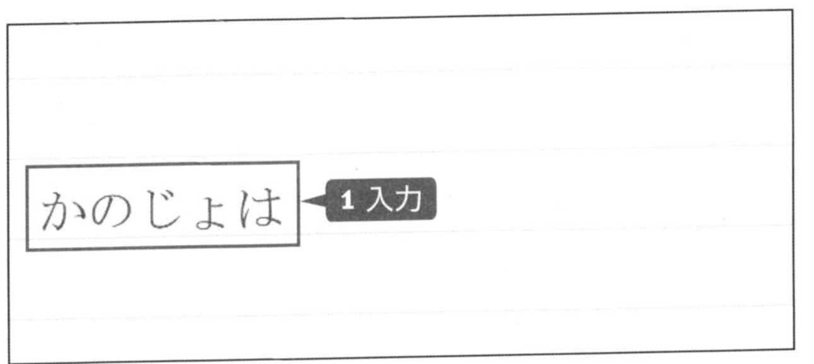

1 「かのじょは」と入力します。

2 Caps Lock キーを押して英語入力モードに切り替えます。

3 Shift キーを押しながら S N S とキーを押して、半角大文字の「SNS」を入力します。

MEMO　アルファベットの大文字は Shift キーを押しながら、小文字は Shift キーを押さずに入力します。

4 Caps Lock キー
かのじょはSNSをたのしんでいる
5 入力

4 Caps Lock キーを押して英語入力モードを解除します。

5 「をたのしんでいる」と入力します。

その他の英字の入力方法

半角/全角 キーでATOKをオフにしても、半角英字を入力できます。また、ATOKがオンのときに、変換 キーを押しても、半角英字を入力できます。変換 キーを押すと通知領域の表示が 半 に変化します。もう一度 変換 キーを押すと あ に戻ります。

彼女はSNSを楽しんでいる

6 [ ] キー

6 [ ] キーを押して「彼女はSNSを楽しんでいる」に変換します。

彼女は SNS を楽しんでいる

7 Enter キー

7 Enter キーを押して確定します。

MEMO
ATOKの学習状態によっては、英語が全角で入力される場合もあります。

F10 キーで英字に変換する

ローマ字入力の場合、英語入力モードに切り替えなくても、次のように F10 キーで英字に変換することができます。

ぺrそなl

P E R S O N A L の順番にキーを押します。すると、画面には「ぺrそなl」と表示されます。

personal

F10 キーで「personal」に変換します。続けて F10 キーを押すと「Personal」「PERSONAL」にも変換できます。

1-8 タッチキーボードで入力する

タッチ対応のパソコンでは、タッチキーボードを使って日本語を入力できます。読みの入力・変換・確定の操作は物理キーボードと共通です。

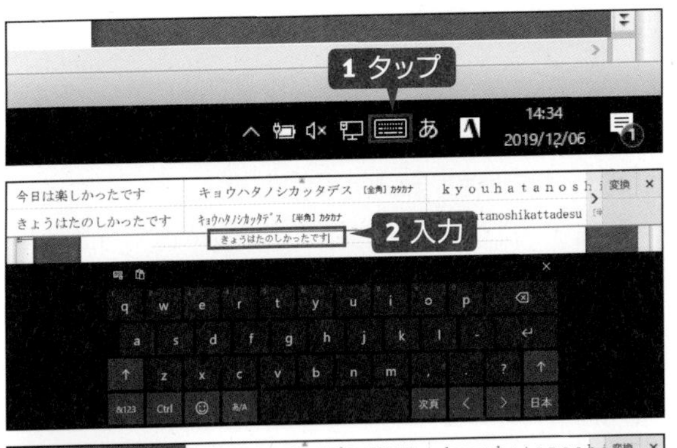

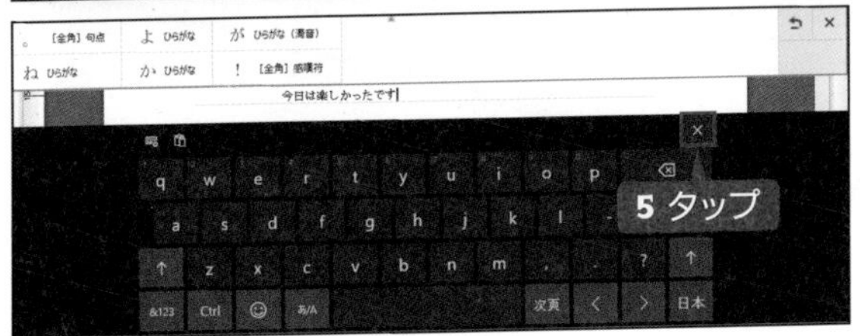

タッチキーボードで入力する

1. 通知領域の［タッチキーボード］ボタンをタップしてタッチキーボードを起動します。

MEMO 入力が必要な場合には、タッチキーボードが自動的に起動する場合もあります。

2. 各キーをタップして読みを入力します。読みの入力はローマ字入力で行います。

3. ［　］キーをタップして変換します。

4. ［Enter］キーをタップして確定します。なお、推測候補をタップすれば、その候補をすぐに確定することもできます。

5. 入力が終わったら、右上の［×］ボタンをタップしてタッチキーボードを閉じます。

HINT 推測候補から選択する

タッチキーボードでは、スマートフォンでの入力と同様に、文字を入力すると次の候補が推測されて、次々と表示されます。入力したい候補がある場合は、目的の推測候補をタップすると素早く入力できます。

HINT タッチキーボードのボタンが表示されていないときは？

［タッチキーボード］ボタンが表示されていない場合は、タスクバーを右クリックし、メニューの［タッチキーボードボタンを表示］を選択すれば表示されます。

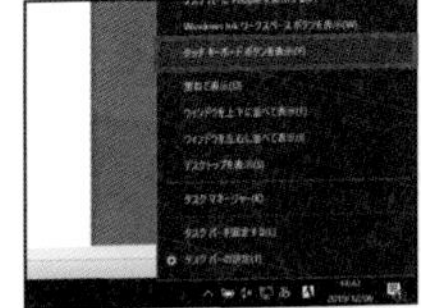

2 正しく効率的な入力･変換を支援する便利な機能

ATOKには、文章を正しく、かつ効率的に入力・変換するために、さまざまな便利な機能が用意されています。また、電子辞典で情報を調べたり、漢字を素早く検索したりする機能もあります。ここでは、こうした便利な機能の一端をご紹介します。

2-1 推測変換を利用して効率的に文章を入力する

ATOKは、入力された数文字の読みから、ユーザーが入力しようとしている言葉を推測して提示してくれます。その推測が正しい場合は、読みをすべて入力しなくても、素早く効率的に文章を入力することができます。最新のATOKでは、句読点や空白を含む文や複数文のまとまりまで推測候補として提示できるようになりました。

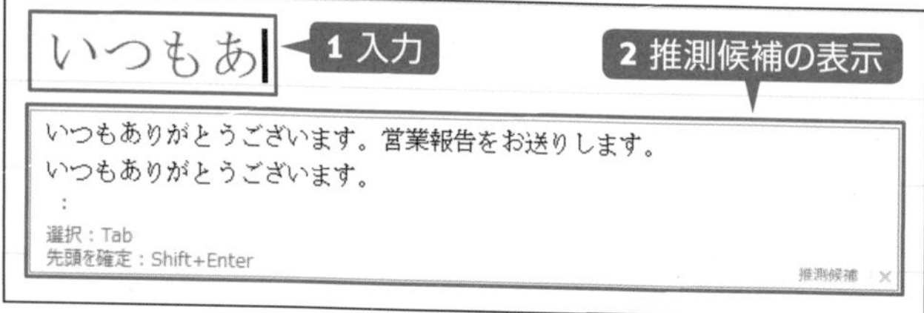

推測候補を入力する

1. 読みを入力します。ここでは「いつもあ」と入力します。
2. 「いつもあ」で始まる言葉が推測候補として表示されます。
3. Shift + Enter キーを押して、先頭に表示された候補に確定します。

推測候補を選択する

入力したい候補が推測候補の先頭に表示された場合は、本文の説明のように Shift + Enter キーですぐに確定できます。希望の候補が先頭にない場合は、Tab キーを押すと推測候補のウィンドウに切り替わり、候補を選択できるようになります。

希望の候補が先頭にない場合は、Tab キーを押します。

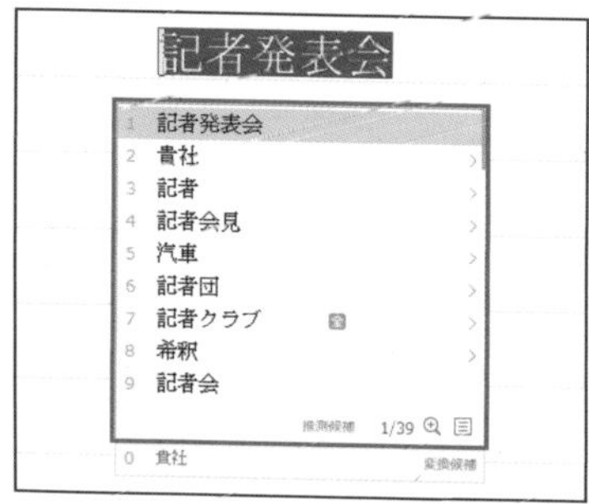

推測候補を選べるようになります。 キーで下の候補、↑ キーで上の候補を選択できます。

2-2 入力したカタカナ語/日本語を英語に変換して入力する

ATOKには、「くりーにんぐ(クリーニング)」→「cleaning」のようにカタカナ語を英単語に変換する機能が用意されています。また、「としょかん(図書館)」→「library」のように日本語を英単語に翻訳する機能も用意されています。こうした機能を積極的に利用すれば、英単語を正確かつ効率的に入力できます。

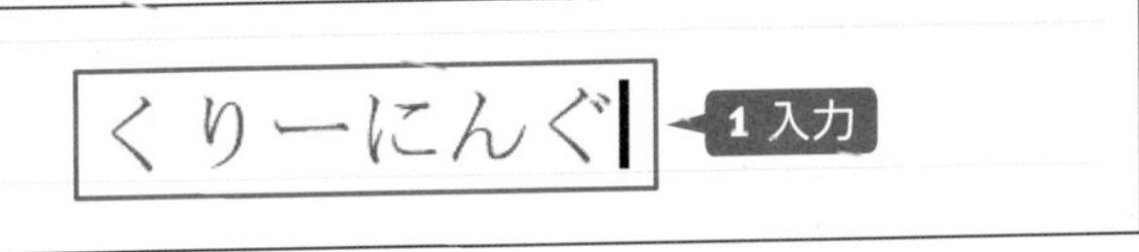

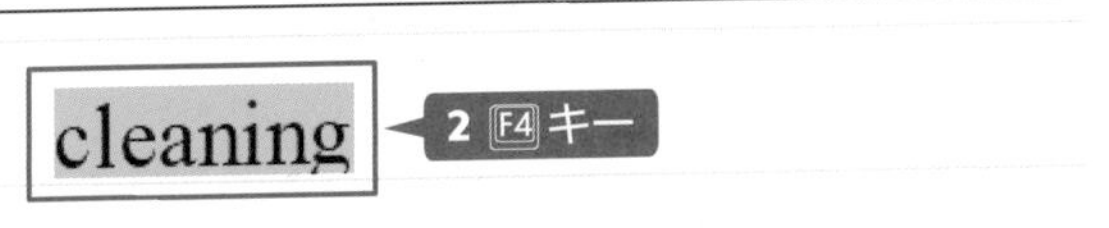

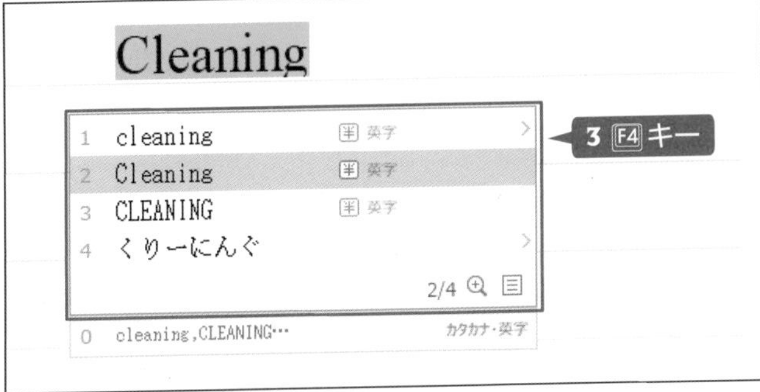

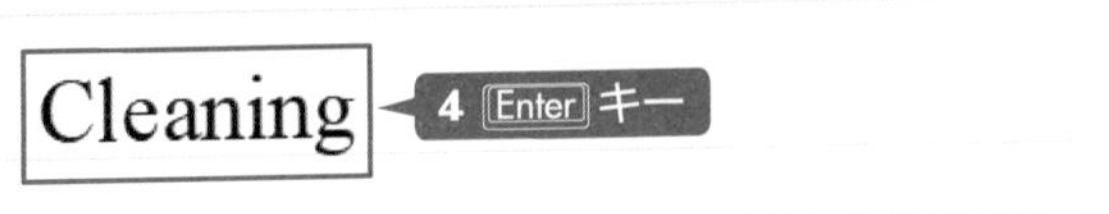

カタカナ語を英語に変換する

1. 「くりーにんぐ」と読みを入力します。
2. F4キーを押すと「cleaning」に変換されます。
3. もう一度F4キーを押すと候補ウィンドウが表示されて、「Cleaning」「CLEANING」なども選択できます。

MEMO 表示される候補の順番はATOKの学習状態によって変化します。

4. Enterキーを押して確定します。

HINT 和製英語も正しく変換

「サラリーマン」や「ミシン」といった和製英語もF4キーを押すことで「office worker」、「sewing machine」といったように正しい英語に変換することができます。

日本語を英語に変換する

びじゅつかん
1 入力

1 「びじゅつかん」と読みを入力します。

gallery《美術館》
2 F4キー

2 F4キーを押すと「gallery」に変換されます。

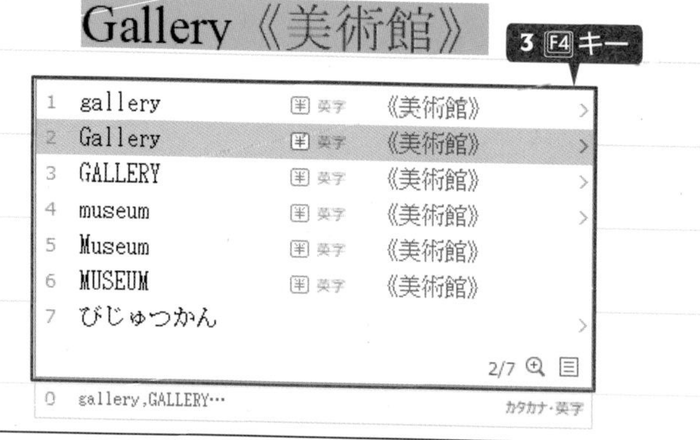

3 もう一度F4キーを押すと候補ウィンドウが表示されて、「Gallery」「GALLERY」なども選択できます。

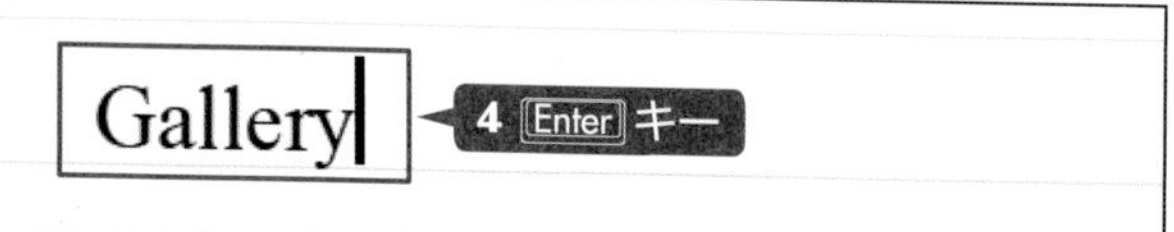

4 Enterキーを押して確定します。

[スペース]キーでも変換できる

カタカナ語や日本語から英単語への変換、読みから顔文字や記号に変換する機能は、[スペース]キーによる通常の操作でも利用できます。候補ウィンドウに表示されるので、通常の操作で選択してください。「ATOK」も、「えいとっく」の読みから[スペース]キーで「ATOK」に変換・入力できます。

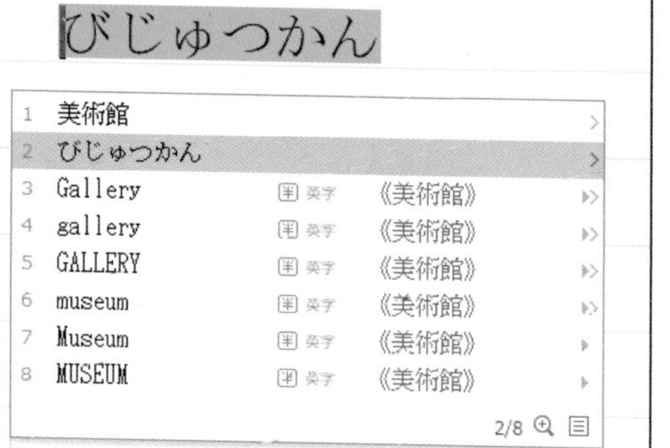

2-3 「○」「☆」「→」などの記号を簡単に入力する

ATOKでは、○▼◇☆……などのさまざまな記号も入力できます。複数の入力方法がありますが、よく利用する記号は読みを入力して変換すると効率的です。ここでは「ほし」という読みから「☆」を入力する操作を説明します。

読みを入力して記号に変換する

1 「ほし」と読みを入力します。

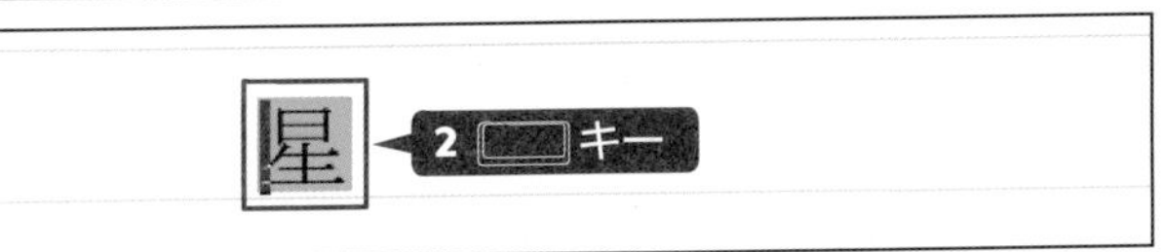

2 キーを押して変換します。

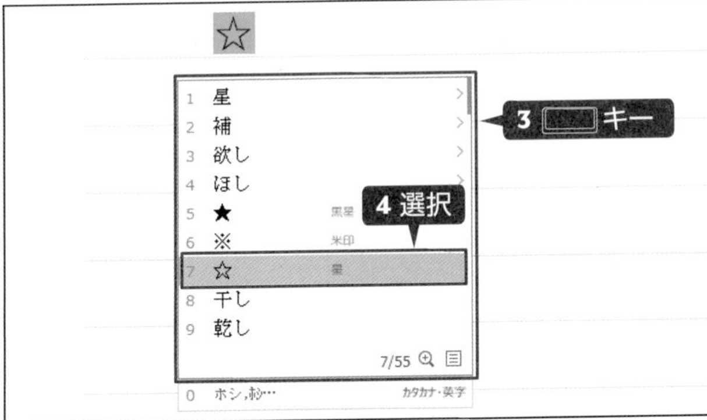

3 「星」など、目的の候補以外に変換されたら、キーを押して変換候補を表示します。

4 候補から入力したい記号「☆」を選択します。

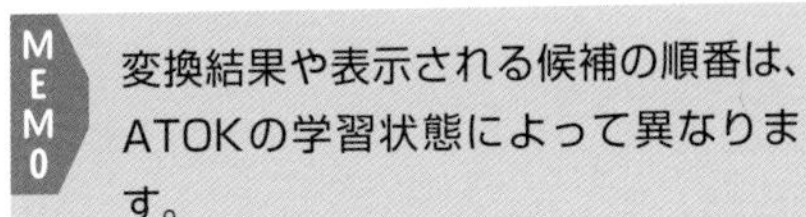

MEMO 変換結果や表示される候補の順番は、ATOKの学習状態によって異なります。

5 Enter キーを押すと「☆」が入力・確定されます。

HINT 読みから入力できる記号

ATOKでは、多くの記号を読みから変換できます。以下は、その一部です。

まる……●○◎
しかく……■◆□◇
さんかく……▼▲△▽
けいせん……┬┌┴├┼┤ 等
おんぷ……♪
ゆうびん……〒
きごう……〒●○◎■◆□◇▼▲△▽ 等
ほし……★☆※

HINT クリックパレットで記号を入力する

一太郎のメニューから[ツール−入力設定−日本語入力のメニュー−クリックパレット]を選択すると、クリックパレットが起動します。通知領域の あ を右クリックして[ATOKメニュー−クリックパレット]を選択しても同様です。クリックパレットの[○△□]や[+−×]などのタブを開いて目的の記号をクリックすれば、カーソル位置に入力できます。

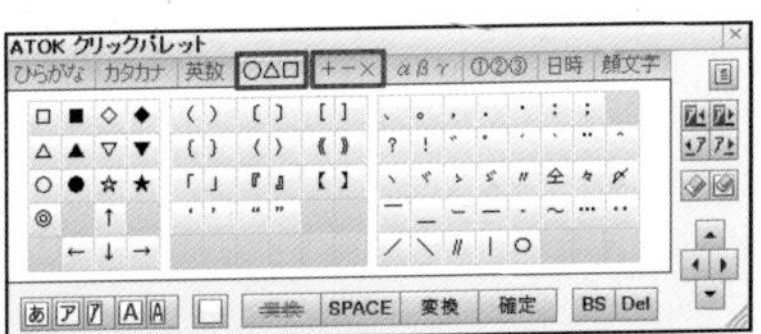

2-4 電子辞典で変換中の言葉の意味を確認する

ATOKの電子辞典を利用すると、変換中の言葉の意味を素早く調べることができます。ここでは、一太郎 2020 プラチナ［35周年記念版］に付属する「大辞林4.0 for ATOK」で利用する例を説明します。

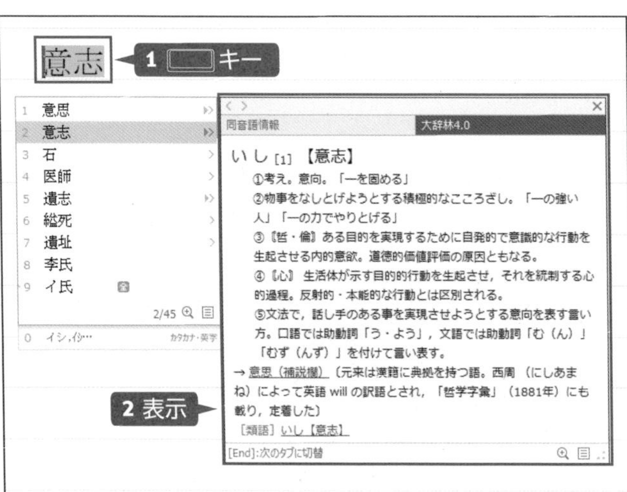

入力中の言葉の類義語を確認する

1 読みを入力して［　　］キーで変換し、候補ウィンドウを開きます。

2 調べたい言葉を選択して少し待つと、情報を表示するウィンドウが開きます。

電子辞典の利用方法

●候補に表示される記号の意味

候補の右横には、次の3種類の記号が表示されます。

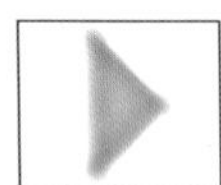

同音語の情報があることを示します。

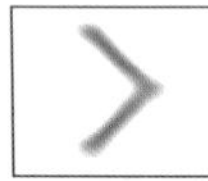

電子辞典の情報があることを示します。

同音語と電子辞典の両方の情報があることを示します。

●電子辞典のタブを切り替える

情報を表示するウィンドウに複数のタブがある場合は、［End］キーを押してタブを順番に切り替えることができます（MS-IMEの場合は［Ctrl］＋［End］キー）。

●変換した言葉をすぐに調べる

［　　］キーを1回押して正しく変換された場合は、続けて［End］キーを押すことで、すぐに情報表示のウィンドウを開くことができます。

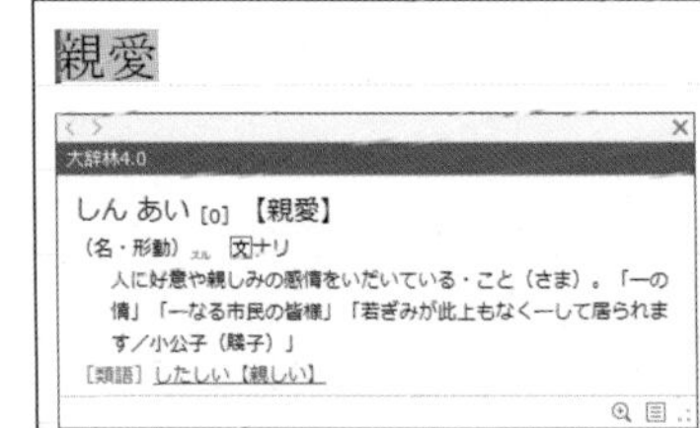

変換後に［End］キーを押すと、すぐに電子辞典で調べられます。

●利用できる電子辞典

一太郎 2020 プラチナ［35周年記念版］には、電子辞典として「大辞林4.0 for ATOK」が付属しています。

2-5 文書中の固有名詞を登録して変換できるようにする(単語登録)

会社名や商品名など、ATOKの辞書に載っていない固有名詞は、正しく変換できないことがあります。しかし、これらの固有名詞をATOKの辞書に単語登録すれば、正しく変換できるようになります。ここでは、一太郎文書中にある固有名詞を登録して、次回から変換できるようにする方法を説明します。

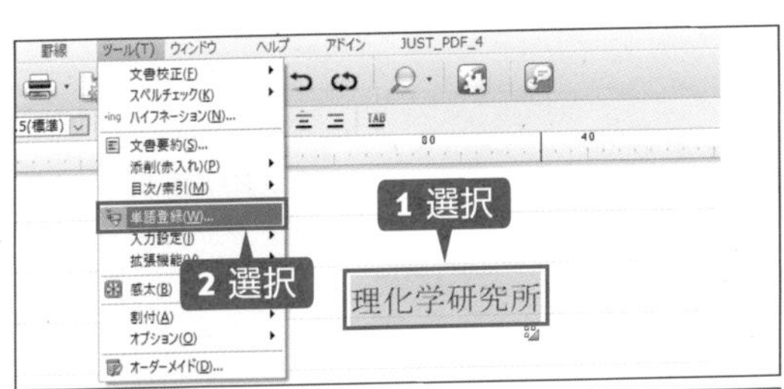

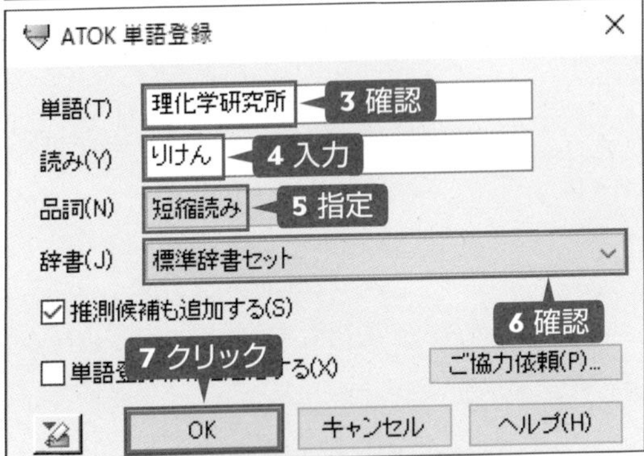

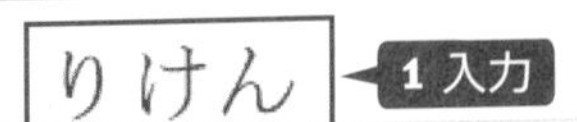

単語を登録する

1. 登録する言葉を選択します。
2. 一太郎のメニューで[ツール－単語登録]を選択します。
3. [単語]に選択した言葉が設定されていることを確認します。
4. [読み]を入力します。ここでは「りけん」と入力します。
5. [品詞]で品詞を指定します。ここでは「短縮読み」を選択します。
6. [辞書]は「標準辞書セット」のままにします。
7. [OK] をクリックします。これで単語が登録されてダイアログボックスが閉じます。

登録した単語を入力する

1. 登録した単語の読みを入力します。
2. [　] キーを押して変換すると、登録した単語に変換できます。[Enter] キーを押して通常どおり確定します。

HINT 登録した単語を削除する

登録した単語が不要になったら、辞書から削除できます。削除するには、読みを入力して[　]キーで変換した状態で[Ctrl]+[Delete]キーを押してください。確認メッセージに対して、[はい]をクリックすれば削除できます。

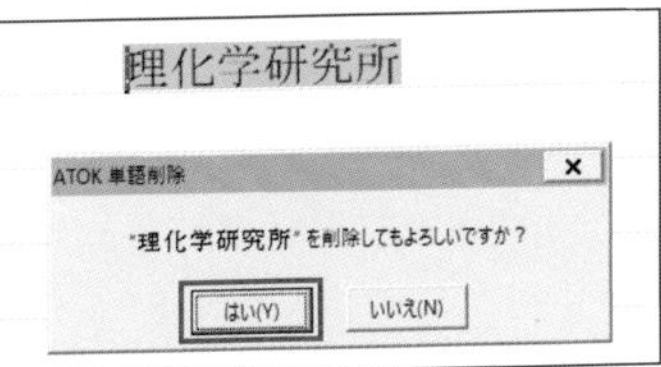

HINT [Ctrl]+[F7]キーで単語登録

一太郎以外のアプリケーションでATOKを利用している場合でも、[Ctrl]+[F7]キーを押して単語登録のダイアログボックスを開いて、いつでも単語を登録することができます。

2-6 「夏目漱石の“そう”」の形式で漢字を入力する

人名などの固有名詞の漢字を人に伝えるとき、「夏目漱石の“そう”」「高杉晋作の“しん”」のように、著名な人物を挙げることがあります。ATOKでは、これと同じ方法で漢字を入力することができます。ここでは、「彬信」と入力する例を説明します。なお、この機能を利用するには、推測変換が有効になっている必要があります。

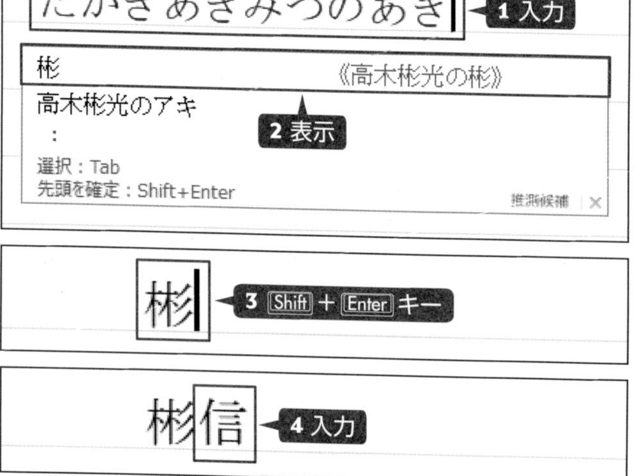

高木彬光の「彬」を入力する

1. 「たかぎあきみつのあき」と読みを入力します。
2. 推測候補に「彬《高木彬光の彬》」と表示されます。
3. Shift ＋ Enter キーを押して「彬」を入力します。
4. 続けて「信」と入力し、Enter キーを押して確定します。

「旧字体の“○○”」から漢字を入力する

「夏目漱石の“そう”」のように、漢字の旧字体を「旧字体の“○○”」の形式で入力することもできます。たとえば、「きゅうじたいのさわ」の読みから「澤」を入力できます。

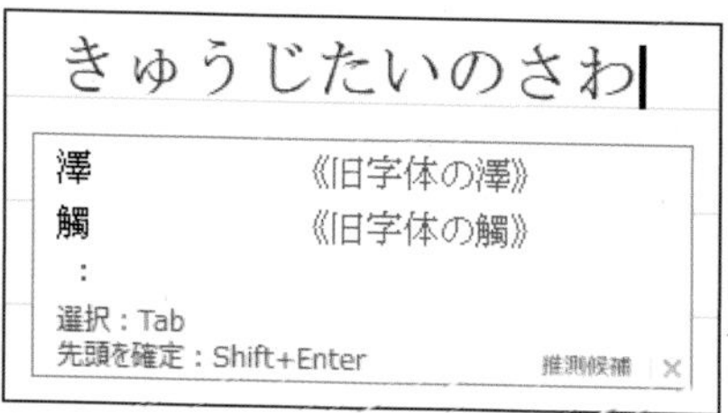

2-7 「やきづし」で「焼津（やいづ）」を入力する

地名の読み方は、その地域に住んでいる人でないと、正しく読むことが難しい場合があります。たとえば、「枚方市（ひらかたし）」「石廊崎（いろうざき）」などは、知らないとなかなか読めないでしょう。そこでATOKには、誤った読みからでも正しく変換するとともに、正しい読みを指摘する機能が用意されています。ここでは、「焼津市」を入力する例を説明します。

焼津市《読みは「やいづし」》

2 表示

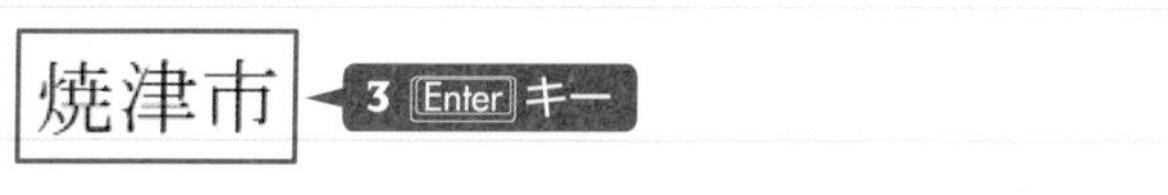

「やきづし」→「焼津市」に変換する

1 「やきづし」と読みを入力します。

2 [スペース]キーで変換すると、「焼津市《読みは「やいづし」》」と表示されます。

3 Enterキーを押して「焼津市」を確定します。

推測候補から入力する

推測変換を有効にしている場合は、推測候補に「焼津市《読みは「やいづし」》」と表示されます。この場合は、Shift＋Enterキーで入力できます。

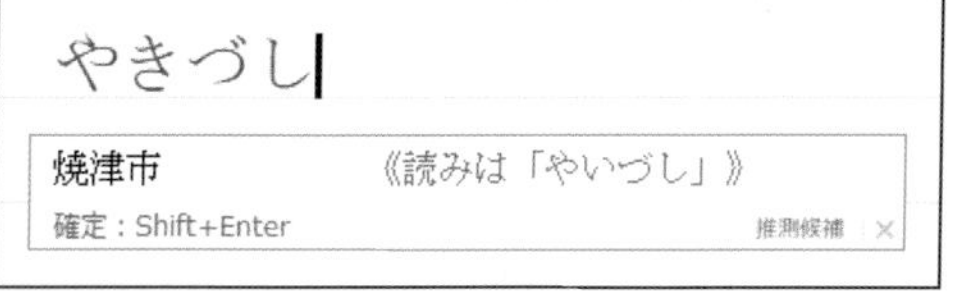

「髙」「﨑」を入力する

通常の読みを変換して入力するのが難しい漢字としては、「髙」と「﨑」があります。「髙」は「はしごだか」、「﨑」は「たちさき」という読みで変換できます。

文字パレットの［異体字検索］シート

ATOKには、文字パレットに［異体字検索］シートがあります。「国」「國」「圀」などの異体字を調べるのに便利です。なお、文字パレットは、一太郎のメニューで［ツール－入力設定－日本語入力のメニュー－文字パレット］を選択すると起動できます。また、Ctrl＋F11キーでも起動できます。

2-8 日付・時刻を入力する

「きょう」や「あす」「らいねん」「いま」など、日付や時刻を表す言葉を入力すると、対応する日付・時刻に変換できます。日付・時刻を、素早く正確に入力することができます。ここでは、「あす」で明日の日付を入力する方法を説明します。

明日
2 キー

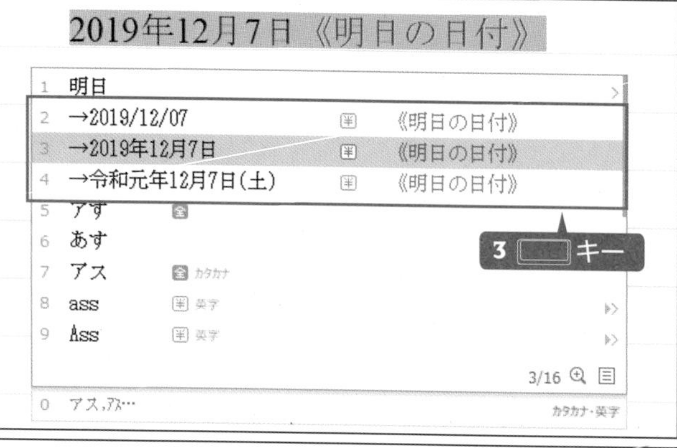

2019 年 12 月 7 日
4 Enter キー

「あす」で明日の日付を入力する

1 「あす」と入力します。

2 キーを押すと、「明日」に変換されます。

3 もう一度キーを押すと、候補ウィンドウに明日の日付の一覧が表示されます。入力したい形式を選択します。

4 Enterキーを押して確定します。

日付・時刻に変換できるキーワード

日付・時刻に変換できるキーワードは次のとおりです。

おとつい	おととい	いっさくじつ	きのう	さくじつ
きょう	ひづけ	ほんじつ	あした	あす
みょうにち	あさって	みょうごにち	にちよう	にちようび
げつよう	げつようび	かよう	かようび	すいよう
すいようび	もくよう	もくようび	きんようび	どよう
どようび	おととし	きょねん	ことし	らいねん
さらいねん	せんせんげつ	せんげつ	こんげつ	らいげつ
さらいげつ	じこく	いま	にちじ	

※「どよう」「どようび」などの曜日を入力した場合は、今週・来週の対応する日付に変換できます。

西暦・和暦変換

ATOKでは、「2020ねん」「れいわ2」などと入力してキーを押すと、対応する西暦や和暦が候補として表示されます。

2020年
令和2年
確定：Shift+Enter 日付

2-9 郵便番号から住所を入力する

ATOKでは、郵便番号から対応する住所に変換することができます。郵便番号をすべて覚えていなくても問題ありません。住所録や顧客名簿などを作るときに、とても便利です。なお、この機能を利用するには、郵便番号辞書がインストールされている必要があります。

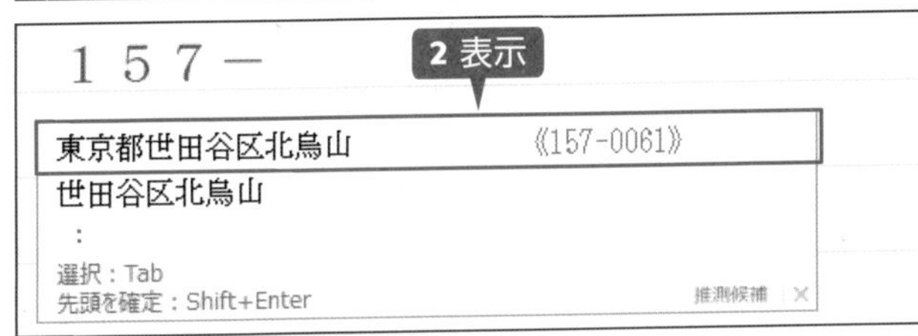

東京都世田谷区成城 ◀ 4 Shift＋Enterキー

郵便番号から住所を入力する

1. 郵便番号を入力します。
2. 郵便番号を3桁＋ハイフンまで入力すると、住所が推測候補として表示されます。
3. 入力を続けると該当する候補が絞り込まれます。
4. Shift＋Enterキーを押して住所を確定します。

MEMO 郵便番号を入力してF3キーを押しても、住所に変換することができます。

郵便番号をすべて覚えていない場合は？

「確か157-0のナントカだった」のように、郵便番号を途中までしか覚えていない場合は、途中まで入力してTabキーを押すと、その番号で始まる住所が一覧表示されます。

「157－0」まで入力したらTabキーを押します。

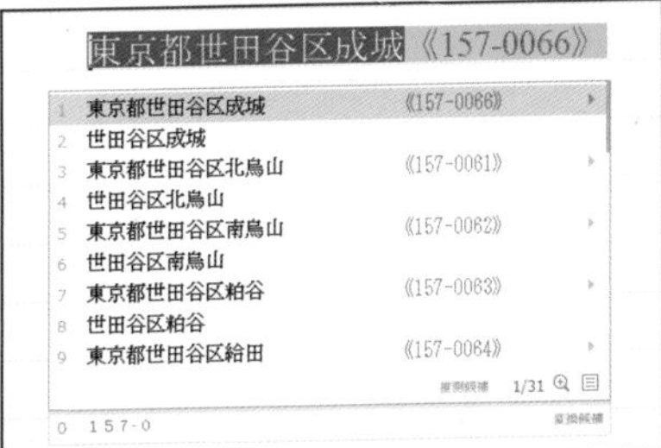

郵便番号が「157－0」で始まる住所が一覧表示されます。

2-10 読みのわからない漢字を手書きで入力する

ATOKでは、読みを入力して変換します。そのため、人名や地名など、読みのわからない漢字は入力することができません。このような場合は、手書きで漢字を直接書いて入力する方法があります。ここでは、「峙」という漢字を入力する操作を説明します。

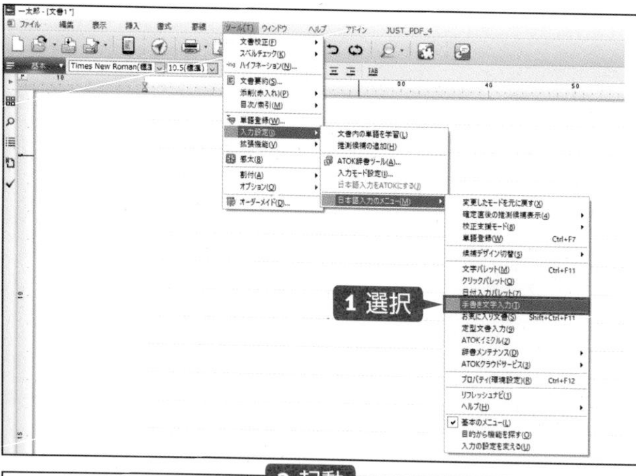

手書きで漢字を入力する

1 一太郎のメニューで[ツール－入力設定－日本語入力のメニュー－手書き文字入力]を選択します。

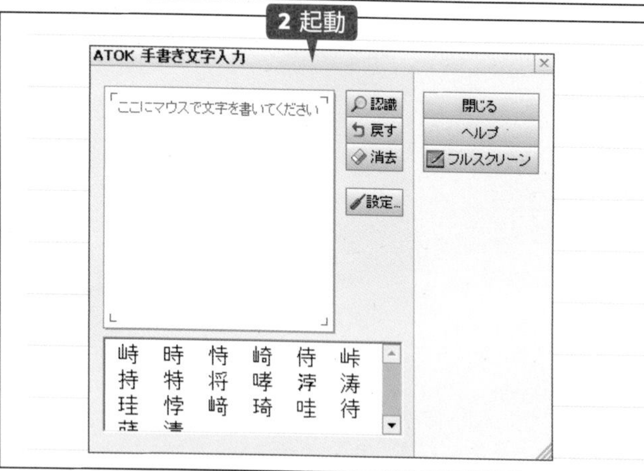

2 手書き文字入力が起動します。

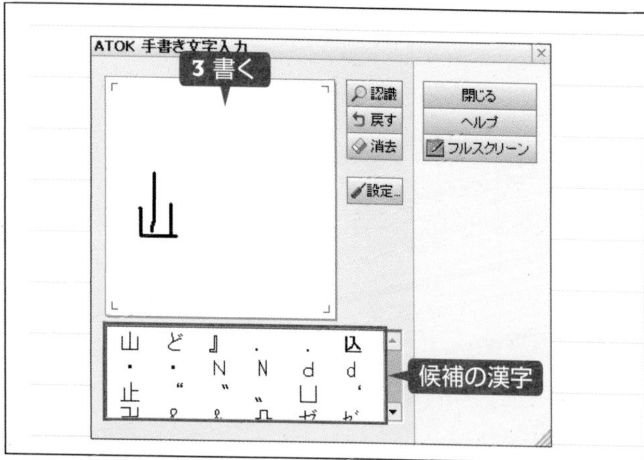

3 マウスのドラッグまたは指やタッチペンを使って漢字を直接書きます。書き進めると、漢字の候補が徐々に絞り込まれていきます。

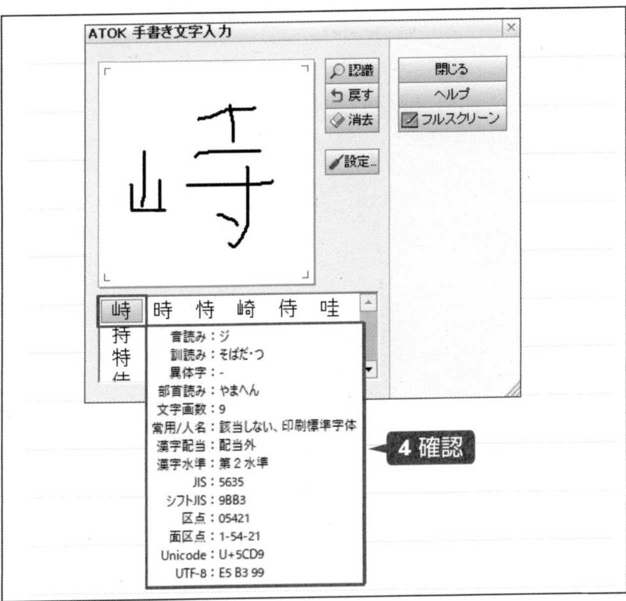

4 漢字にマウスポインターを合わせると、読み（そばだつ）や画数（9）などの情報を確認できます。

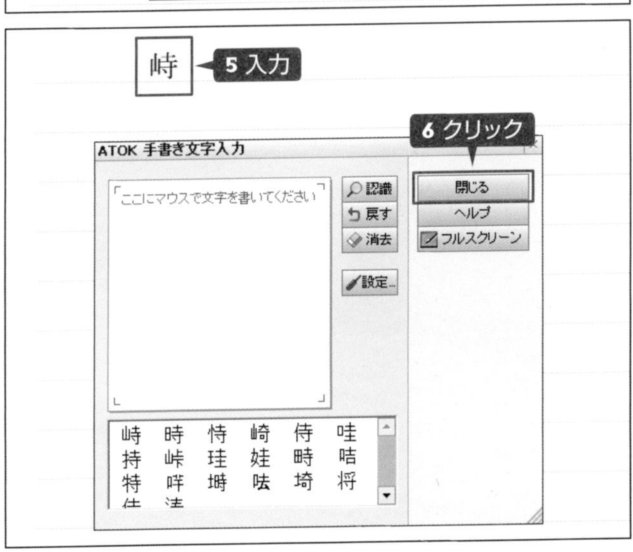

5 漢字をクリックしてカーソル位置に入力します。

6 閉じる をクリックして手書き文字入力を終了します。

MEMO
戻す をクリックすると書いた線を1つ前に戻すことができ、消去 をクリックするとすべてを消去して、新しい漢字を書けます。

HINT
フルスクリーンで書く

フルスクリーン をクリックすると、現在起動しているアプリケーションを背景にして、画面全体を使って文字を書くことができます。文字の候補は画面の最下段に表示されます。もう一度 フルスクリーン をクリックするともとに戻ります。

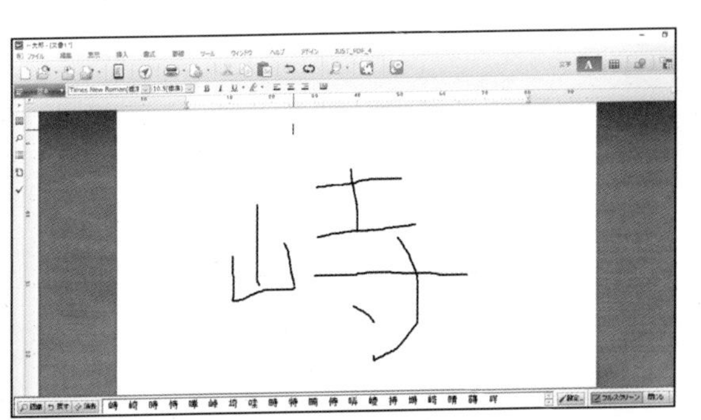

2-11 入力ミスを修復して入力する(ATOKディープコレクト)

「切手(きって)」を入力しようとしたのに、T キーを押しすぎて「きっって」と入力するといったミスはよくあります。ATOKには、このようなユーザーのキー入力ミスを自動的に修復して正しく変換する機能が用意されています。

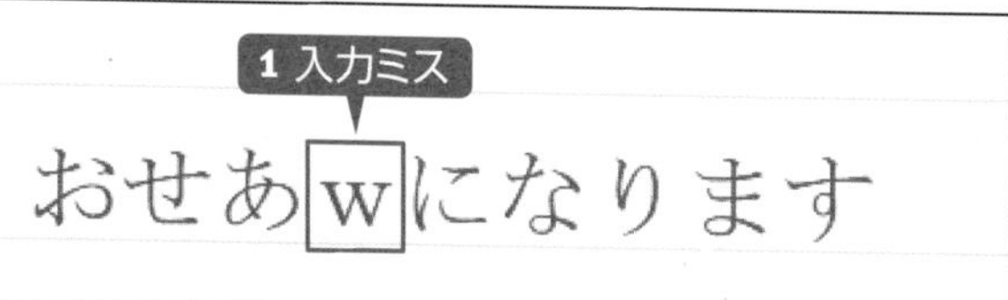

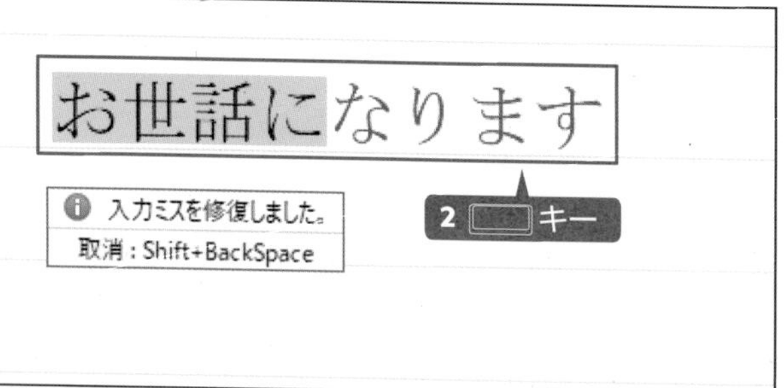

入力ミスを自動的に修復して正しく入力する

1 「おせわになります」と入力しようとして O S E A W N I N A R I M A S U とキーを押してしまいました。W と A が逆になっているため、画面には「おせあwになります」と表示されます。

2 　キーで変換すると、「お世話になります」と読みが自動的に修復されて変換されます。

3 Enter キーを押して確定します。

修復を取り消す

ATOKによる自動修復を取り消すには、修復された状態で Shift + Back Space キーを押します。修復がもとに戻った上で変換が行われます。

ATOKディープコレクトとは?

ATOKには、キー入力の自動修正に、AI(人工知能)を支える技術として知られるディープラーニング技術が活用されています。たとえば、過去に一度も打鍵ミスを修復したことがなくても、ATOKが自動的に判断して修復してくれます。

2 - 12 ATOKイミクルで言葉の意味を確認する

一太郎をはじめとするさまざまなアプリケーションで、ATOKの電子辞典を活用したいときに便利なのが「ATOKイミクル」です。調べたい言葉を選択し、Ctrl キーを2回続けて押すだけで、電子辞典の意味が表示されます。

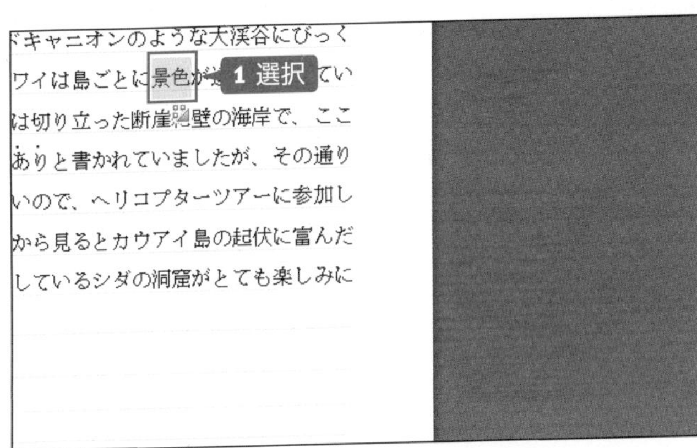

ATOKイミクルで選択した言葉の意味を調べる

1. アプリケーションで調べたい言葉を選択します。

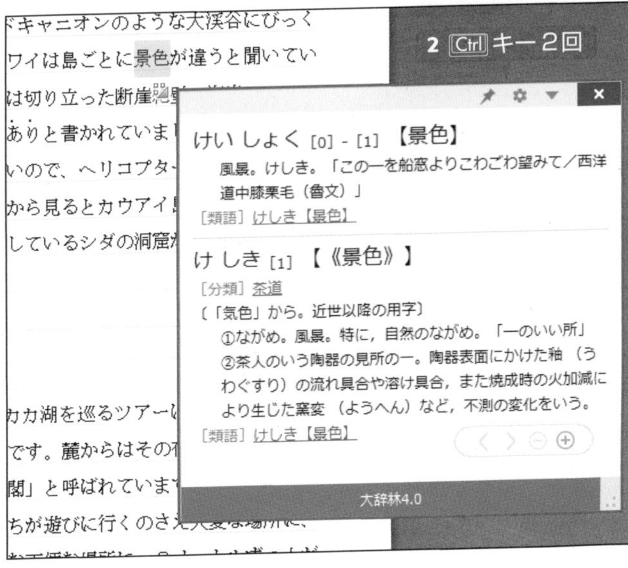

2. Ctrl キーを2回続けて押すと、ATOKイミクルが起動して、電子辞典で調べたい結果が表示されます。なお、表示される情報は、インストールされている電子辞典によって異なります。

先にATOKイミクルを起動する

タスクバーの通知領域で［ATOKイミクル］のアイコンをクリックすると、ATOKイミクルが起動します。あるいは、何も選択しないでCtrlキーを２回押してもかまいません。表示されたウィンドウで言葉を入力してEnterキーを押せば、その言葉を電子辞典で調べることができます。

通知領域で［ATOKイミクル］のアイコンをクリックします。

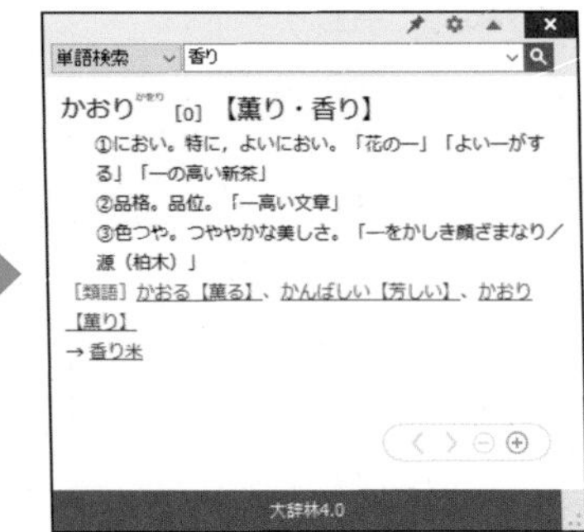

ウィンドウに調べたい言葉を入力してEnterキーを押せば、意味を調べられます。

リフレッシュナビで疲労度をチェック

ATOKには、そのほかにも便利なツールがたくさん用意されています。リフレッシュナビもその１つです。一太郎のメニューで［ツールー入力設定ー日本語入力のメニューーリフレッシュナビ］を選択すると起動できます。入力した文字数や入力精度などの情報を確認できます。

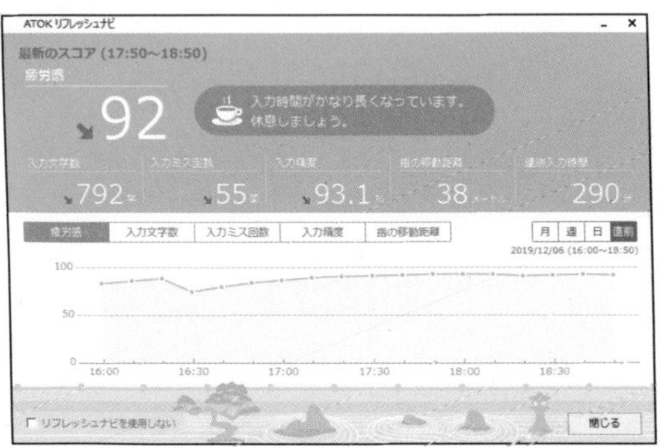

第3章 **作例**編

写真を多用した紀行文を作ってみよう

旅の思い出を文章と写真でつづる紀行文を作ります。一太郎では、デジタルカメラなどで撮影した写真を文書内に挿入して、自由にレイアウトできるので、雑誌やウェブマガジンの記事のような体裁の、写真を多用したビジュアル文書を簡単に作成できます。フィルターやトリミングなどの写真の加工も、一太郎だけでできます。

紀行文

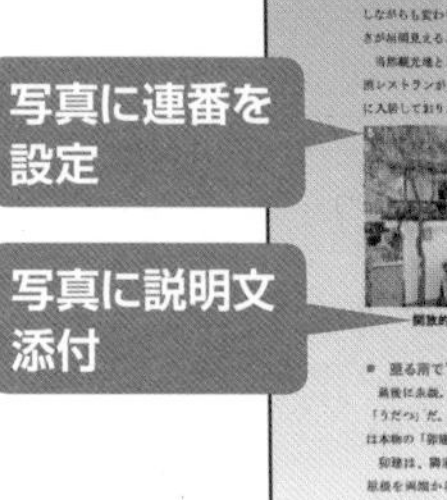

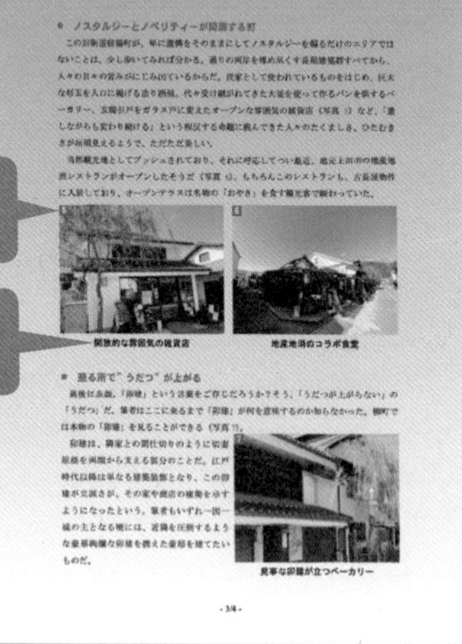

操作の流れ

1. 文書スタイルを設定する
2. 背景色を設定する
3. 見出しと本文の書式を整える
4. フォトモジを作成する
5. 写真を文書に挿入、レイアウトする
6. 写真を加工する
7. 写真に連番や説明文を付ける
8. レイアウト枠でコラムを作る

完成

1 文書のベースを作成する

文書を作る前に、まずは1ページあたりの文字数やページ番号、余白サイズ、背景色などの文書のベースを設定します。後からでもでこれらの設定は変更できますが、レイアウトが崩れてしまうことがあるため、事前に設定しておくことをおすすめします。

1-1 [文書スタイル] で文字数や余白の大きさなどを設定する

1行あたりの文字数、1ページあたりの行数、印刷する用紙の余白の大きさといった、文書のベースとなる設定は、文書スタイルで設定します。文書スタイルでは、ページ番号の有無も設定できます。

文字数と余白サイズを設定する

1 ツールバーの [用紙や字数行数の設定（文書スタイル）] をクリックします。

2 [文書スタイル] ダイアログボックスが開くので、[スタイル] タブをクリックします。

3 [行数] を [35] 行に設定します。

4 [マージン（余白）] の [下端] を [18] mmに設定します。

MEMO
[文書スタイル] ダイアログボックスの [字数] や [行数] などの右側にカッコ書きで表示されている数値は、その項目で設定できる最小と最大の数値の範囲を示しています。値は用紙サイズやマージン、フォントサイズなどの設定により変わります。

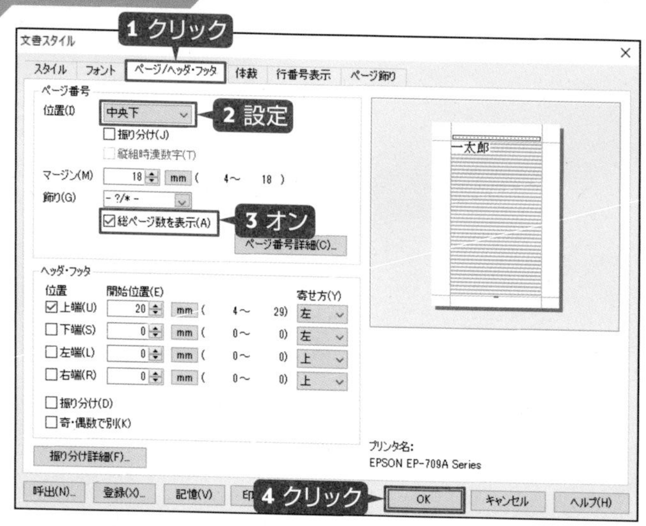

ページ番号を設定する

1. ［ページ/ヘッダ・フッタ］タブをクリックします。
2. ［ページ番号］の［位置］を［中央下］に設定します。
3. ［総ページ数を表示］のチェックをオンにします。
4. OK をクリックします。

1-2 文書の背景にグラデーションで色を塗る

文書の背景には、単色やグラデーションで色を塗ることができます。文書全体のバランスや雰囲気を考慮して、それにマッチする色を設定して華やかに演出しましょう。ここでは、文書の上から下に向けてなだらかに色が薄くなるグラデーションを設定してみます。

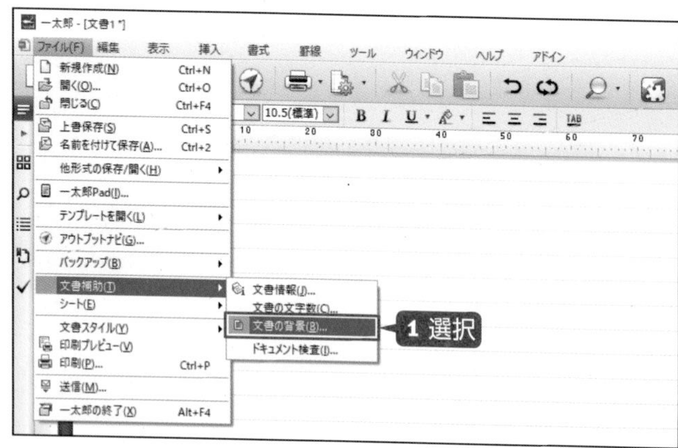

文書の背景を設定する

1. ［ファイル－文書補助－文書の背景］を選択します。

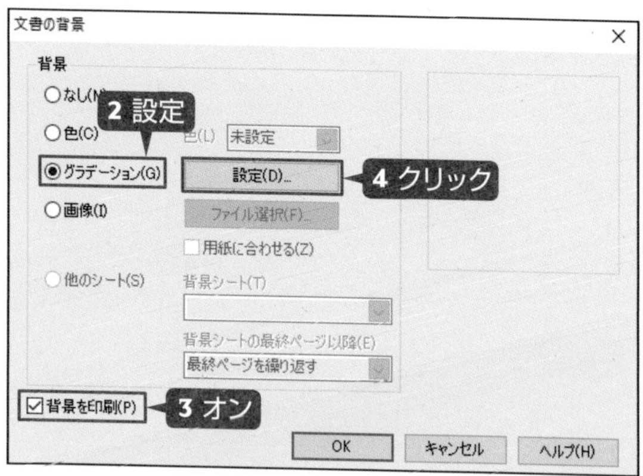

2. ［グラデーション］を選択します。
3. ［背景を印刷］のチェックをオンにします。
4. 設定 をクリックします。

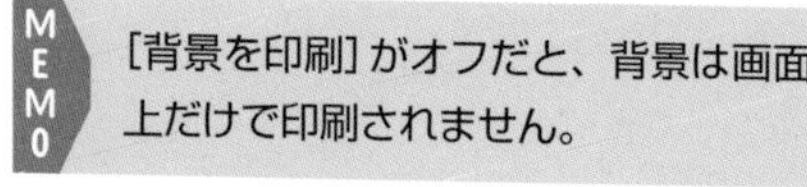
MEMO ［背景を印刷］がオフだと、背景は画面上だけで印刷されません。

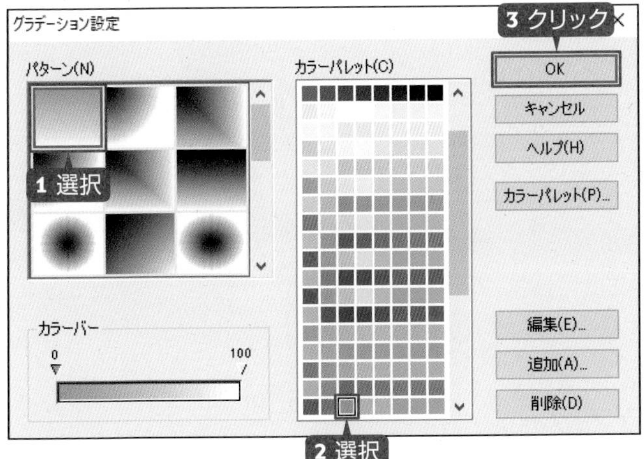

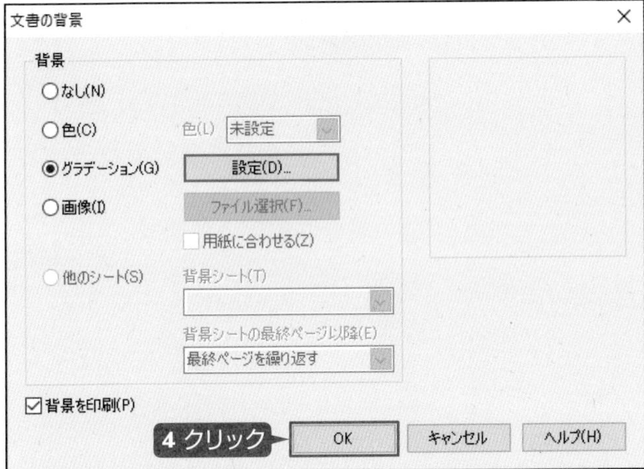

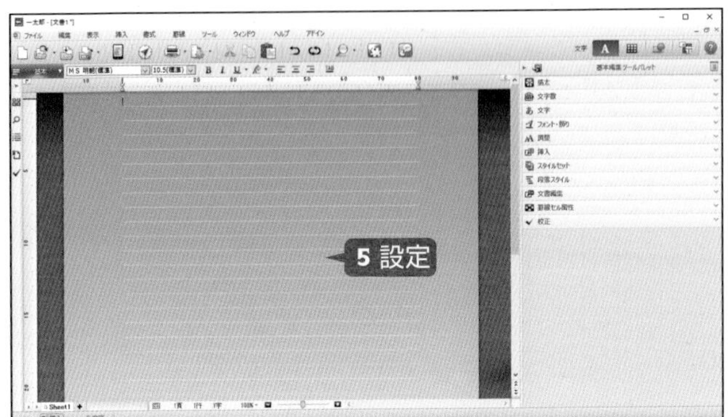

グラデーションを設定する

1 [パターン] でグラデーションのパターンを選択します。

2 色を選択します。

3 OK をクリックします。

MEMO 文書の背景を単色で塗りつぶす場合は、[文書の背景] ダイアログボックスで [色] を選択し、その右にある [色] をクリックすると表示されるカラーパレットから、塗りつぶしたい色を選択します。

4 [文書の背景] ダイアログボックスに戻るので、OK をクリックします。

5 文書の背景にグラデーションが設定されます。

2 本文を入力して体裁を整える

文書に写真を配置する前に、本文となる文章を入力しておきましょう。写真に関する説明文の位置が決まれば、写真を配置する位置も自ずと決まるためです。本文を内容ごとに区切る「見出し」は、個条書きを設定して書式も統一しておくと見やすくなります。

2-1 見出しに個条書きを設定する

ある程度長い文章を書く場合は、内容ごとに「見出し」で区切っておくと読みやすくなります。また、以下の手順のように最初に見出しだけを個条書きで並べることで、文章の構成を見通すことができ、構成を決める上でも有用です。個条書きは行頭記号に続けてタブを入力することで設定できます。

個条書きで見出しを入力する

1 個条書きの行頭記号を入力し、続けて Tab キーを押すと、個条書きが設定されます。

2 見出しの文章を入力します。

> **MEMO**
> [ツールーオプションーオプション]で、[入力ー入力アシスト]の[行頭の記号・数字を個条書きにする]が[する]になっている場合、個条書きの書式と一致する数字などの記号を入力し、続けてスペースやタブを入力すると、自動的に個条書きが設定されます。

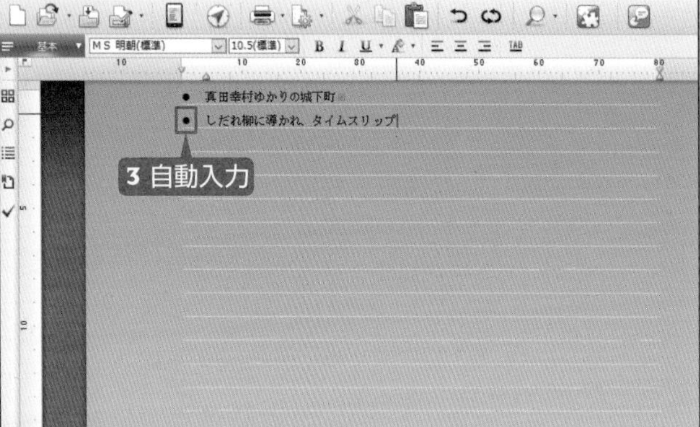

3 Enter キーを押して改行すると、次の行の先頭に、個条書きが自動入力されるので、そのまま見出しの文章を入力します。

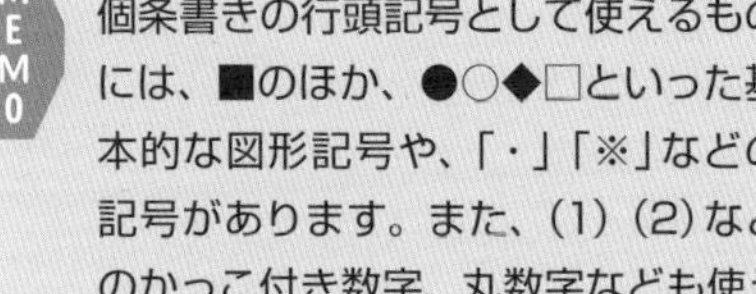

> **MEMO**
> 個条書きの行頭記号として使えるものには、■のほか、●○◆□といった基本的な図形記号や、「・」「※」などの記号があります。また、(1) (2) などのかっこ付き数字、丸数字なども使うことができます。

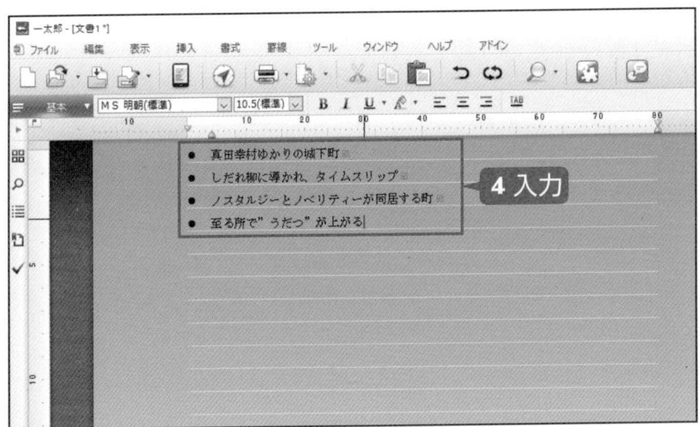

4 同様の操作を繰り返して、すべての見出しを入力します。

本文を入力する

1 1つめの見出しの行末で Enter キーを押して改行すると、次の行に個条書きが設定されてしまいます。

2 Back Space キーを押します。

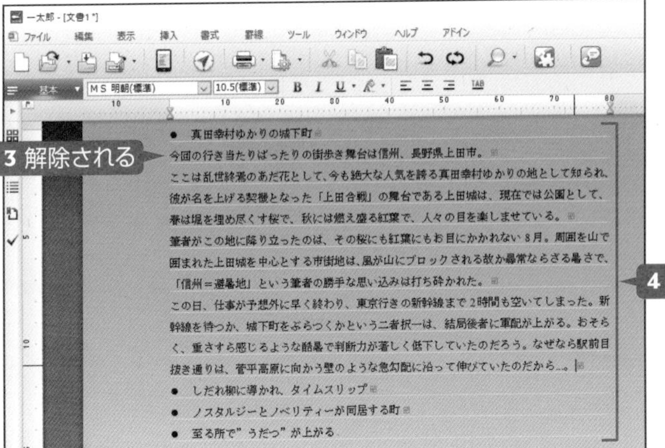

3 個条書きが解除されました。

4 そのまま見出し内の本文を入力します。

HINT メニューから個条書きを設定する

すでに入力されている文章を個条書きに設定することもできます。見出し文にカーソルを合わせ、[書式－個条書き]を選択し、個条書きの書式を選択してください。
見出し部分を複数選択状態にし、コマンドを実行すれば、一気に個条書きを設定することもできます。

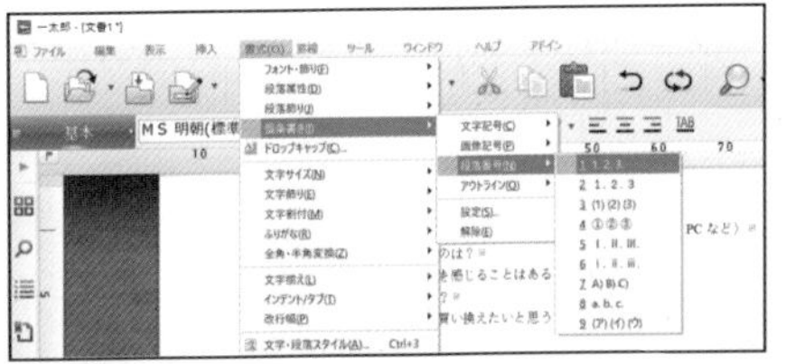

2-2 見出しや本文の書式を設定する

見出しや本文を入力したら、続けてそれぞれに書式を設定します。ここでは、見出しの文字サイズを本文よりも大きくし、フォントをゴシック体にして、さらに色を変更することで、文書の中での位置を把握しやすくします。本文は初期設定の明朝体のフォントのまま、段落先頭を1文字分字下げします。

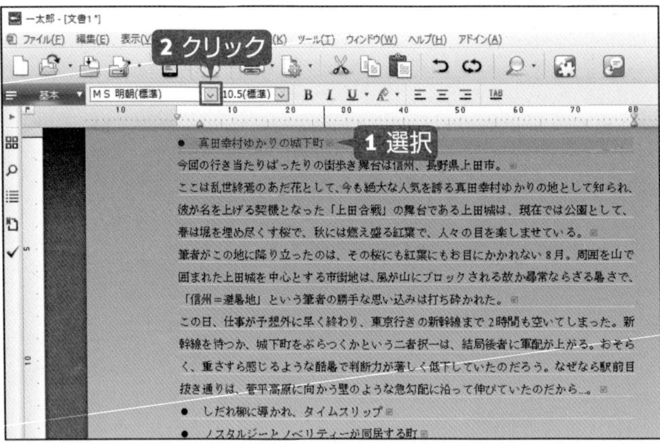

見出しの書式を設定する

1 見出しの文字列を選択します。

2 ツールバーの［和文・欧文フォント切替］の右側の  をクリックします。

> **MEMO** フォントや文字色は、［フォント・飾り］パレットからも変更できます。

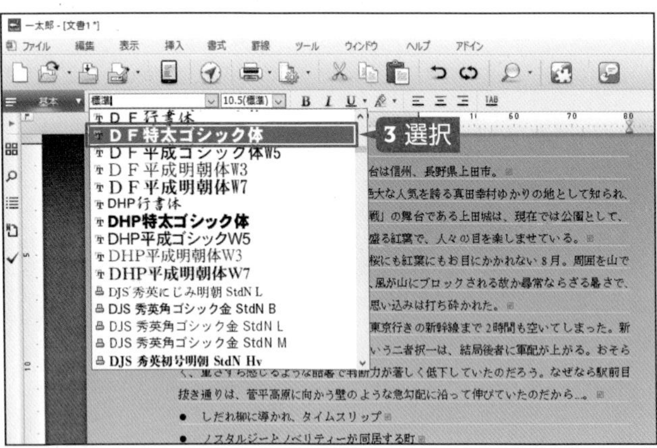

3 ［DF特太ゴシック体］を選択します。

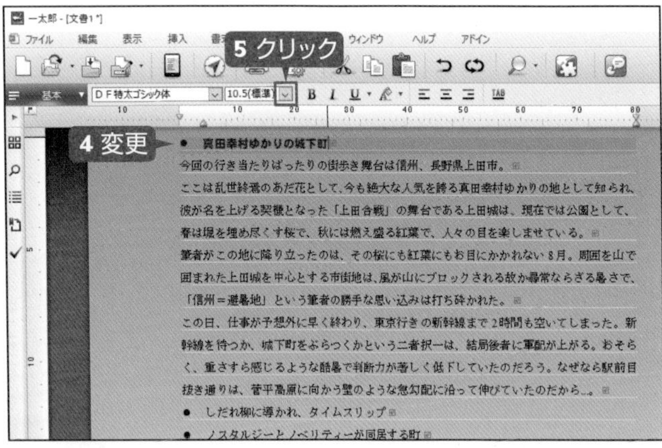

4 選択した見出しの文字列のフォントが変更されます。

5 文字列を選択したまま、ツールバーの［文字サイズポイント切替］の右側の をクリックします。

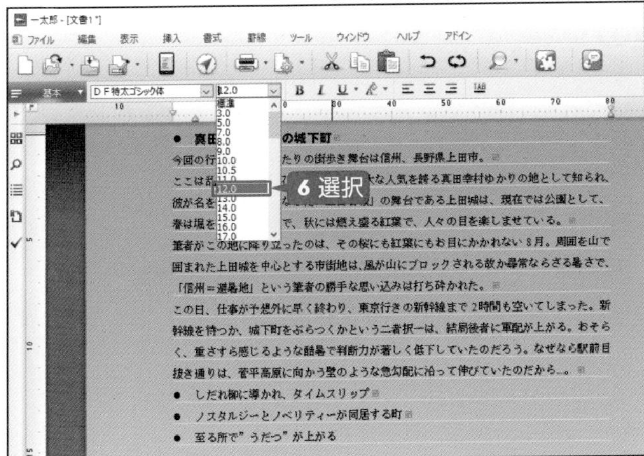

6 [12.0] を選択します。

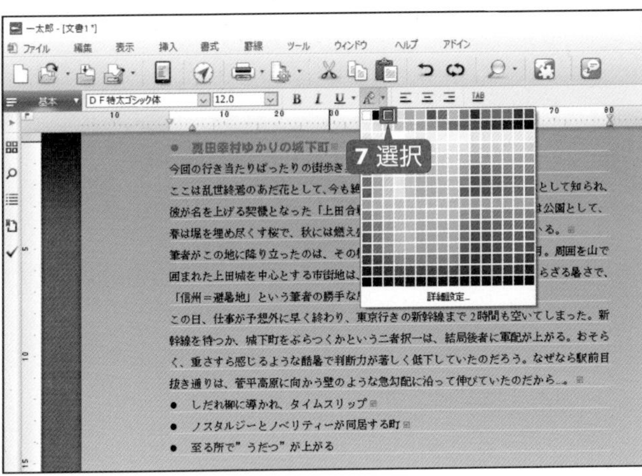

7 文字列を選択したまま、[文字色] の [▼] をクリックし、カラーパレットから文字色を選択します。

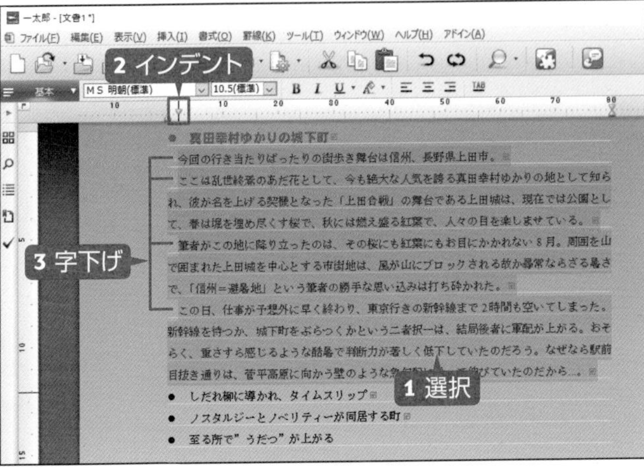

本文に字下げを設定する

1 本文部分を選択します。

2 ルーラー上にあるインデントマークの上の▽部分 [1行目の行頭インデントを移動します] にマウスポインターを合わせ、1文字分 (2C) 右方向にドラッグします。

3 各段落先頭が1文字分字下げされます。

2-3 設定した書式を他の文字列にコピーする

文書内では、見出しや本文などの構成要素ごとに、書式を揃えるのが一般的です。しかし、各見出し、各本文にそのつど同じ書式を設定していくのは非効率なので、書式のコピー機能を使って、設定した文字書式や段落書式を、他の場所にコピーしましょう。

見出しの書式を他の見出しにコピーする

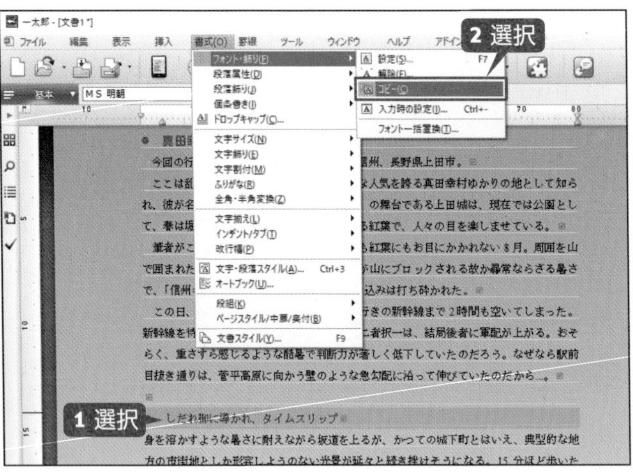

1 書式をコピーしたい見出しの文字列を選択します。

2 [書式−フォント・飾り−コピー]を選択します。

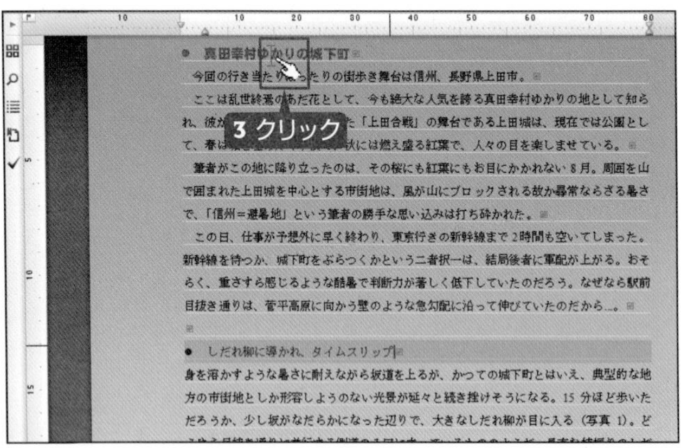

3 マウスポインターの形状が変わるので、コピーしたい書式が設定されている文字列上をクリックします。

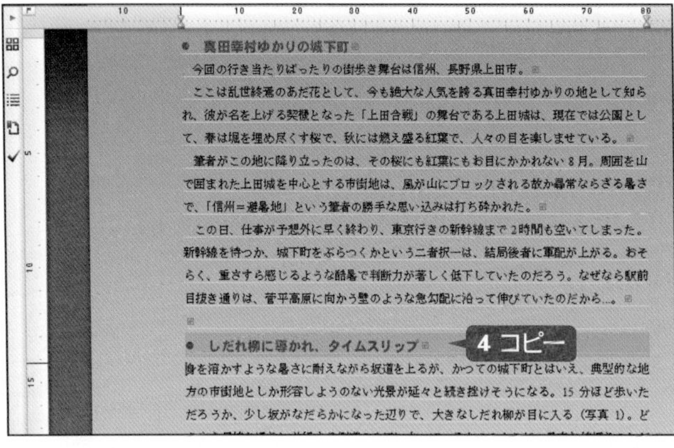

4 書式がコピーされました。同様に操作して、他の見出しにも書式をコピーします。

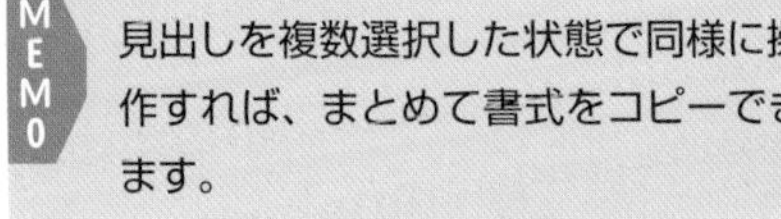

MEMO 見出しを複数選択した状態で同様に操作すれば、まとめて書式をコピーできます。

本文の書式を他の本文にコピーする

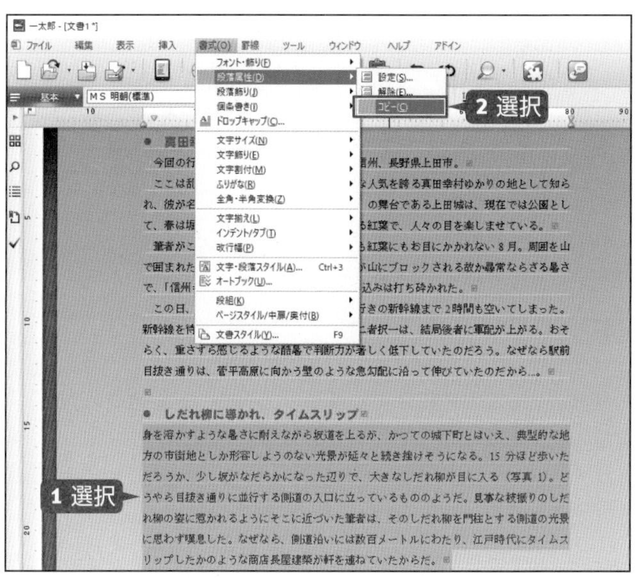

1 書式をコピーしたい本文の文字列を選択します。

2 [書式－段落属性－コピー] を選択します。

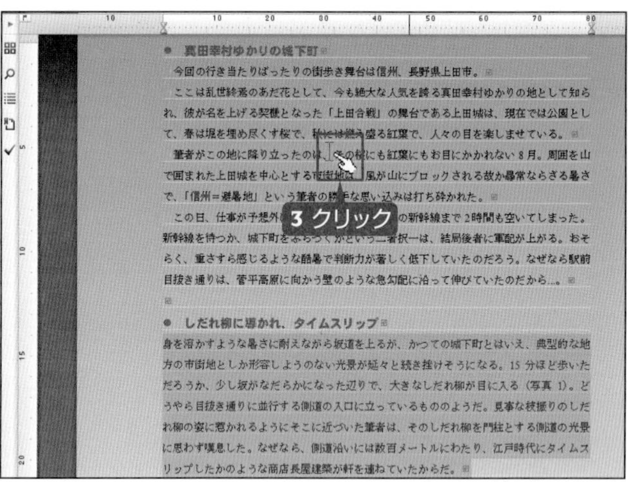

3 マウスポインターの形状が変わるので、コピーしたい書式が設定されている段落上をクリックします。

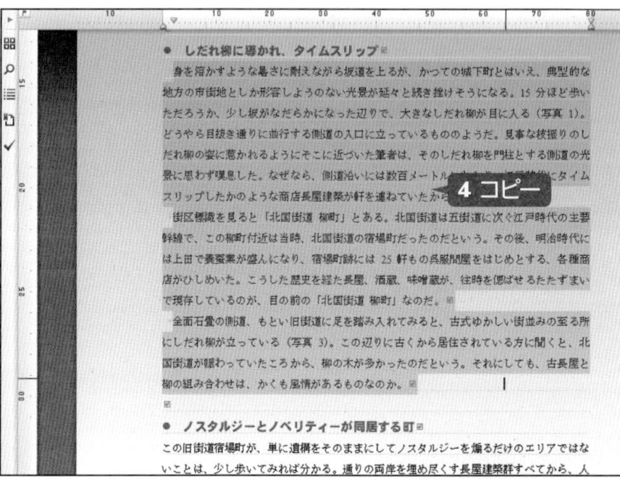

4 書式がコピーされました。同様に操作して、他の本文にも書式をコピーします。

3 フォトモジを利用してカバー画像を作る

一太郎2020に搭載されている35周年記念ソフト「フォトモジ」を使えば、写真と文字を組み合わせた印象的な画像を簡単に作ることができます。ここでは、文書の冒頭に配置して表紙とするカバー画像を、フォトモジで作成する方法を解説します。

3-1 フォトモジで写真を開く

フォトモジでは、写真を開く、文字を入力する、見え方（効果）を調整するという3つのステップで写真を文字の形に切り抜き、アレンジを加えることができます。まずは写真をフォトモジで開いてみましょう。開くことができるのは、BMP、GIF、JPEG、PNG、TIFF、EMFという6種類のファイル形式の写真です。

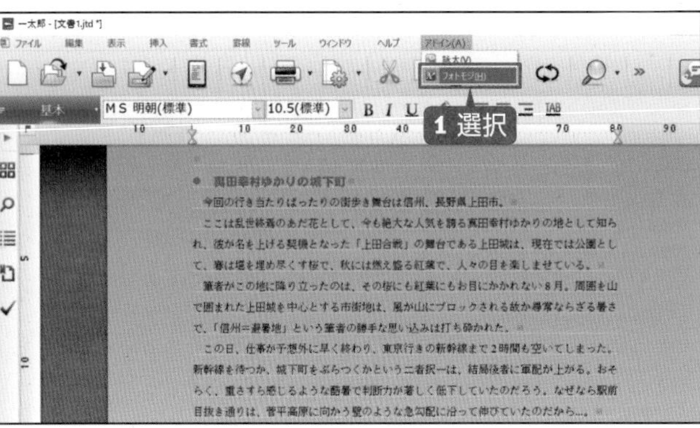

写真を開く

1. フォトモジを挿入したい部分にカーソルを合わせ、［アドイン－フォトモジ］を選択します。

2. フォトモジが起動し、［絵や写真］ダイアログボックスが開くので、［フォルダーから］タブをクリックし、写真の保存されているフォルダーを選択したら、使用したい写真を選択します。

3. 選択 をクリックします。

3-2 文字を入力する

写真をフォトモジで開いたら、続けて文書のタイトルとなる文字を入力します。文字入力画面では、文字を入力するだけでなく、文字サイズやフォント、文字揃えなどの書式を設定することもできます。

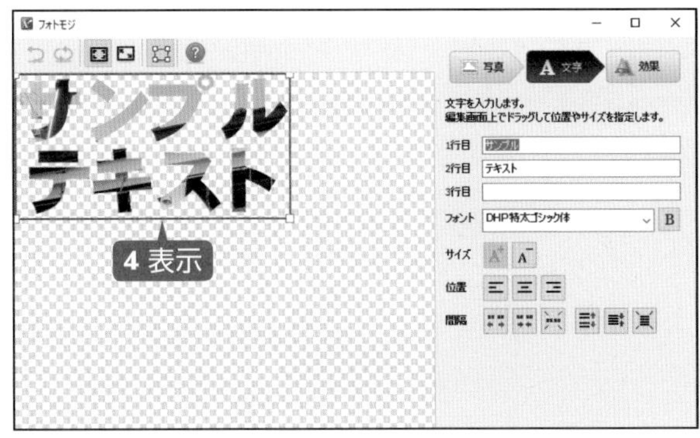

4 文字入力画面が開き、選択した写真が文字の形に切り抜かれた状態が表示されます。

5 ［1行目］に文書のタイトルを入力します。

6 必要に応じて、［2行目］以降も同様に入力します。

7 文字を小さくしたいので、［サイズ］の ［文字サイズ小さく］を5回クリックします。

MEMO 文字枠の四隅のハンドルをドラッグすることでも文字サイズを変更することができます。

写真を変更したい

写真を別のものに入れ替えたい場合は、［写真］をクリックすると表示される写真選択画面で、［絵や写真を選ぶ］をクリックしてください。なお、フォトモジでは2枚以上の写真を開くことはできません。別の写真を開くと、直前に開いていた写真は閉じられます。

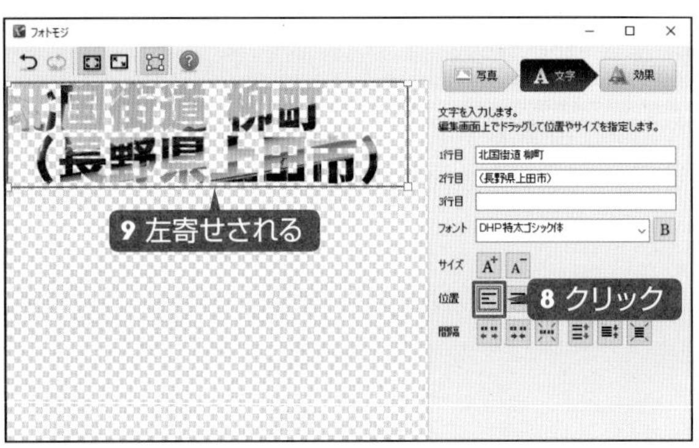

8 ［位置］で ☰［左寄せ］をクリックします。

9 文字が枠の左端に揃えられます。

文字入力画面の各機能

1 文字のフォントを切り替えます。
2 文字を太字にしたり、太字を解除したりします。
3 それぞれクリックするごとに、文字サイズが大きく／小さくなります。
4 文字揃えを左寄せ、センタリング、右寄せにします。
5 文字間隔や行間隔を広く／狭くするためのボタンと、その設定を解除するためのボタンがまとめられています。

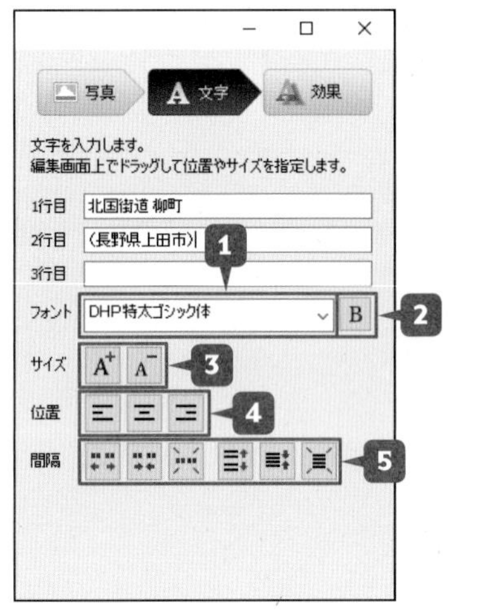

枠の表示／非表示を切り替える

文字を囲む枠やハンドルは、非表示にすることもできます。より印刷結果に近いイメージで確認したい場合は、［枠線の表示］をクリックして、枠を非表示にします。再度同じボタンをクリックすると枠が表示されます。

3-3 効果を設定してカバー画像を保存する

効果 をクリックして表示される効果設定画面では、写真や背景に効果を設定できます。背景の表示方法で［写真］を選んだ場合は、写真の雰囲気を変えるフィルターを設定できます。また文字にも、デボス、あるいはドロップシャドウの効果を付けられます。

背景の表示方法を選択する

1. 効果 をクリックします。
2. ［背景］で［写真］を選択します。
3. 写真全体が文字の背景になります。

背景の表示方法

効果設定画面の［背景］では、フォトモジの背景を、［なし］［単色］［写真］のいずれかから選択します。それぞれの違いは、以下のとおりです。なお、［写真］を選択すると、フィルターの設定や透明度の調整ができます。

［なし］：
写真が入力した文字の形に切り抜かれます。

［単色］：
写真が入力した文字の形に切り抜かれ、その他の部分は単色で塗りつぶされます。

［写真］：
写真全体が文字の背景になります。フィルターや色の透明度は、文字で切り抜かれた部分以外に適用されます。

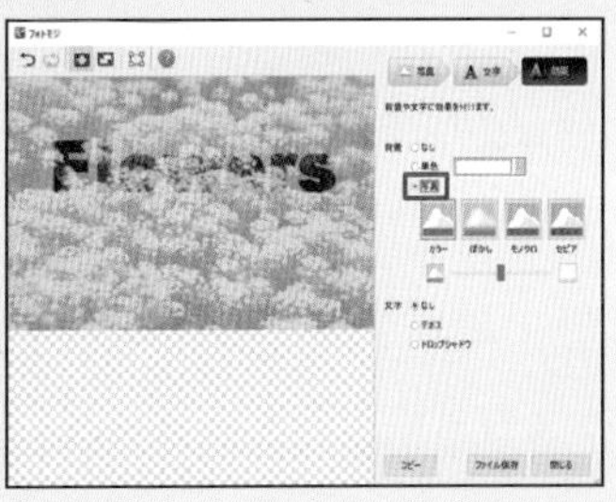

写真の透明度を調整する

1. 透明度のスライダーを右にドラッグし、写真の色合いを薄くします。

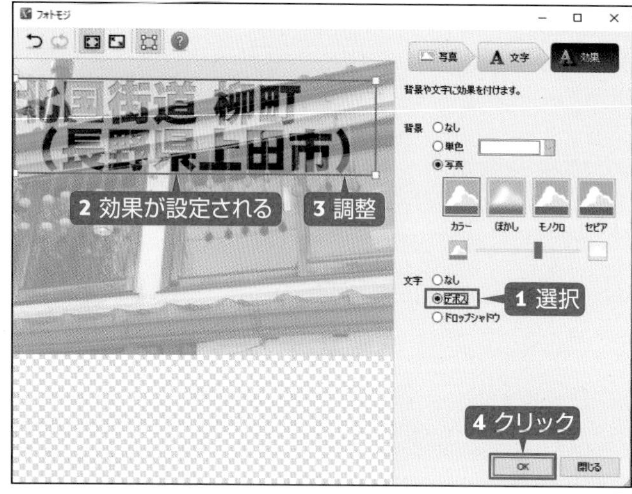

文字に効果を付けて書き出す

1. [文字]で[デボス]を選択します。
2. 文字に効果が設定され見た目が変わります。
3. 枠をドラッグして文字の位置を調整します。
4. OK をクリックします。

MEMO

「デボス」と「ドロップシャドウ」はともに、文字を立体的に見せる効果です。デボスは凸凹の凹型に文字をくぼませ、ドロップシャドウは凸型に文字を浮き彫りにしたような効果になります。

5. 文書中にフォトモジが挿入されるので、位置や大きさを調整します。

4 文書に写真をレイアウトする

写真を文書に挿入、レイアウトすれば、見た目が華やかになるばかりでなく、内容の迫真性や説得力も増すことでしょう。挿入した写真は、ドラッグ＆ドロップの操作で簡単に大きさを変えたり、位置を変更したりして、自由にレイアウトできます。

4-1 写真を文書に挿入する

写真を文書に挿入するには、[挿入]パレットで 絵や写真 [絵や写真の挿入]をクリックし、目的の写真を選択します。挿入直後の写真は、文書の本文の横幅に合わせた大きさになります。なお、文書に挿入できるファイル形式は、フォトモジで開くことができるものと同じです（100ページ参照）。

写真を挿入する

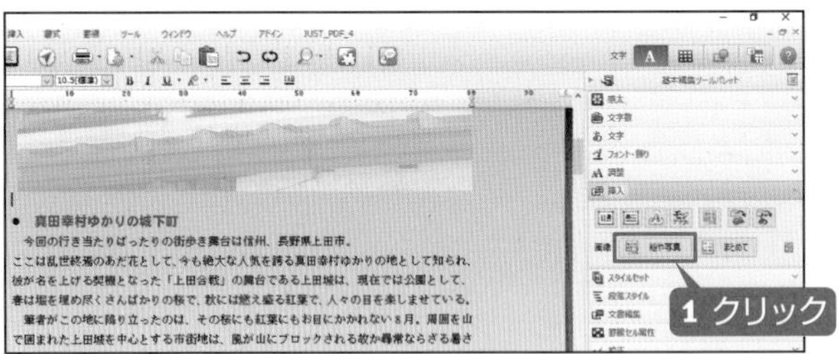

1 写真を挿入する位置にカーソルを合わせ、[挿入]パレットの 絵や写真 [絵や写真の挿入]をクリックします。

2 [フォルダーから]タブをクリックし、目的の写真を選択します。

3 画像枠で挿入 をクリックします。

4 文書に写真が挿入されます。

4-2 写真の大きさを変える、移動する

文書に挿入した写真は、写真上をクリックすることで選択できます。写真を選択すると、写真の周囲に枠が表示され、枠の四隅と四辺の中央にハンドルが表示されます。写真のサイズ変更はハンドルをドラッグし、移動は写真をドラッグします。

写真の大きさと位置を変える

1. 写真をクリックして選択します。
2. 右下のハンドルを左上方向にドラッグします。

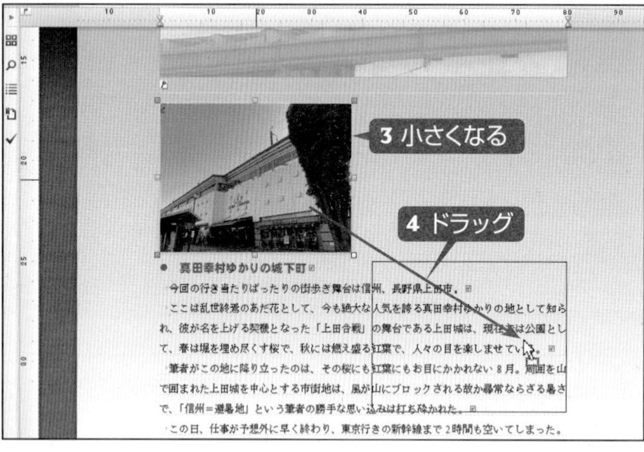

3. 写真が小さくなりました。
4. 枠内の写真をクリックしてそのままドラッグします。

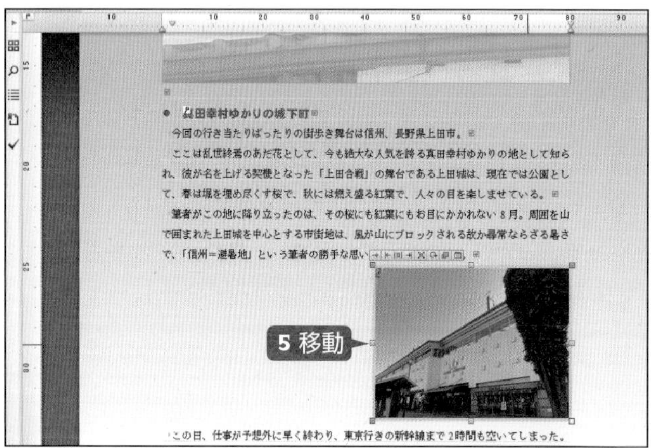

5. ドロップすると写真が移動します。

> **MEMO**
> 写真を Shift キーを押しながらドラッグすると、縦横のいずれかの方向に水平、垂直に移動できます。また、Ctrl キーを押しながらドラッグすると、ドロップした位置に写真がコピーされます。

4-3 写真の横に文字を配置できるようにする

文字と写真を左右に並べてレイアウトする、あるいは写真の周囲に文字を配置しないようにするといった、文字と写真の配置に関する設定は、[枠操作] パレットの [文字よけ] で行います。[文字よけ] では、写真と文字の間の余白の大きさも設定することができます。

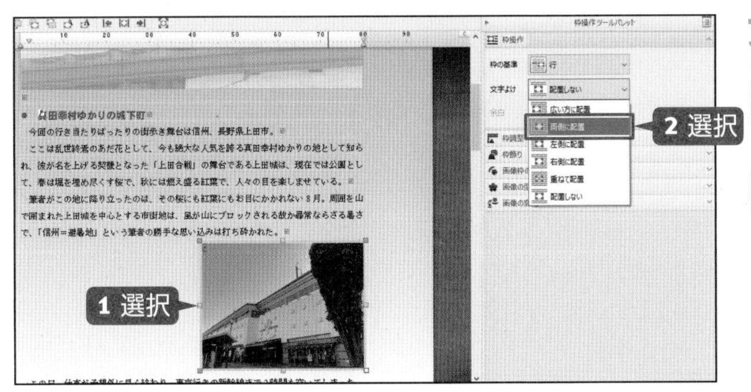

文字よけを設定する

1. 写真をクリックして選択します。
2. [枠操作] パレットの [文字よけ] で、[両側に配置] を選択します。

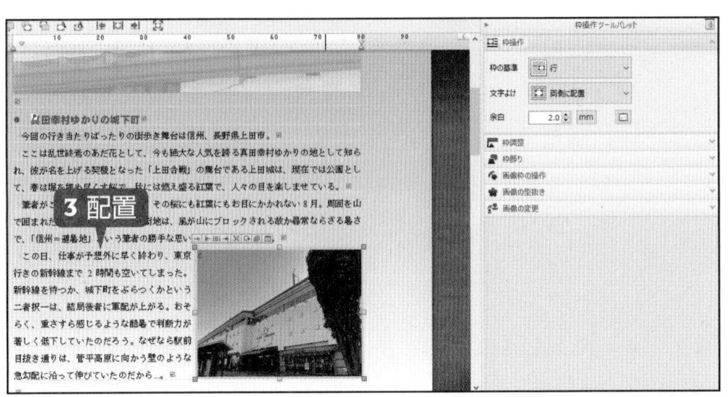

3. 写真の横に文字が配置されるようになります。

コラム 写真のデータサイズを圧縮する

高画素のデジタルカメラで撮影した写真はデータサイズが大きいため、複数挿入すると、文書全体のデータサイズもその分、大きくなります。これを避けるには、写真のデータサイズを小さくします。[設定解像度] の値を小さくするほど、写真のデータサイズは小さくなります。ただし、小さくしすぎると写真の劣化が目立つので、表示サイズの大きい写真の場合はあまり小さくしない方がよいでしょう。

[画像枠の操作] パレットで データサイズを縮小... をクリックし、[設定解像度] の値を選択して OK をクリックします。

5 写真を加工したり、連番や説明を付けたりする

文書に挿入した写真には、フィルターを適用して雰囲気を変えたり、トリミングして切り抜いたりすることができます。また、各写真に番号を振れば、文章との対応関係も分かりやすくなります。さらに、写真には個別にちょっとした説明文を添えることもできます。

5-1 フィルターやトリミングで写真を加工する

[写真フィルター]は、写真の色合いや明るさなどをまとめて変更することで、見た目の雰囲気を一変させる機能です。14種類の写真フィルターが用意されているので、文書や写真の内容に合わせて好みのものを適用します。写真の不要な部分を断ち切りたい場合は、トリミング機能を利用します。

写真フィルターを適用する

1 写真をクリックして選択します。

2 [画像枠の操作]パレットの [写真フィルター]をクリックします。

3 右側の一覧で、目的の写真フィルターを選択します。

4 適用結果がプレビューされます。

5 OK をクリックします。

MEMO
写真フィルターは複数重ねて写真に適用できます。たとえば[東雲]を適用した後に、再度[写真フィルター]ダイアログボックスを表示して[芳醇]を適用すれば、[東雲]と[芳醇]の両方の写真フィルターの効果が適用されます。

6 写真に写真フィルターの効果が適用されます。

写真をトリミングする

1 トリミングしたい写真をクリックして選択します。

2 ［画像枠の操作］パレットの［トリミング］をクリックします。

3 ［トリミング］ダイアログボックスが開き、写真の周囲にトリミングする範囲を示す枠が表示されます。

4 枠の四辺中央、四隅のハンドルのいずれかをドラッグし、トリミングする範囲を選択します。

5 OK をクリックします。

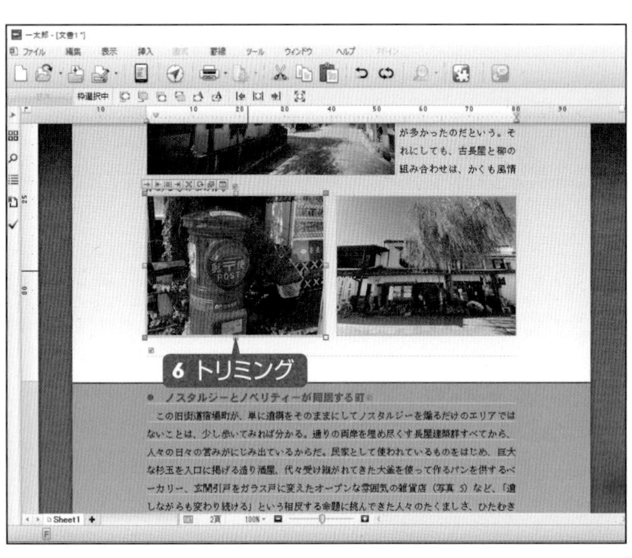

6 写真が指定した範囲でトリミングされます。

MEMO

トリミングした写真を元に戻すには、再度[トリミング]ダイアログボックスを表示して、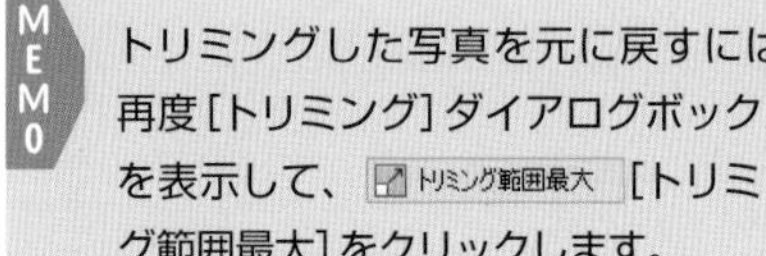[トリミング範囲最大]をクリックします。

5-2 写真に連番を付ける

1つの文書内に複数の写真を挿入してレイアウトする場合は、それぞれの写真に連番を付けておくと、本文と写真の対応が明確になり、どの写真について説明されているのかが読み手にも分かりやすくなります。連番は写真の四隅のいずれかに表示するようにでき、番号の背景に色を付けることもできます。

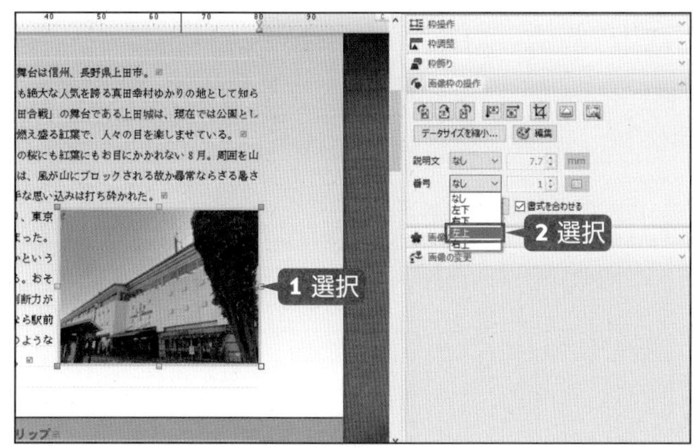

連番を設定する

1. 連番を付けたい写真をクリックして選択します。
2. [画像枠の操作] パレットの [番号] で、連番を表示する位置を選択します。

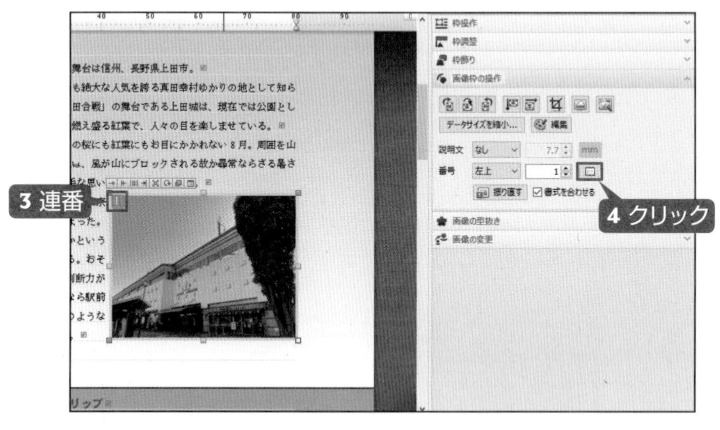

3. 連番が表示されます。
4. [詳細設定] をクリックします。

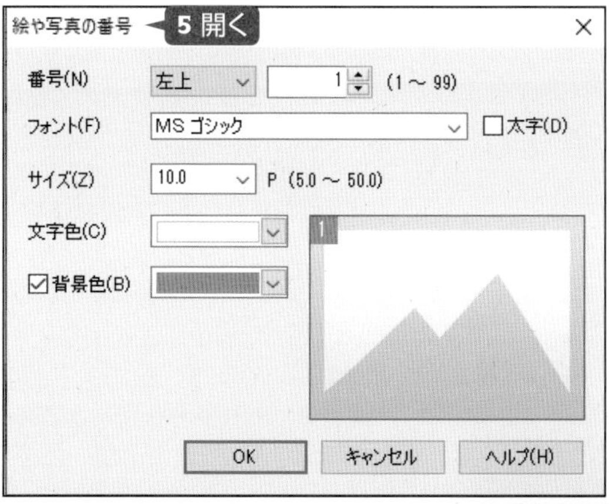

5. [絵や写真の番号] ダイアログボックスが開きます。

MEMO

連番の番号は、[画像枠の操作] パレットか [絵や写真の番号] ダイアログボックスの [番号] の右側にあるボックスに入力します。なお、1つの写真に番号を設定してから、他の写真に同様に設定しようとすると、番号は自動的に連番になります。

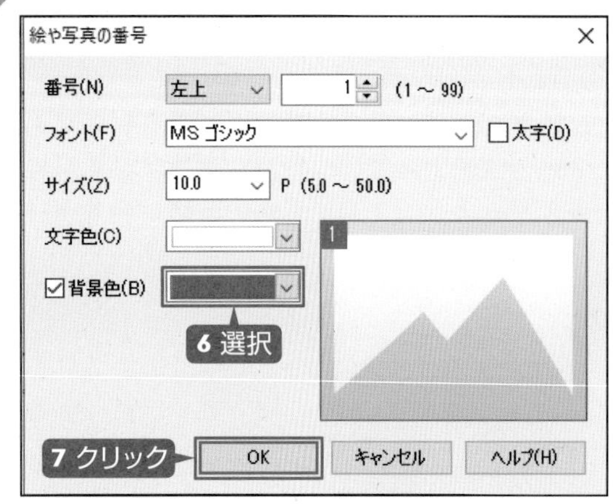

6 [背景色] で背景の色を選択します。

7 OK をクリックします。

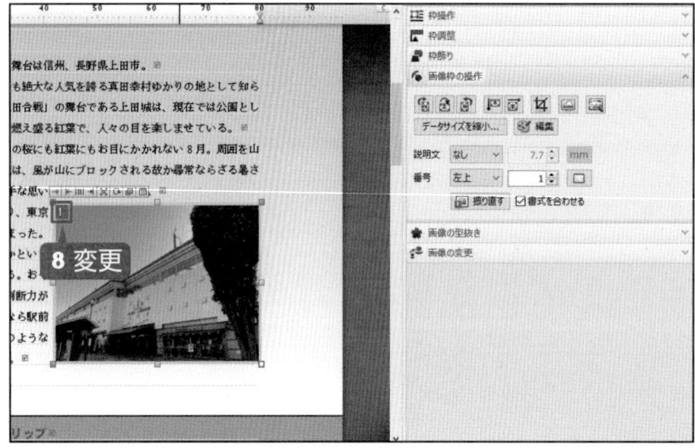

8 連番が設定された色に変更されます。

連番を振り直す

写真の番号は通常、設定した順に連番となりますが、文書の中で章ごとに連番を「1」から振り直したいといった場合は、振り直しの先頭の写真を選択してから、[画像枠の操作] パレットの 振り直す をクリックします。
マウスポインターの形が変わったら、写真上の番号をクリックすると、「1」から振り直されるので、それ以降の写真に対しても同様の操作を繰り返します。最後に 終了 をクリックすれば完了です。

5-3 写真に説明文を添える

文書上の個々の写真に、ちょっとした説明文を添えたい場合は、[画像枠の操作] パレットの [説明文] を利用します。写真の上下左右いずれかに、文字を入力するための枠が追加されるので、そこに説明文を入力します。

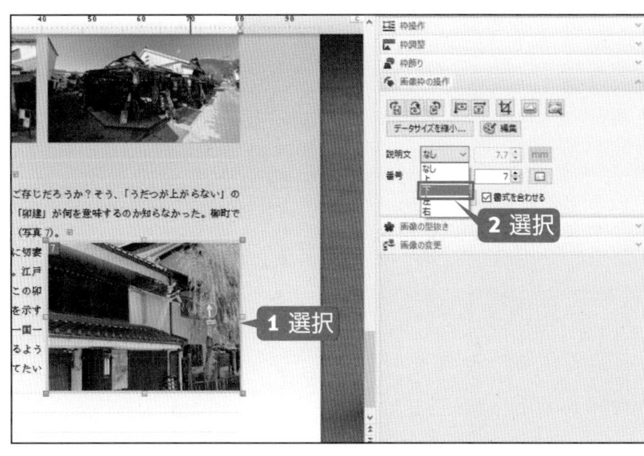

説明文の枠を追加する

1 写真をクリックして選択します。

2 [画像枠の操作] パレットの[説明文] で、説明文の位置を選択します。

3 文字を入力するための枠が追加されます。

4 枠をクリックします。

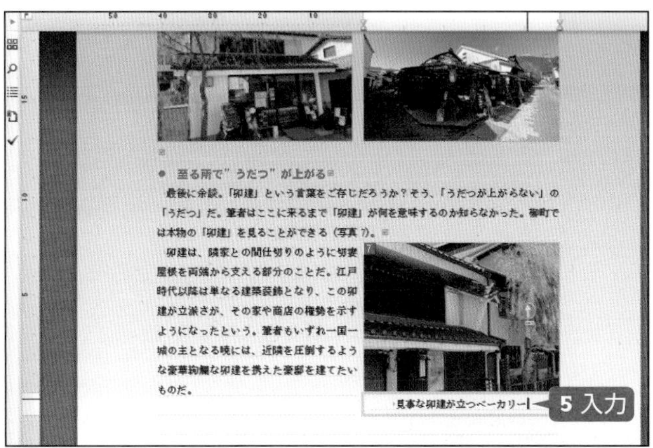

5 説明文を入力します。

MEMO 説明文を入力する枠の大きさは、[画像枠の操作] パレットの [説明文] の右側の数値で設定します。

MEMO 写真に文字よけ(107ページ参照)を設定している場合は、写真に説明文の枠を追加すると、その枠も文字よけの対象となるため、本文の文字の配置が変わってしまうことがある点に注意してください。

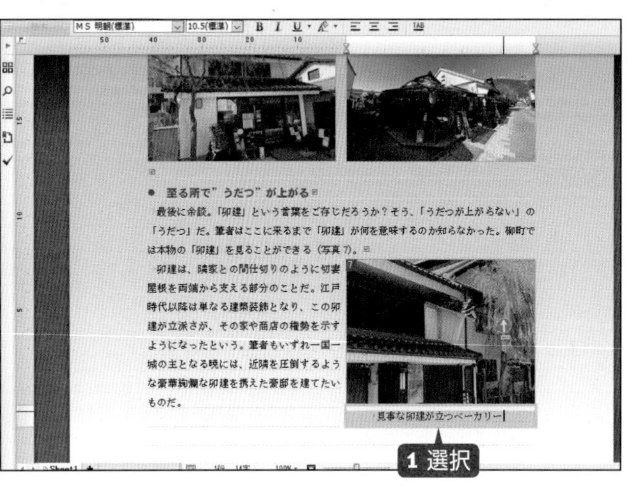

説明文のフォントと文字サイズを変更する

1 説明文を選択します。

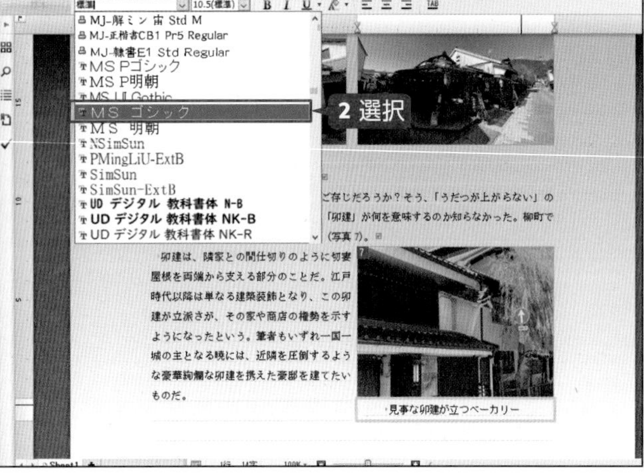

2 ツールバーの［和文・欧文フォント切替］で［MSゴシック］を選択します。

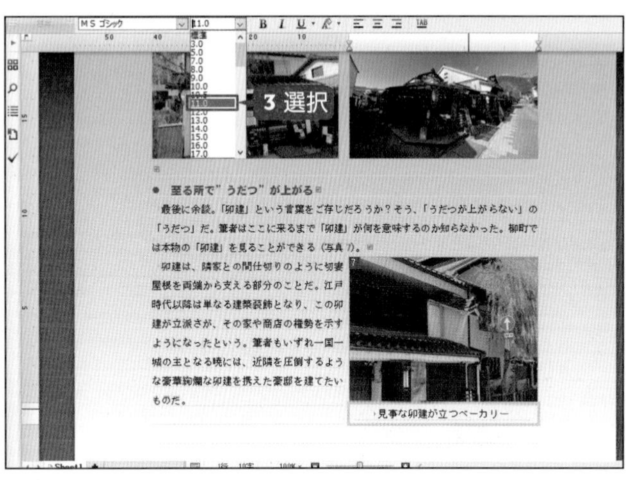

3 ［文字サイズポイント切替］で、文字サイズを［11.0］にします。

MEMO

写真の説明文は、初期設定では文字揃えがセンタリングになっていますが、文字揃えをはじめとする書式や段落属性は、通常の本文の文字列と同様に、ツールバーや基本編集ツールパレットで変更できます。

6 レイアウト枠を使って文書内にコラムを作る

文書の本編とは別のトピックや、派生的な話題を扱うときなどには、本文とは体裁の異なるコラムを作るといいでしょう。ここでは、横書きの文書の中に縦書きのコラムを作る方法を解説します。コラムのベースとなるのはレイアウト枠です。

6 - 1 レイアウト枠を挿入する

「レイアウト枠」は、文書スタイルで設定したものとは異なる体裁で文字を入力したり、写真を挿入したりしてレイアウトするための枠です。レイアウト枠には縦組のものと横組のものがありますが、ここでは縦組のレイアウト枠を挿入します。

縦組のレイアウト枠を挿入する

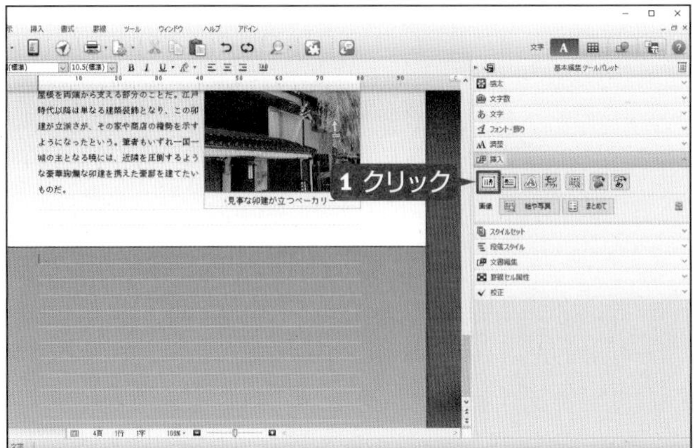

1 レイアウト枠を挿入する位置にカーソルを移動し、[挿入]パレットの [レイアウト枠(縦組)] をクリックします。

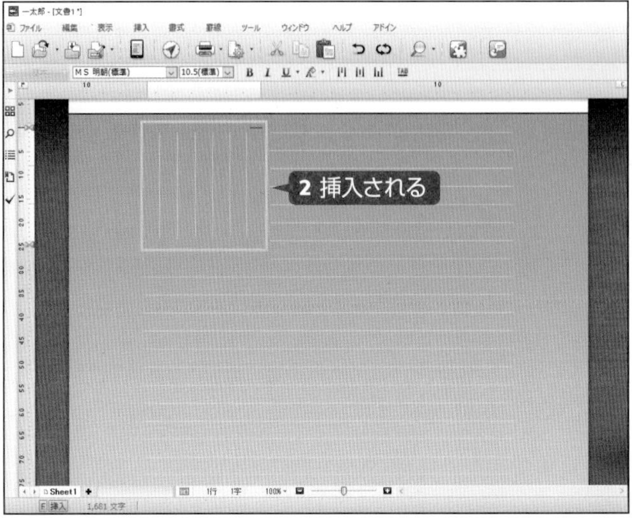

2 縦組のレイアウト枠が挿入されます。

> **MEMO**
> レイアウト枠は、[挿入−レイアウト枠]でも作成することができます。文書上を直接ドラッグして位置や大きさを指定して作成できるので便利です。

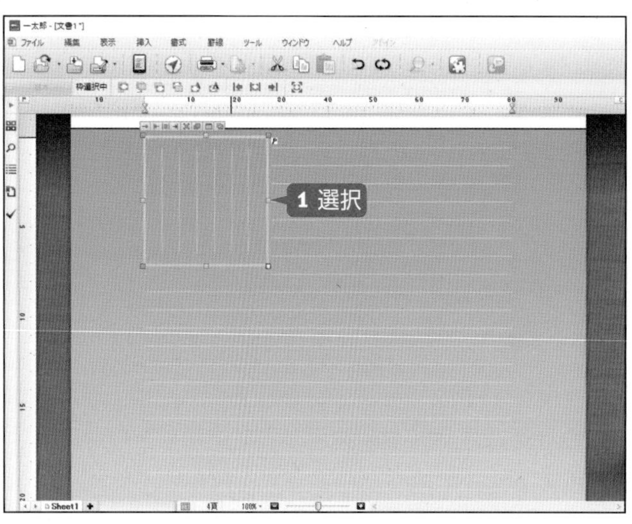

レイアウト枠の大きさを変える

1 レイアウト枠の枠線をクリックして選択します。

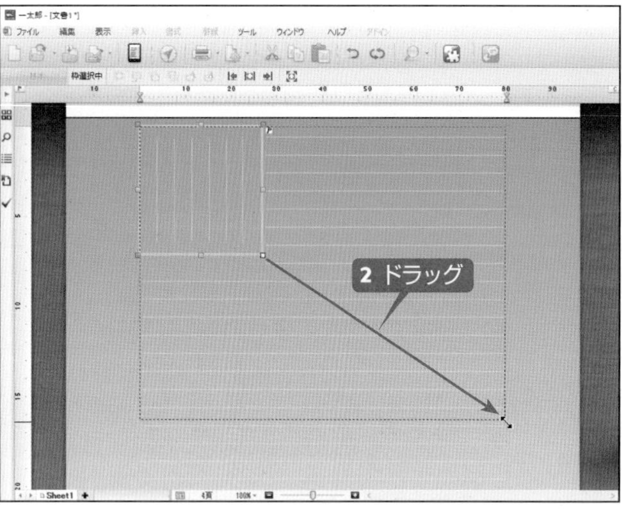

2 枠線上にハンドルが表示されるので、これをドラッグして大きさを調整します。

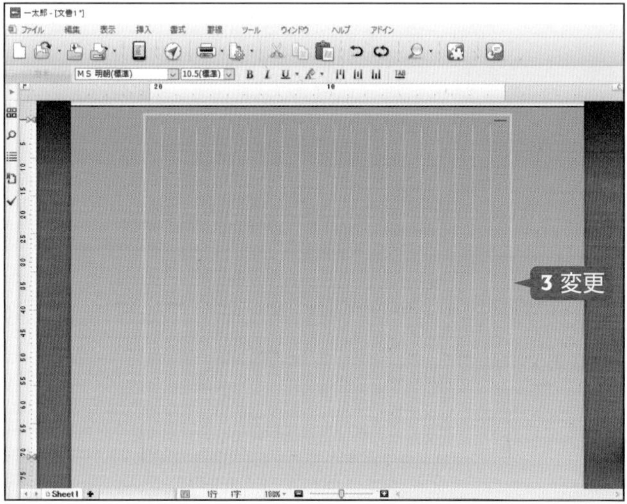

3 ドロップするとレイアウト枠の大きさが変更されます。

MEMO
レイアウト枠の四隅のハンドルを、Shiftキーを押しながらドラッグすると、元の縦横比を維持したままレイアウト枠を拡大／縮小できます。

MEMO
レイアウト枠を移動するには、まず枠線をクリックして選択し、そのままドラッグします。

6-2 レイアウト枠の体裁を整える

レイアウト枠には、「枠飾り」と呼ばれる装飾を設定できます。文字組の方向だけでなく、見た目のデザインでも本文との違いを際立たせたい場合に設定するといいでしょう。また、レイアウト枠内の余白サイズなどは、[枠スタイル変更] ダイアログボックスで変更できます。

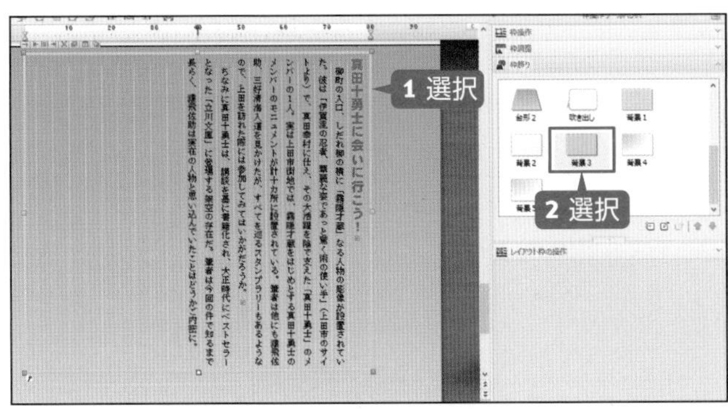

枠飾りを設定する

1 レイアウト枠をクリックして選択します。

2 [枠飾り] パレットで目的の枠飾りのデザインを選択します。

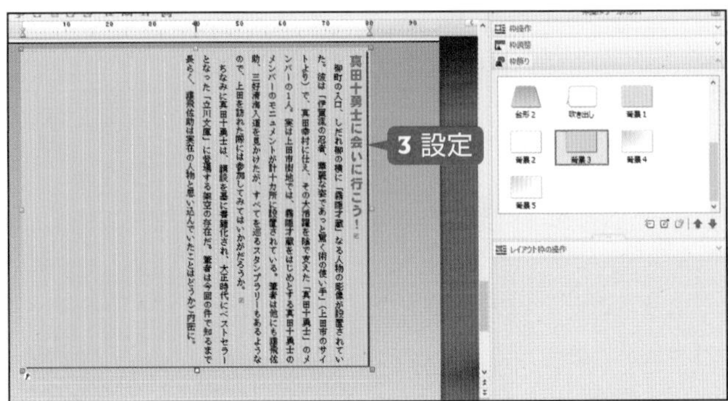

3 選択した枠飾りが設定されます。

MEMO
レイアウト枠の枠飾りを解除するには、[枠飾り] パレットで [(なし=解除)] を選択します。

HINT
背景画像を設定する

レイアウト枠には、枠飾りではなく、背景に画像を設定することもできます。一太郎には、多数の背景画像が付属しているので、文書のイメージにマッチするものを選択して設定しましょう。

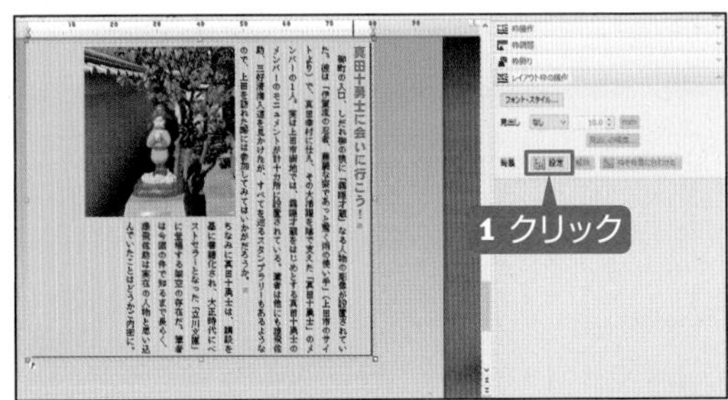

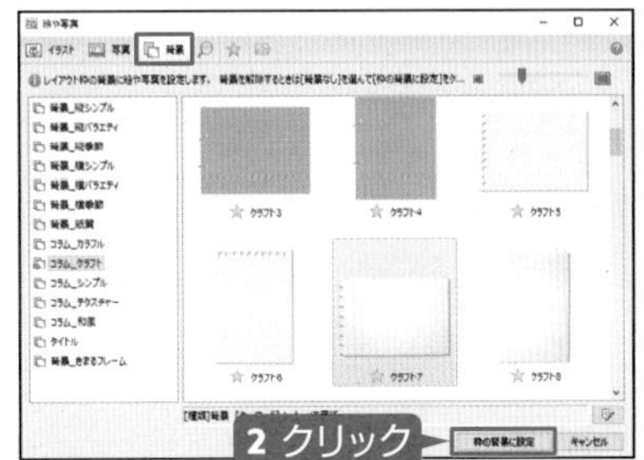

1 [レイアウト枠の操作] パレットの [背景] で、設定 [設定] をクリックします。

2 [背景] タブをクリックし、設定したい背景を選択し、枠の背景に設定 をクリックすると、背景が設定されます。

余白サイズを変更する

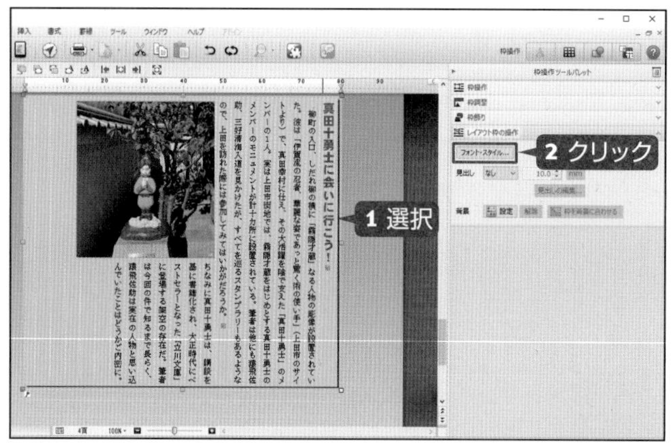

1 レイアウト枠の枠線をクリックして選択します。

2 ［レイアウト枠の操作］パレットの フォント・スタイル をクリックします。

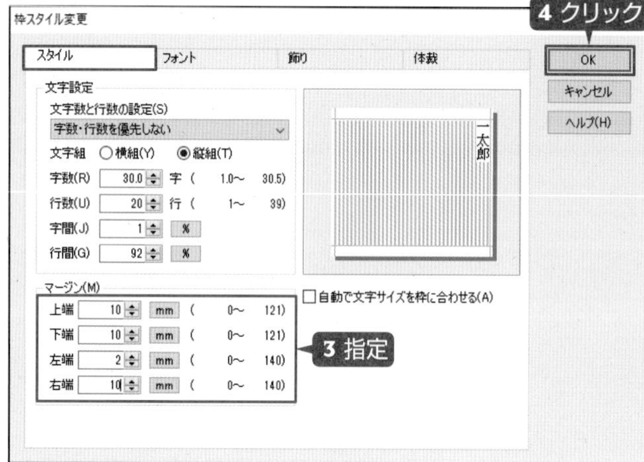

3 ［スタイル］タブの［マージン］で、［上端］［下端］［左端］［右端］の余白の大きさを数値で指定します。

4 OK ボタンをクリックします。

5 余白のサイズが変わります。

第4章 作例編

企業情報文書を作ってみよう

外部に企業情報をお知らせする文書は、わかりやすく簡潔にまとめることが大切です。
また、正確性が最も重要なジャンルの文書です。
略称や住所の表記ルールに整合性がとれているか、個人情報などの漏洩がないかなど、
公式文書として世に出す前に確実なチェックが必要です。
一太郎2020で搭載された新機能により、それらを正確に確認しましょう。

企業情報文書

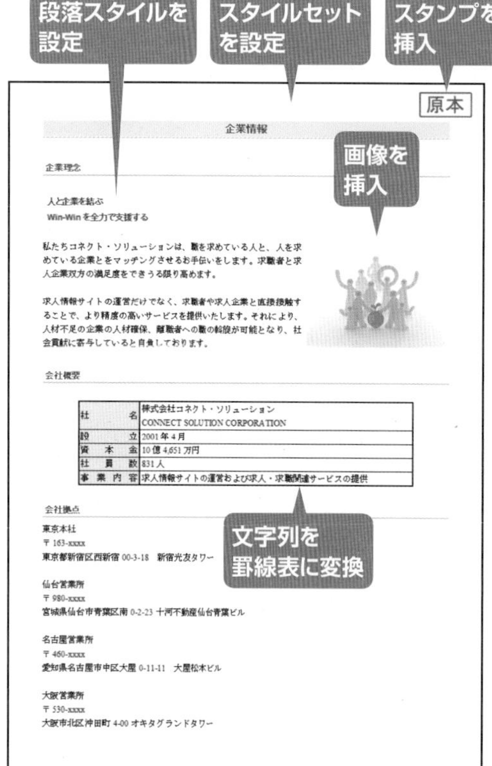

原本

企業情報

企業理念

人と企業を結ぶ
Win-Win を全力で支援する

私たちコネクト・ソリューションは、職を求めている人と、人を求めている企業とをマッチングさせるお手伝いをします。求職者と求人企業双方の満足度をできうる限り高めます。

求人情報サイトの運営だけでなく、求職者や求人企業と直接接触することで、より精度の高いサービスを提供いたします。それにより、人材不足の企業の人材確保、離職者への職の斡旋が可能となり、社会貢献に寄与していると自負しております。

会社概要

社　　名	株式会社コネクト・ソリューション CONNECT SOLUTION CORPORATION
設　　立	2001 年 4 月
資 本 金	10 億 4,651 万円
社 員 数	831 人
事業内容	求人情報サイトの運営および求人・求職関連サービスの提供

会社拠点

東京本社
〒 163-xxxx
東京都新宿区西新宿 00-3-18　新宿光友タワー

仙台営業所
〒 980-xxxx
宮城県仙台市青葉区南 0-2-23 十河不動産仙台青葉ビル

名古屋営業所
〒 460-xxxx
愛知県名古屋市中区大屋 0-11-11　大屋松本ビル

大阪営業所
〒 530-xxxx
大阪市北区沖田町 4-00 オキタグランドタワー

連結子会社

株式会社ジョブジョイン・ソリューションズ
〒 141-xxxx
東京都品川区南品川 1-121-x　クリスビル

有限会社ジャストインサイト
〒 181-xxxx
東京都調布市深大寺西町 10-3-x　深大寺西町セントラルオフィスビル

売上推移

求人情報サイト掲載実績例

株式会社サスティナ東京 様
当社が求める人材を、細かなマッチングシステムで抽出し、適切な人材を確保することができました。徹底した人によるサポートの質が非常に高いと感じました。

JP ワークス株式会社 様
アルバイトやパートなど、非正社員の求人にも対応してくれたのがよかったです。今後は正社員の求人もお願いしたいと思います。

栗プランニング 様
技能の習熟度が最も重要なポイントでしたが、それを十分理解していただき、即戦力の人材を確保できました。今後も人材不足になった時にはぜひ御社にご相談させていただこうと思っています。

操作の流れ

1. 文書スタイルを設定する
2. 段落スタイルを設定する
3. スタイルセットを設定する
4. 文字列を罫線表に変換する
5. 画像を挿入する
6. グラフを挿入する
7. 文書を校正する
8. スタンプを挿入する

完成

1 文書スタイルを設定して文章を入力する

まず最初に文書スタイルを設定し、文章を入力していきます。文書スタイルは、「きまるスタイル」を利用します。きまるスタイルでは、あらかじめ用意されている「ビジネス文書」「会報・チラシ」「本・冊子」「原稿・レポート」などのスタイルを選んで、適用することができます。

1-1 きまるスタイルで本文の書式を設定する

今回の作例では、A4縦置き横書きの一般的なスタイルを使用します。用紙2枚に企業情報を収めるため、文字量が多めでマージンの少ない設定を選びます。スタイルが設定できたら、文章を入力していきましょう。

「きまるスタイル」で文書スタイルを設定する

1 ツールバーの［用紙や字数行数の設定（文書スタイル）］の右にある▼をクリックして、［きまるスタイル］を選択します。

2 ［きまるスタイル］ダイアログボックスが開くので、カテゴリーから［ビジネス文書］を選択します。

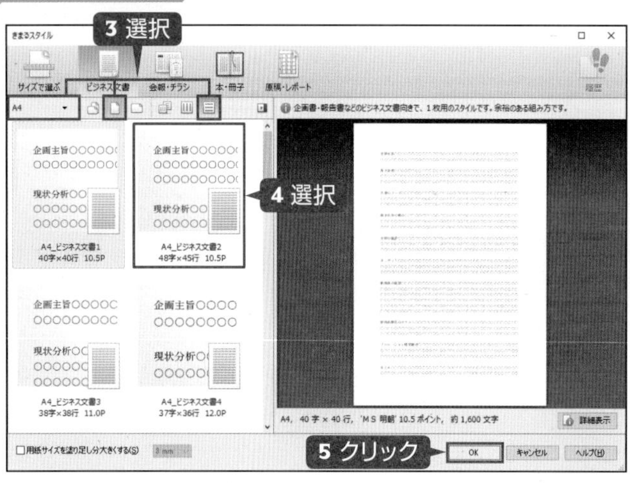

3 用紙で[A4]を、用紙の方向で[縦方向]を、文字組で[横組]を選択します。

4 [A4_ビジネス文書2]を選択します。

5 OK をクリックします。

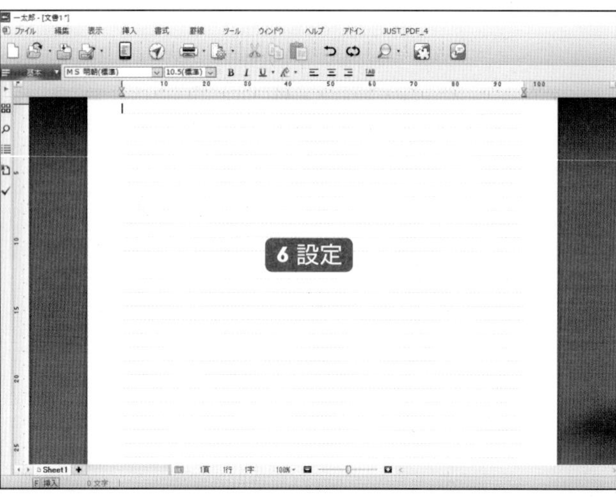

6 選択した文書スタイルが設定されました。

HINT ページ番号を付けたい場合は

［用紙や字数行数の設定（文書スタイル）］をクリックし、［ページ／ヘッダ・フッタ］タブの［ページ番号］の［位置］で［中央下］などを選びます。

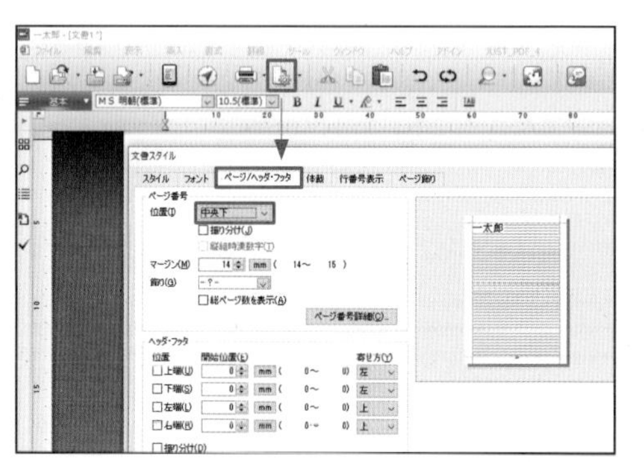

文章を入力する

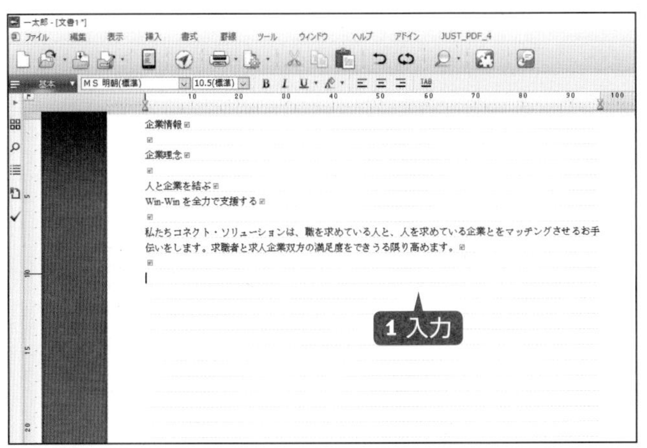

1 企業情報を入力していきます。

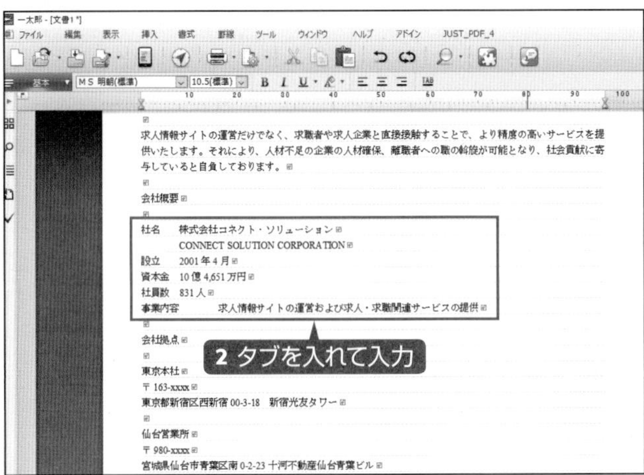

2 企業概要の部分はあとで罫線表にするので、項目と項目の間にタブを入れて入力しておきます。

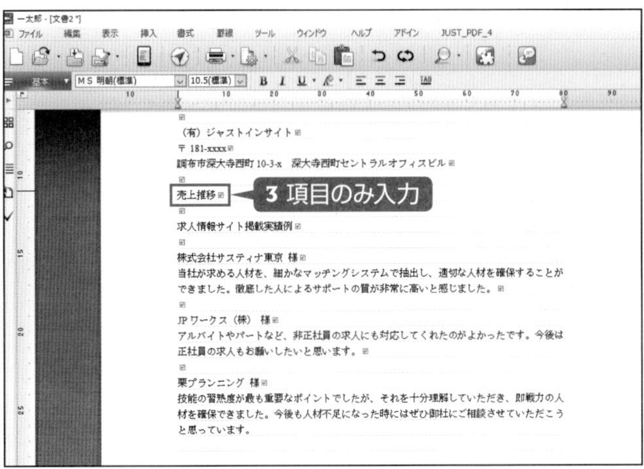

3 「売上推移」の項目はあとでグラフを挿入するので、項目のみ入力しておきます。

1 - 2 段落スタイルを設定する

タイトルや項目に段落スタイルを設定しましょう。任意の1つに段落スタイルを設定すれば、ほかの見出しはワンクリックで同じ飾りを付けることができます。また、あとで変更したい場合も、まとめて一気に反映できて便利です。

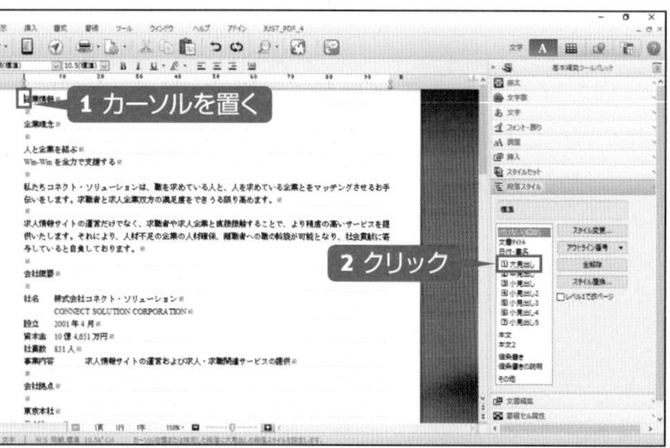

タイトルに段落スタイルを設定する

1 「企業情報」の行にカーソルを置きます。

2 [段落スタイル]パレットの[大見出し]をクリックします。

MEMO ここでは[大見出し]を設定していますが、[文書タイトル]を設定してもかまいません。

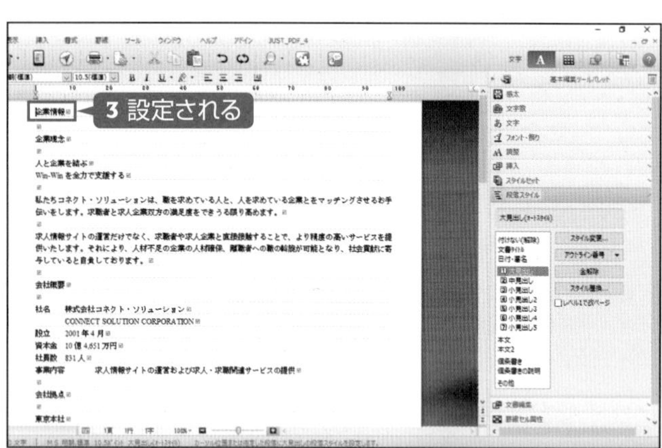

3 カーソルのある段落に[大見出し]の段落スタイルが設定されます。

MEMO 以前に設定した書式が適用されます。あとで変更するので、どのような書式になっていても問題ありません。

HINT 日付・署名は右寄せに

[段落スタイル]で[日付・署名]を設定すると、右寄せになります。

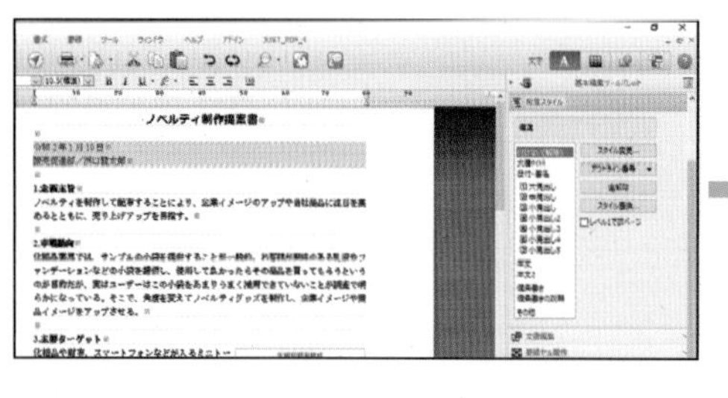

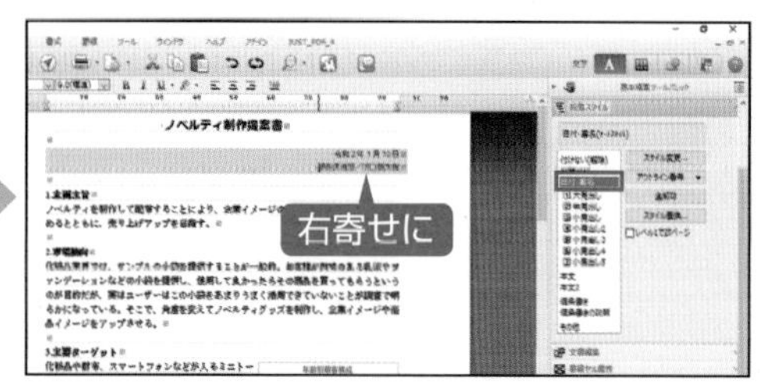

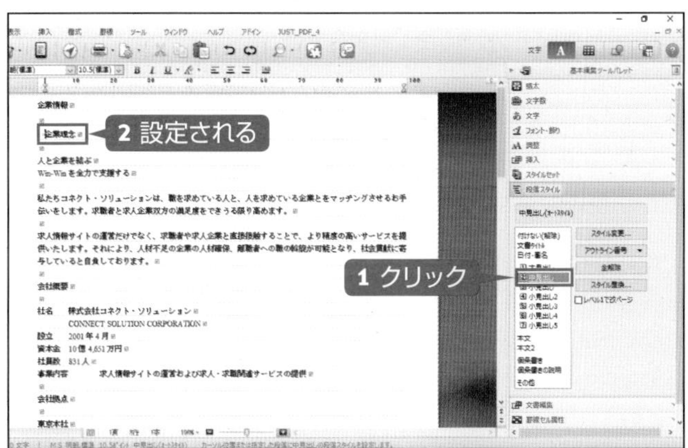

中見出しに段落スタイルを設定する

1. 「企業理念」の行にカーソルを置き、[段落スタイル] パレットの[中見出し] をクリックします。

2. [中見出し] の段落スタイルが設定されます。

> **MEMO**
> 「会社概要」「会社拠点」などの見出しにも同じように[中見出し] の段落スタイルを設定しておきましょう。

小見出しに段落スタイルを設定する

1. 連結子会社の社名の行にカーソルを置き、[段落スタイル] パレットの[小見出し] をクリックします。

2. [小見出し] の段落スタイルが設定されます。

> **MEMO**
> もう1つの社名と、求人情報サイト掲載実績例の3つの社名、企業理念の「人と企業を結ぶ」「Win-Winを全力で支援する」の部分にも小見出しを設定しておきましょう。

1-3 スタイルセットで書式デザインを設定する

段落スタイルを設定したら、次は書式デザインを設定します。スタイルセットを利用すれば、文書全体を統一感のあるデザインにできます。あらかじめ段落スタイルを設定しているので、その設定に合わせて自動的にスタイルをセットできます。

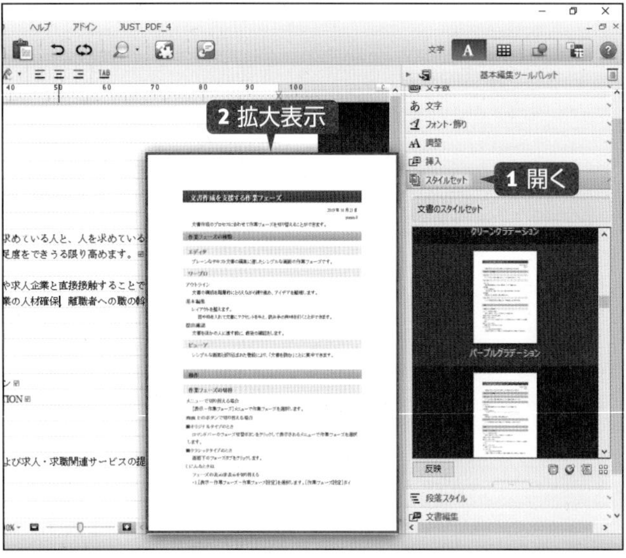

スタイルセットを選択する

1. [スタイルセット] パレットを開きます。
2. デザインの上にマウスポインターを重ねると、拡大表示して確認できます。

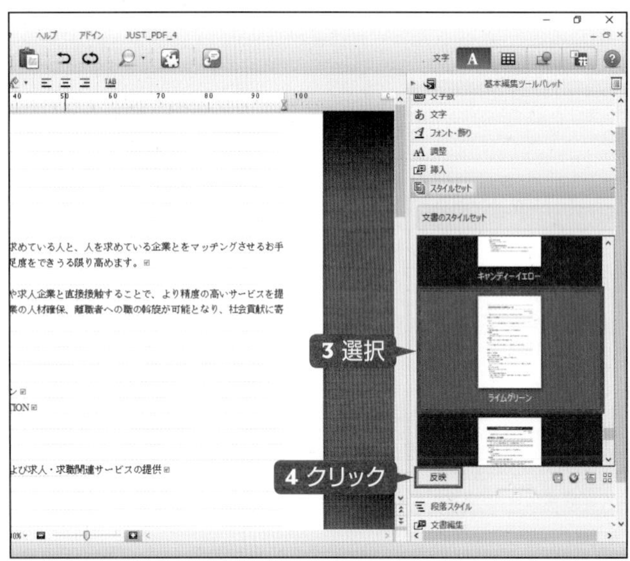

3. 使いたいデザインを選択します。ここでは、[ライムグリーン] を選択しています。
4. 反映 をクリックします。

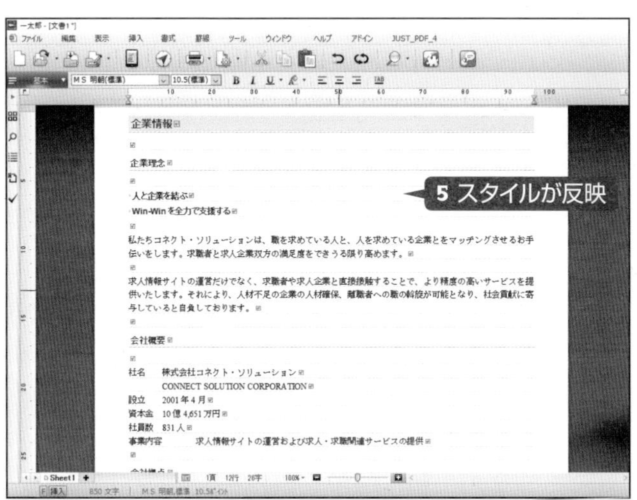

5 スタイルセットで選択したデザインが、文書に設定されました。

スタイルセット名のみを表示する

初期状態ではサムネイルの上にマウスポインターを重ねると拡大表示して確認できるようになっていますが、スタイルセット名のみを表示することもできます。スタイルセット名のみの表示にすると、一度にたくさんのスタイルセット名を確認できます。マウスを動かす距離が短くて次々と拡大表示できるので便利です。

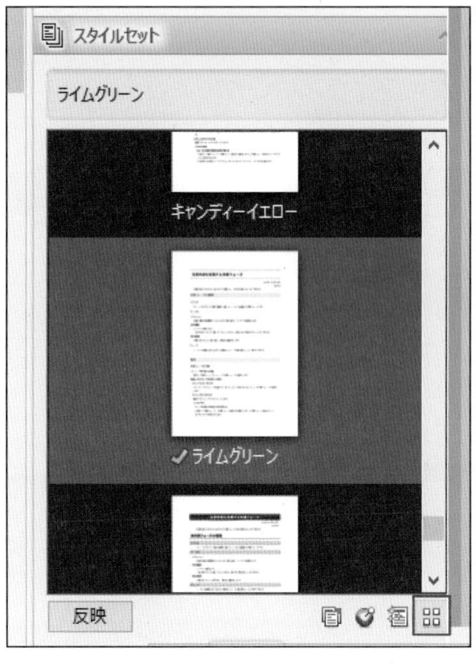

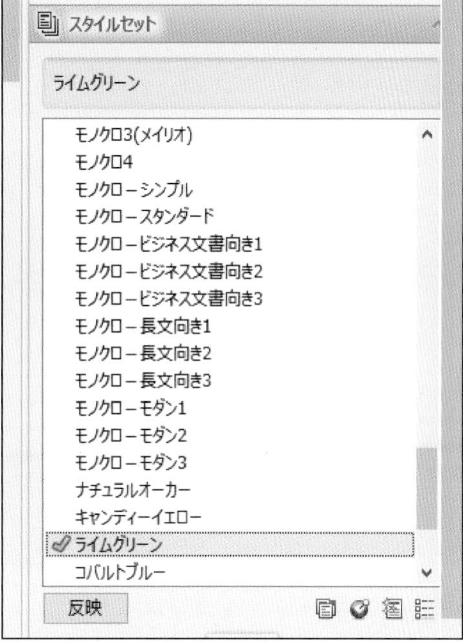

大見出しのスタイルを変更する

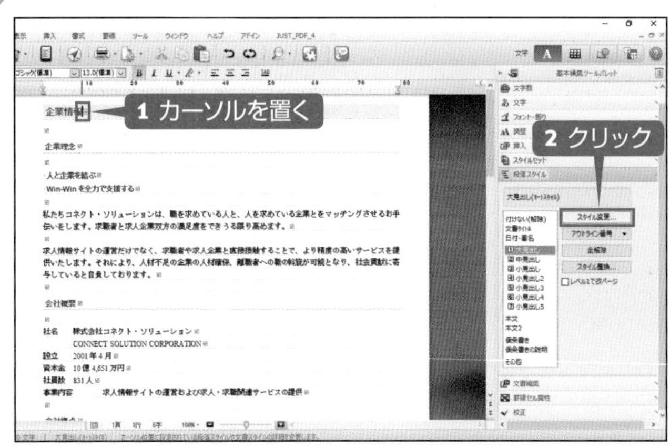

1 大見出しを設定した行にカーソルを置きます。

2 スタイル変更 をクリックします。

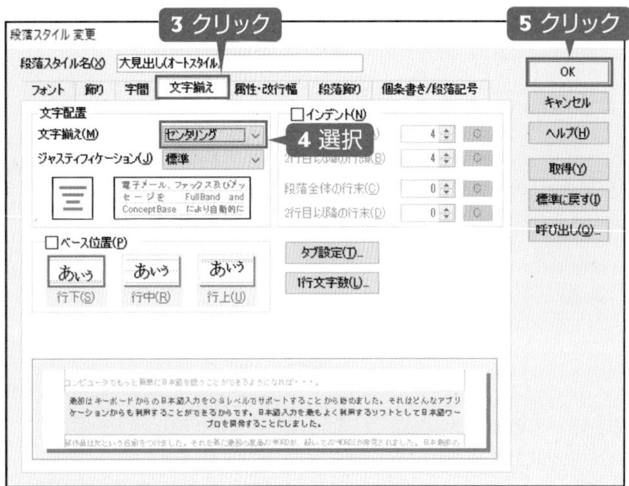

3 [文字揃え] タブをクリックします。

4 [文字配置] の [文字揃え] で [センタリング] を選択します。

5 OK をクリックします。

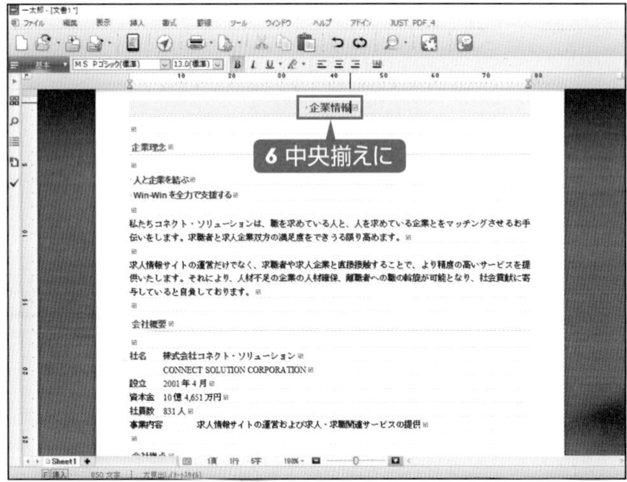

6 大見出しの文字が中央揃えになります。

中見出しのスタイルを変更する

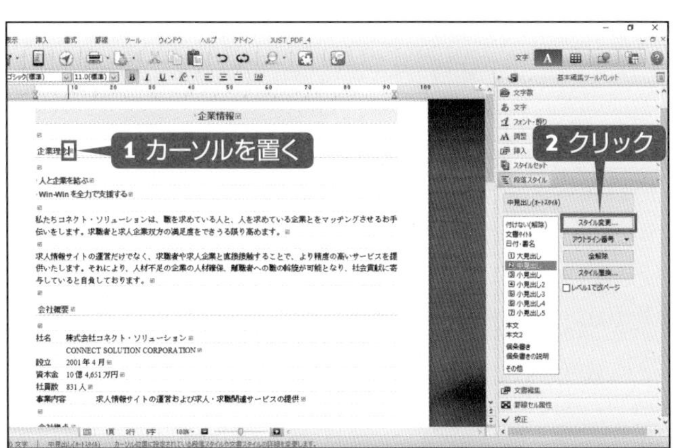

1 中見出しを設定したいずれかの行にカーソルを置きます。

2 スタイル変更 をクリックします。

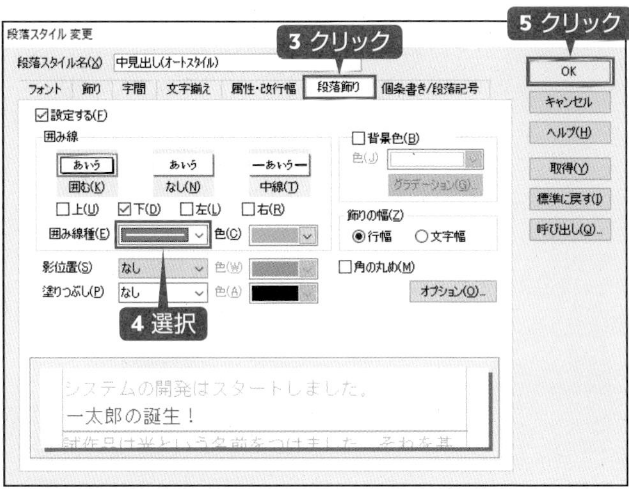

3 [段落飾り] タブをクリックします。

4 [囲み線種] で1つ太めの線を選択します。

5 OK をクリックします。

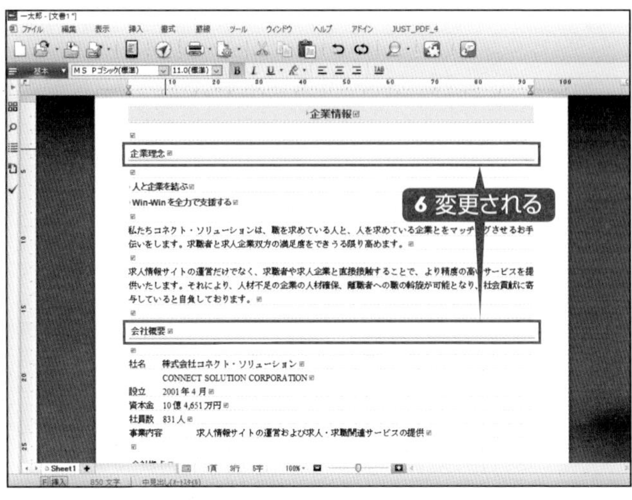

6 すべての中見出しが一括で変更されます。

段落スタイルを設定せずにスタイルセットを適用する

見出しの行頭に数字や記号を付けておくと、一太郎が自動的に解析して簡単にスタイルをセットできます。

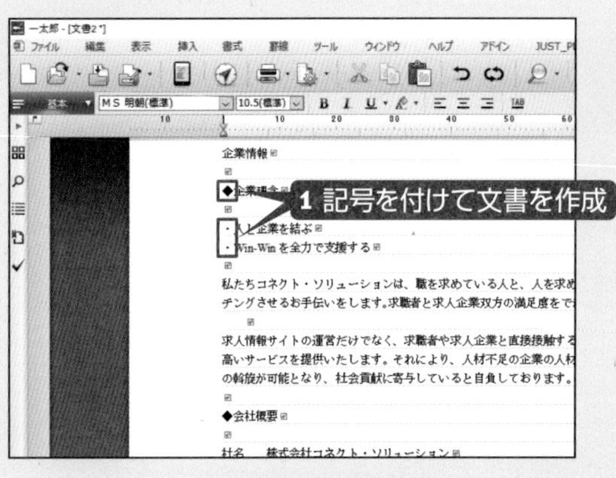

1 中見出しには「◆」を、小見出しには「・」を付けて文書を作成します。

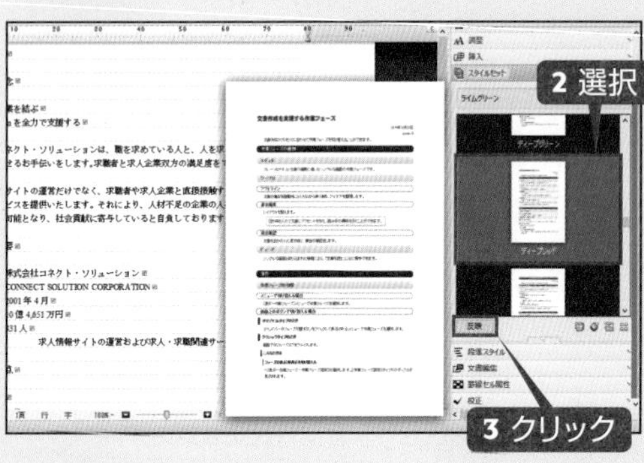

2 ［スタイルセット］パレットで好みのスタイルセットを選択します。イメージがプレビュー表示されます。ここでは［ディープレッド］を選択しています。

3 反映 をクリックします。

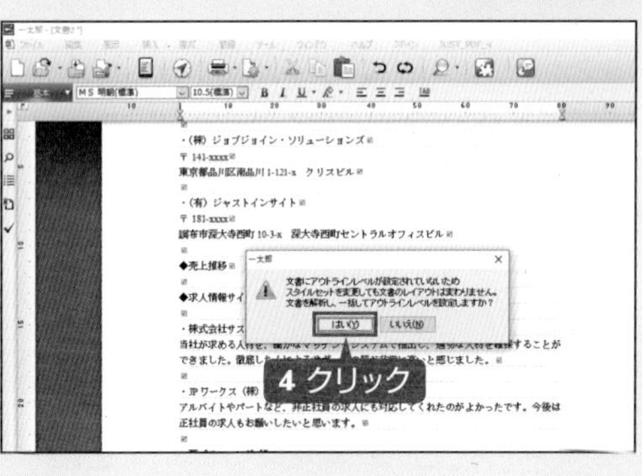

4 自動的に解析する旨のメッセージが表示されるので はい をクリックします。

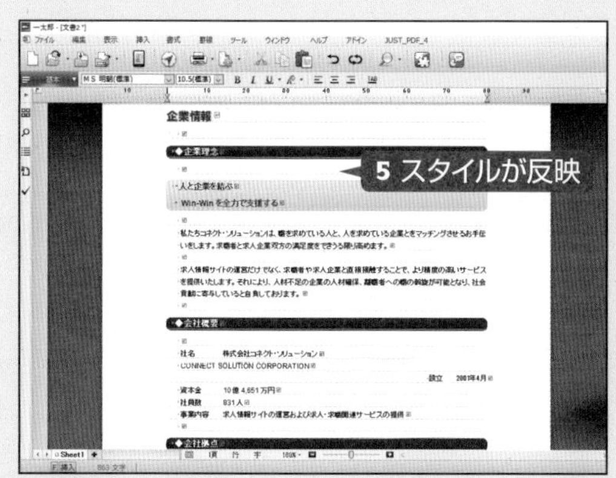

5 スタイルセットで選択したデザインが、文書に反映されました。

6 想定していたデザインがうまく設定されたなった個所があった場合は、段落スタイルを変更します。段落スタイルを変更したい行にカーソルを置きます。

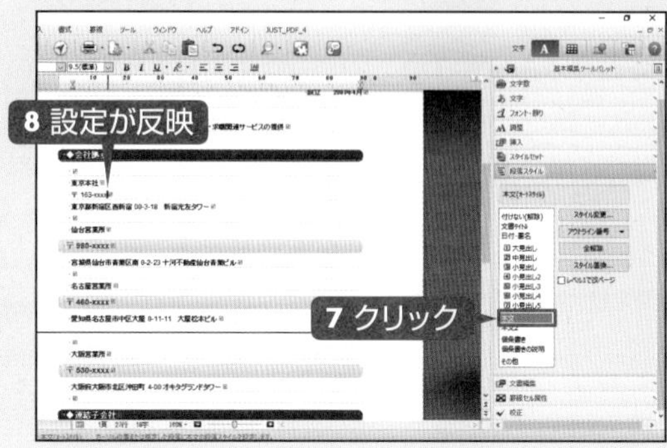

7 設定したい段落スタイルを選択します。ここでは[本文]をクリックします。

8 段落スタイルの変更が反映されました。

MEMO ほかにも想定と異なるデザインが設定された個所があったら、変更しておきましょう。

2 データを見やすく表にまとめる

罫線で囲むと見やすくなる部分は表形式にしましょう。一太郎は、罫線機能が充実していて、自由自在に描けるのが特長です。すでに入力されている文字列を自動で表にする機能もあります。今回はその機能を使って表を作成します。

2-1 文字列から罫線表を作成

表にしたい項目をタブやカンマで区切っておくと、データ区切りを正しく認識して自動で罫線表を作成することができます。この機能を利用すると、文字を入力してから罫線表を作成するので、文字の長さに合わせて横幅を決めることができます。

文字列を罫線表に変換する

1 表にしたい行の範囲を指定します。

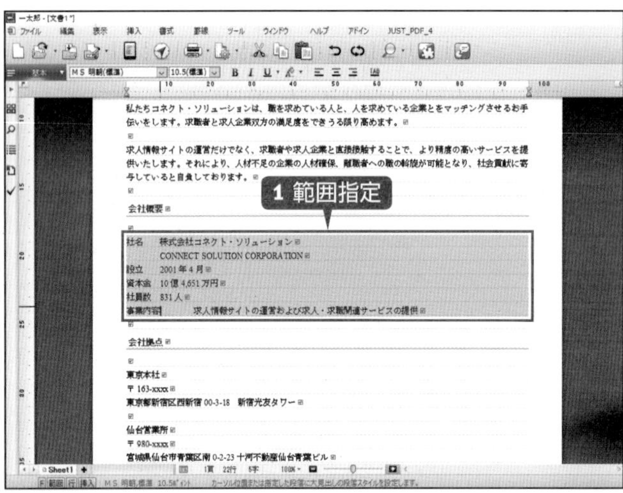

2 ［罫線－表作成－文字列を罫線表に変換］を選択します。

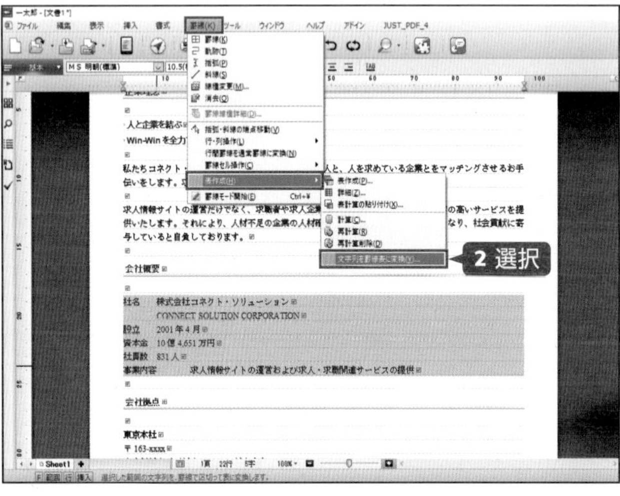

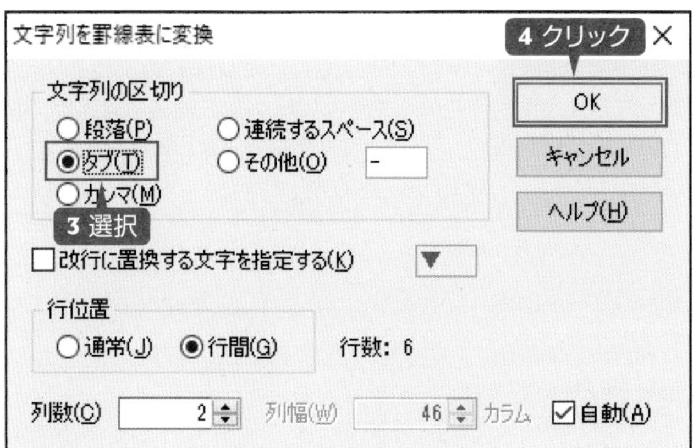

3 [文字列を罫線表に変換] ダイアログボックスが開きます。[文字列の区切り] で[タブ] を選択します。

4 OK をクリックします。

自動的に行数と列数を認識してくれます。[自動] のチェックボックスをオフにすると、列数や列幅を任意に設定できます。

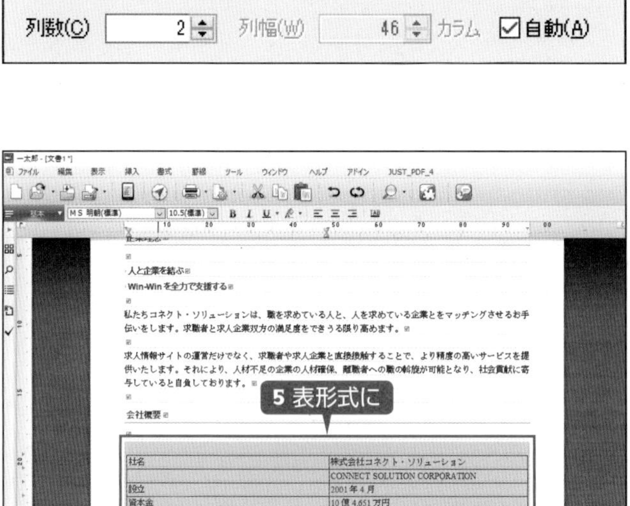

5 選択した行が表形式になります。

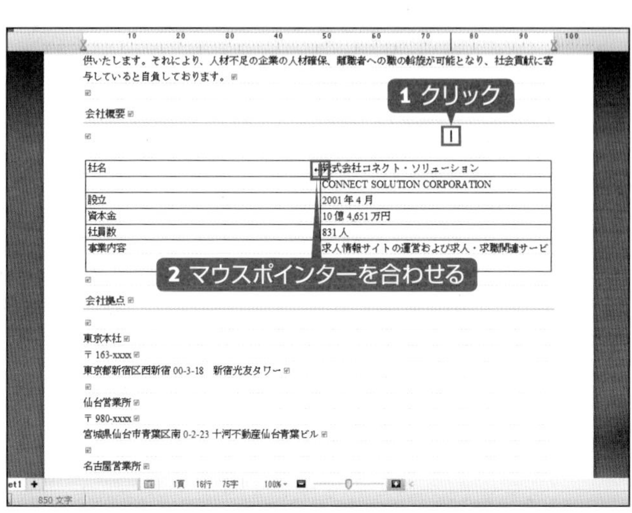

セルの幅を変更する

1 表以外の場所をクリックして選択を解除します。

2 セル幅を変更したいセルの右端にマウスポインターを合わせます。ここでは1列目のセルの右側にマウスポインターを合わせます。マウスポインターの形状が両矢印に変わります。

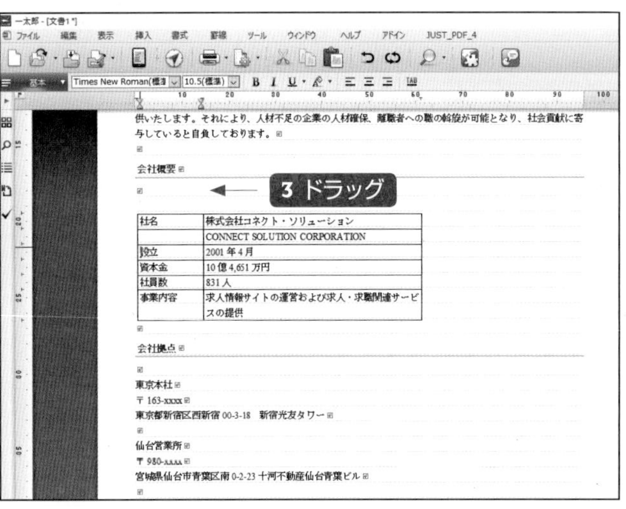

3 幅を狭くしたい場合は左方向に、広くしたい場合は右方向にドラッグします。ここでは、幅を狭くしたいので左方向にドラッグします。

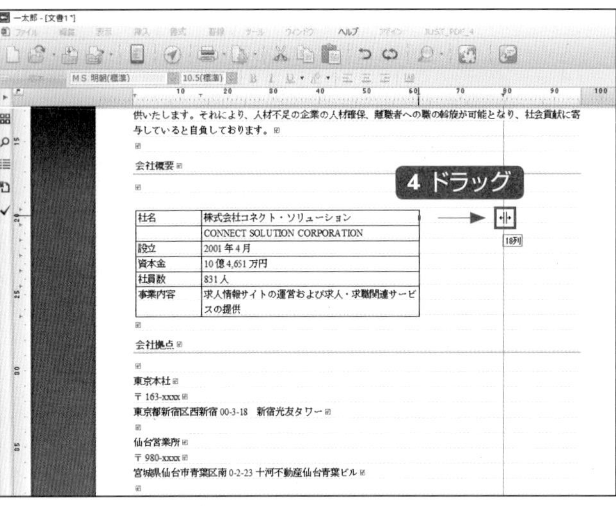

4 2列目の右端にマウスポインターを合わせ、最後の行が1行に収まるように右方向にドラッグします。

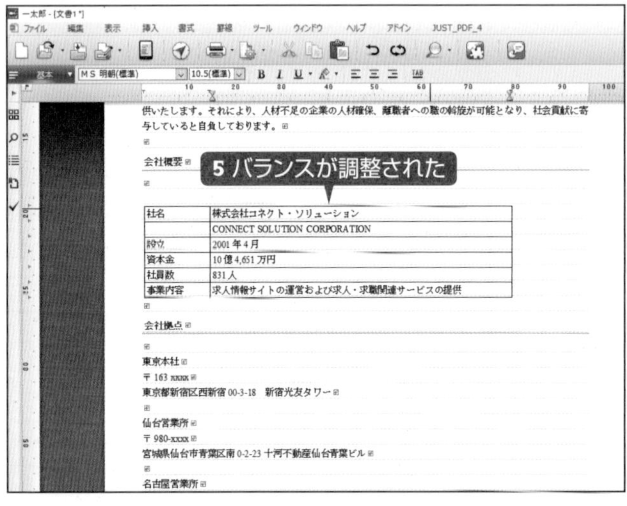

5 これでバランスの良い表になりました。

罫線表の位置を調整する

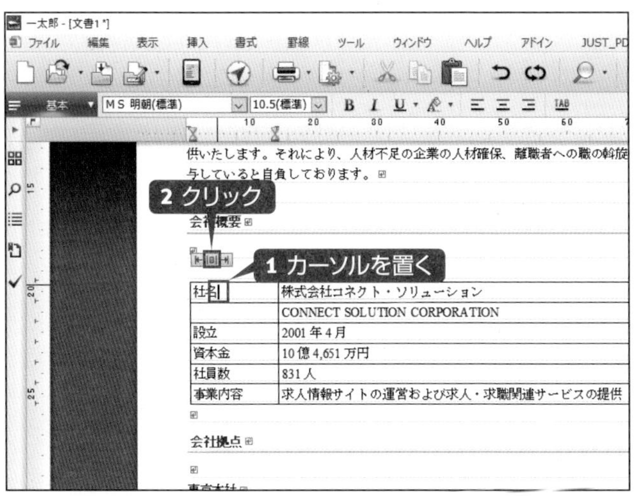

1 罫線内にカーソルを置きます。

2 罫線表の左上にアイコンが表示されるので、中央の [罫線表を中央に寄せる] をクリックします。

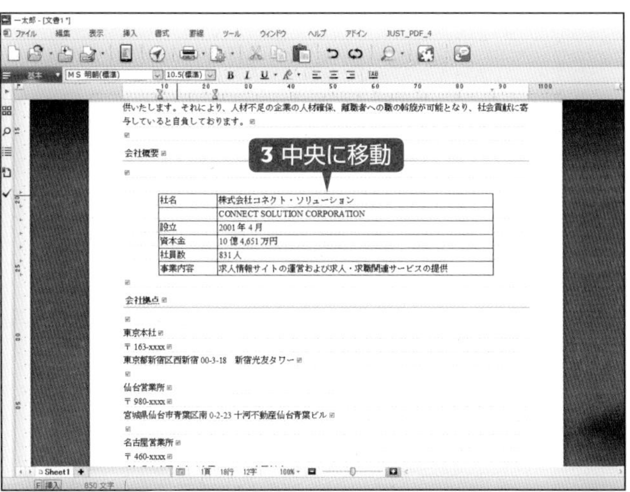

3 罫線表が中央に移動しました。

MEMO

左のアイコンをクリックすると左寄せ、右のアイコンをクリックすると右寄せになります。

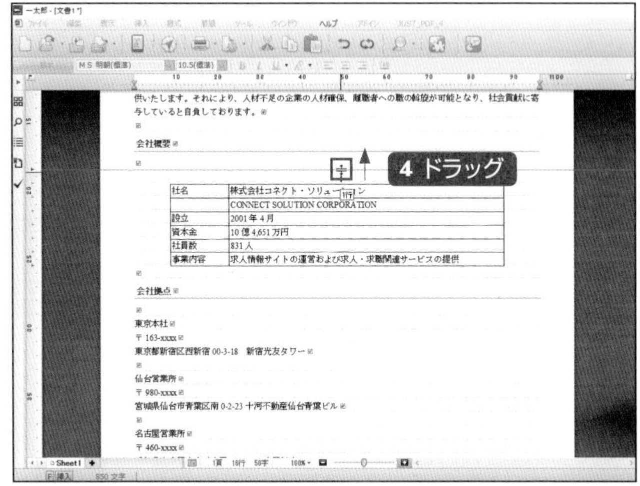

4 罫線表の上の線にマウスポインターを合わせ、ポインターが両矢印の形状に変化したところで上にドラッグして1行分上に移動しておきます。

MEMO

左の線にマウスポインターを合わせ、ポインターが両矢印の形状に変化したところでドラッグすると、左右に移動できます。

2-2 罫線をアレンジする

文字から罫線表を作成し、セル幅や位置の調整ができたら線を太くしたり不要な線を消去したりして体裁を整えましょう。外枠や、項目と内容の区切り線を太くするとより視認性が向上します。

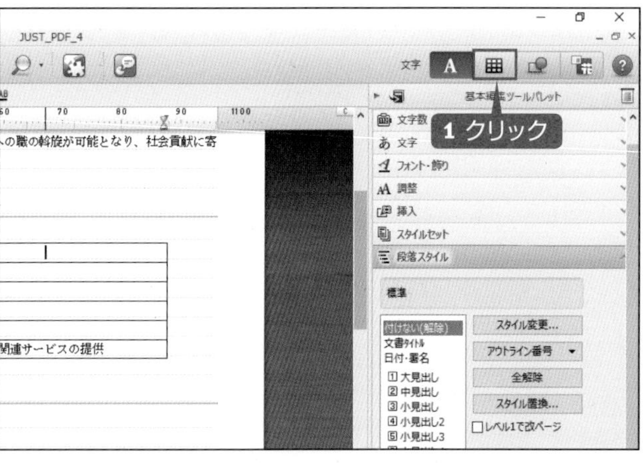

不要な罫線を消去する

1 ツールバーの［罫線開始/終了］をクリックします。

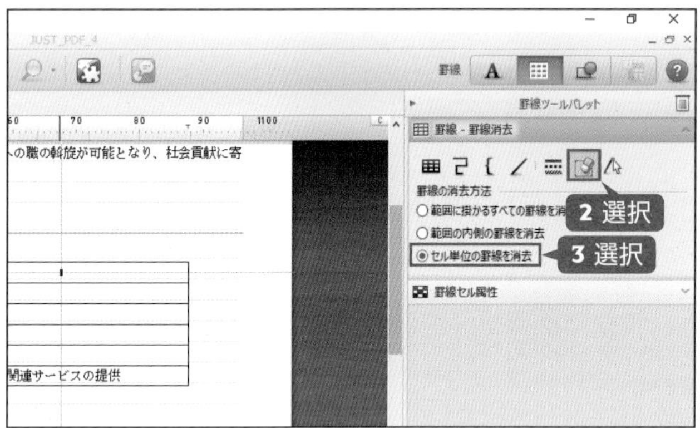

2 罫線モードになります。［罫線］パレットの［罫線消去］を選択します。

3 ［セル単位の罫線を消去］を選択します。

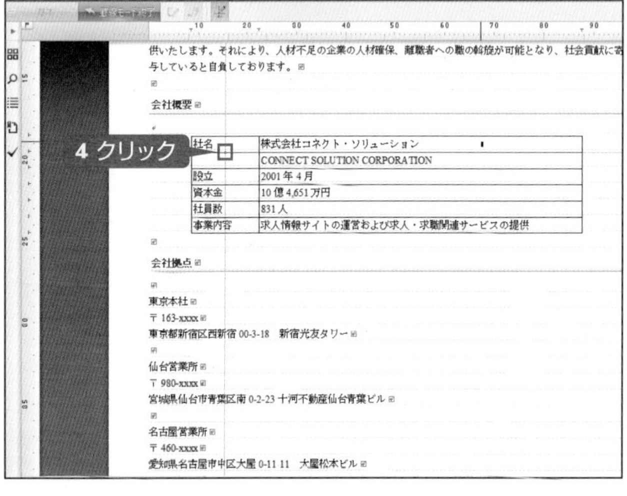

4 社名の日本語表記と英語表記の間の罫線を消去します。「社名」の下の横罫線をクリックします。

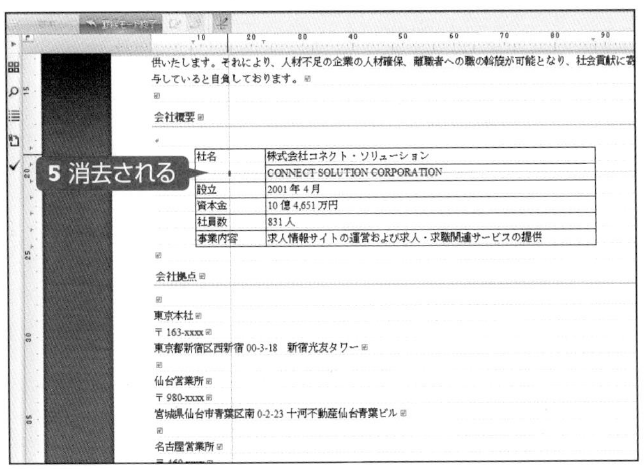

5 「社名」の下の罫線が消去されます。

MEMO 同じように日本語表記と英語表記の間の横罫線もクリックして不要な罫線を消去しておきましょう。

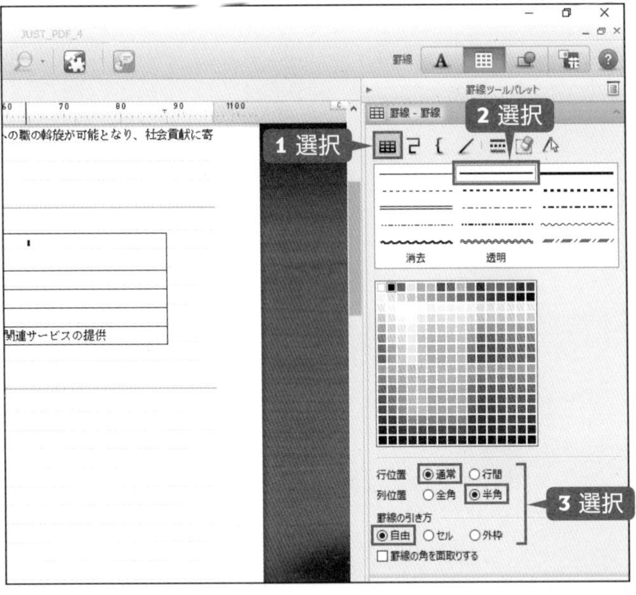

外枠を太い線にする

1 ［罫線］パレットの ［罫線］を選択します。

2 線の種類を選択します。ここではひとつ太い線を選択しています。

3 線の色は「黒」、行位置は「通常」、列位置は「半角」、罫線の引き方は「自由」を選択します。

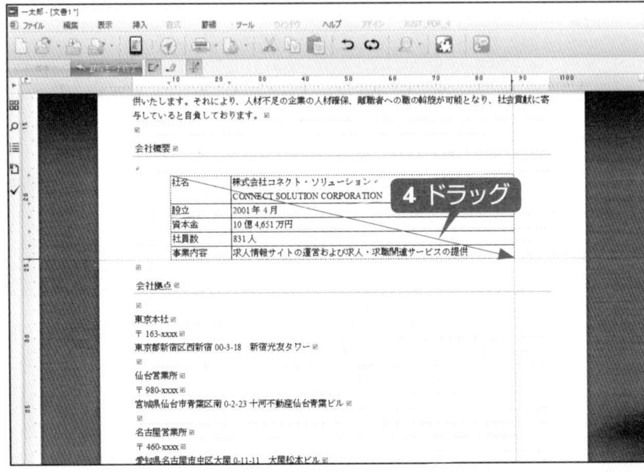

4 表の左上から右下に、外枠をなぞるようにドラッグします。

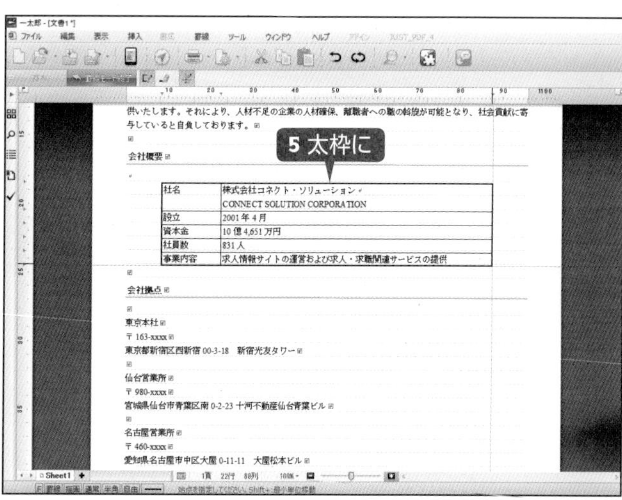

5 外枠が太枠になりました。

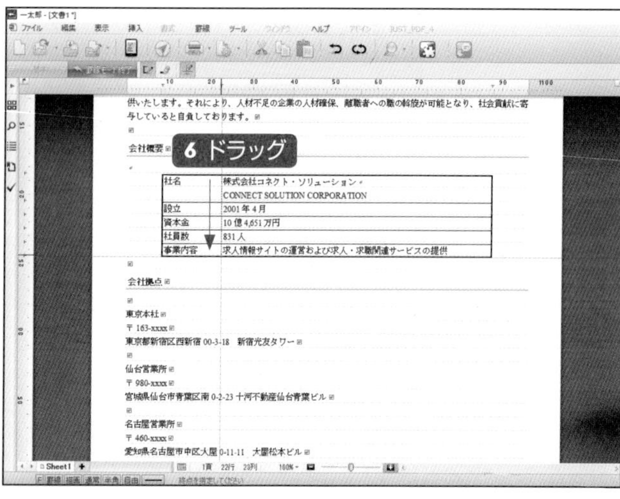

6 中の縦罫も太線にしておきましょう。上から下に線をなぞるようにドラッグします。

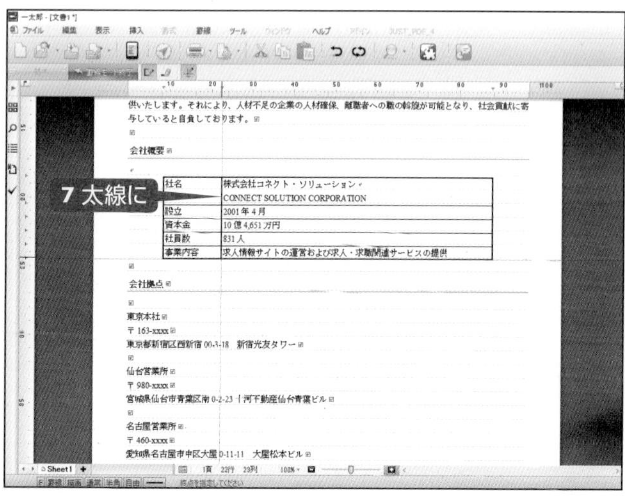

7 縦罫も太線になりました。

MEMO 設定が終了したら再度 [罫線] をクリックして文字入力モードに戻しておきましょう。

2-3 罫線表に書式を設定する

罫線がアレンジできたら、さらに見た目を整えましょう。項目列に背景色を設定したり、文字揃えを調整したりします。企業情報文書なので、カラフルな色は付けず、グレーを使います。文字を2行の中央に配置する裏ワザも紹介します。

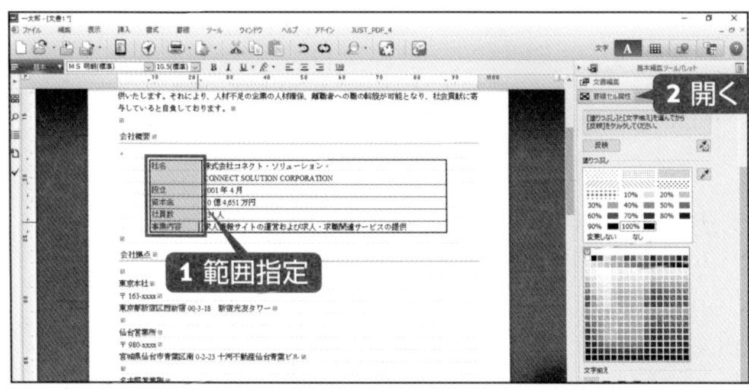

文字揃えと塗りつぶしを設定する

1. 文字揃えや塗りつぶしを設定したいセルを範囲指定します。
2. [罫線セル属性] パレットを開きます。

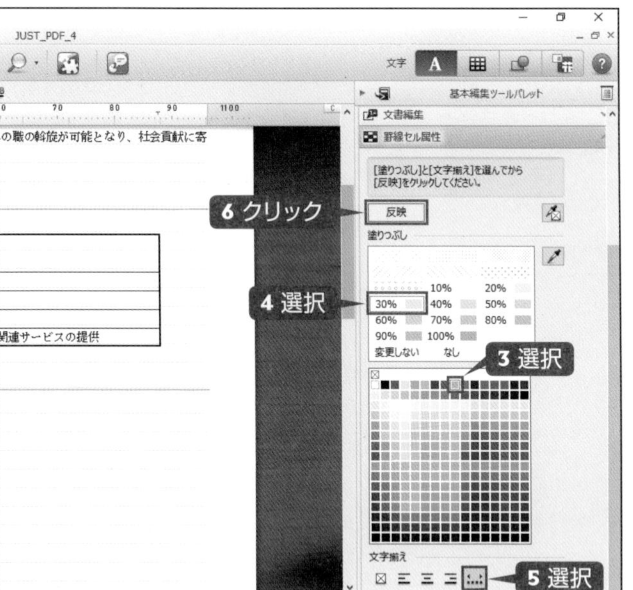

3. 塗りつぶしの色を選択します。ここではグレーを選択しています。
4. [塗りつぶし] のパターンを選択します。ここでは濃度30%を選択しています。
5. [文字揃え] から [均等] を選択します。
6. 反映 をクリックします。

7. 選択中のセルに、文字揃えと塗りつぶしの設定が反映されます。

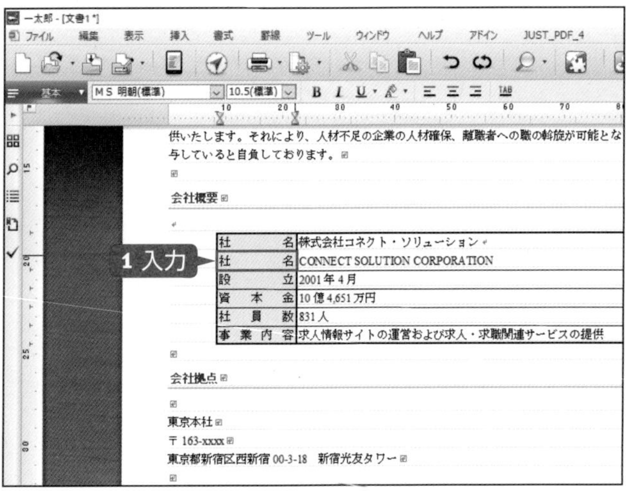

「社名」の文字を2行の中央に配置する

1 英語の企業名の左横にも「社名」と入力します。

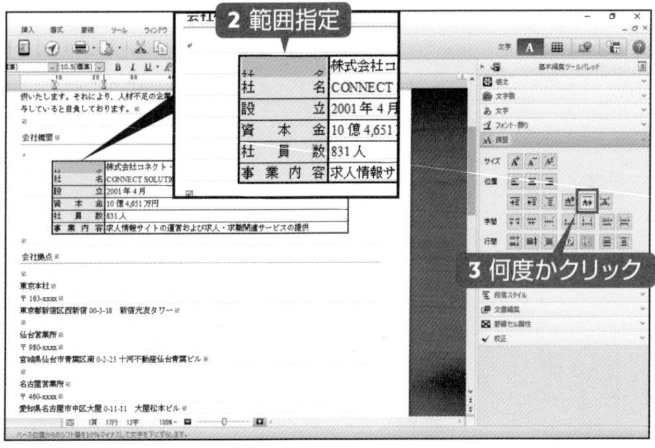

2 上の「社名」をドラッグして範囲指定します。

3 [調整]パレットの [文字を下にずらす]を何度かクリックし、文字の下半分が隠れる程度にします。

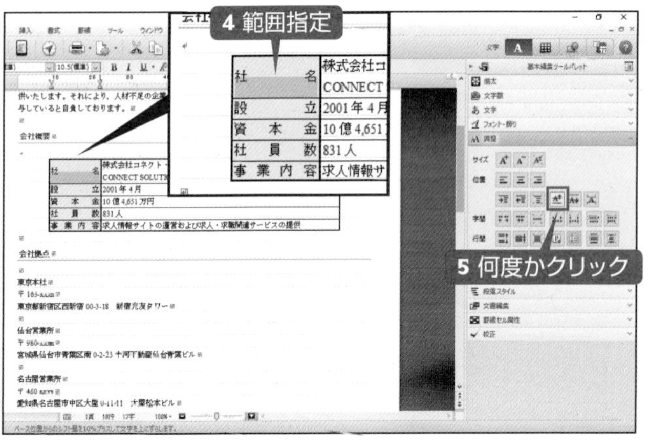

4 下の「社名」をドラッグして範囲指定します。

5 [文字を上にずらす]を何度かクリックし、ちょうど上の「社名」と重なるようにします。これで、2行の文字列がピッタリ重なって2行の中央に文字を配置したように見せることができました。

MEMO 何もないところをクリックして範囲選択を解除しておきましょう。

3 写真やイラストを挿入する

企業イメージを表す写真やイラストを挿入しましょう。また、売上推移のグラフも挿入します。一太郎には豊富な写真やイラストが用意されています。これらを活用して文書をより効果の高いものに仕上げていきましょう。

3-1 イメージに合った画像を挿入する

「感太」には、さまざまなイメージ写真やイラスト、ことばが用意されています。検索してイメージに合った画像を挿入しましょう。文章とのバランスを取るために画像を拡大縮小したり、枠の基準を設定したりしましょう。

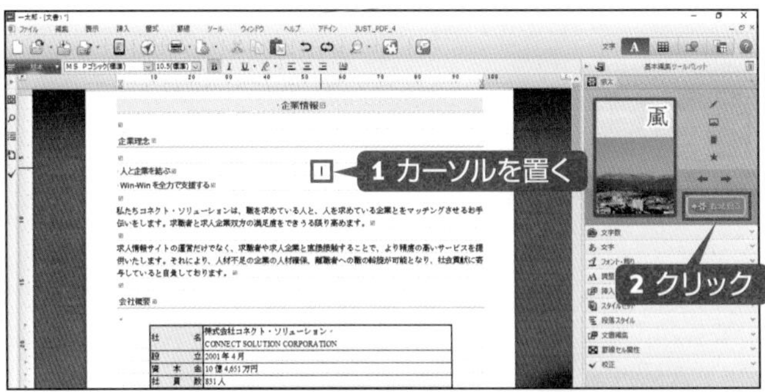

検索して画像を挿入する

1. 写真を挿入したい位置にカーソルを置きます。
2. ［感太］パレットの［感太を起動します］をクリックします。
3. 感太が起動するので、［検索］をクリックします。
4. キーワード入力欄に検索ワードを入力します。ここでは「絆」と入力しています。

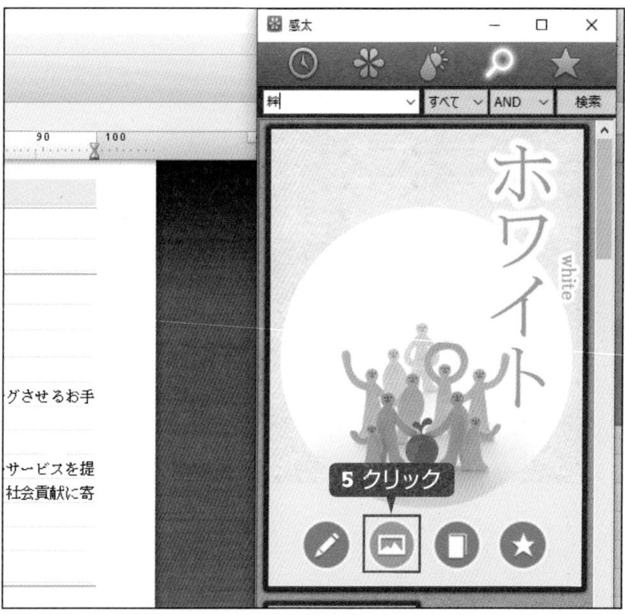

5 検索されたカードからイメージに合ったものをクリックしてメイン表示し、[写真を挿入します]をクリックします。

6 画像が挿入されます。

MEMO
[感太]ダイアログボックスの右上の [閉じる]をクリックして感太を終了しておきます。

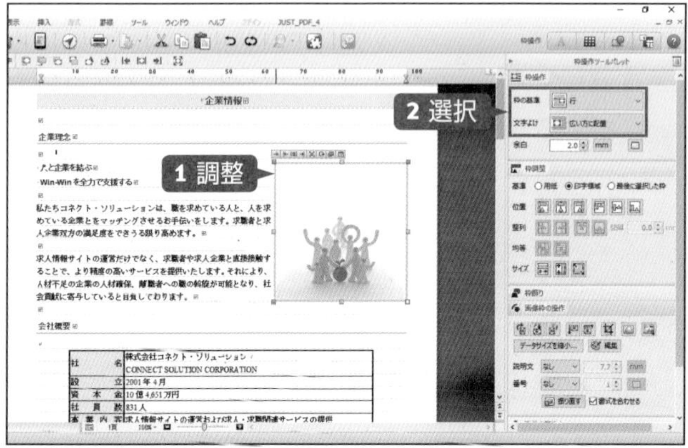

枠の大きさや位置を整える

1 枠の周囲の■をドラッグしてサイズを調整し、枠をドラッグして位置を調整します。

2 [枠操作]パレットの[枠の基準]で[行]を、[文字よけ]で[広い方に配置]を選択します。

MEMO
データサイズが気になる場合は、[画像枠の操作]パレットの[データサイズを縮小]をクリックして、低めの解像度に変更しておきましょう。

3-2 グラフを挿入する

「一太郎2020 プラチナ [35周年記念版]」には、「JUST Calc 4 /R.2」という表計算ソフトが同梱されています。このソフトを使って作ったグラフを一太郎に貼り付けましょう。「JUST Calc 4 /R.2」は、Excelとの互換性が高く、Excel形式のファイルの読み込みや保存ができます。もちろん、本ソフトで表やグラフを作成することも可能です。

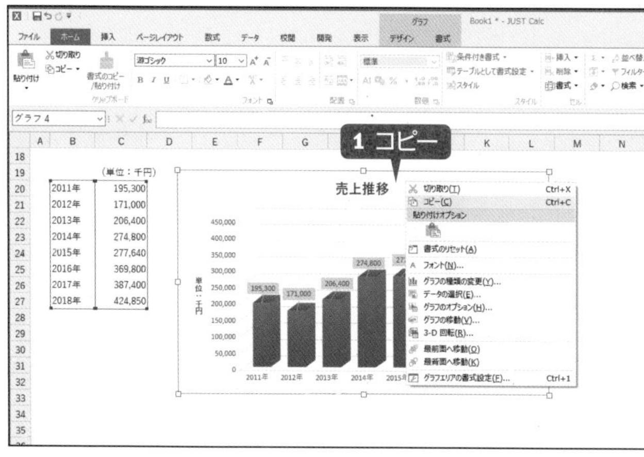

グラフを貼り付ける

1 「JUST Calc 4 /R.2」で作成したグラフをコピーします。

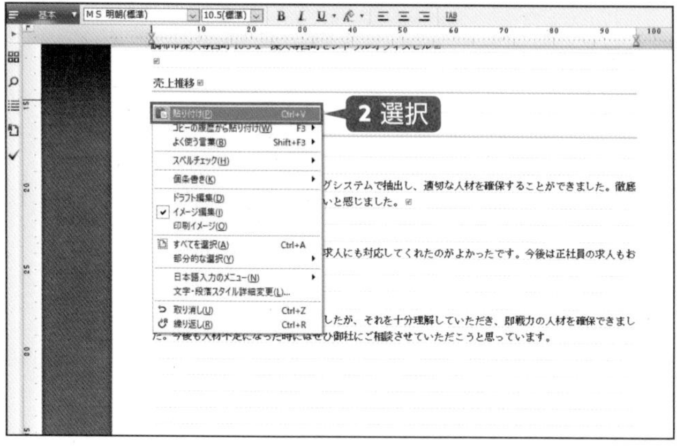

2 「売上推移」のタイトル下をクリックし、右クリックして「貼り付け」を選択してグラフを貼り付けます。

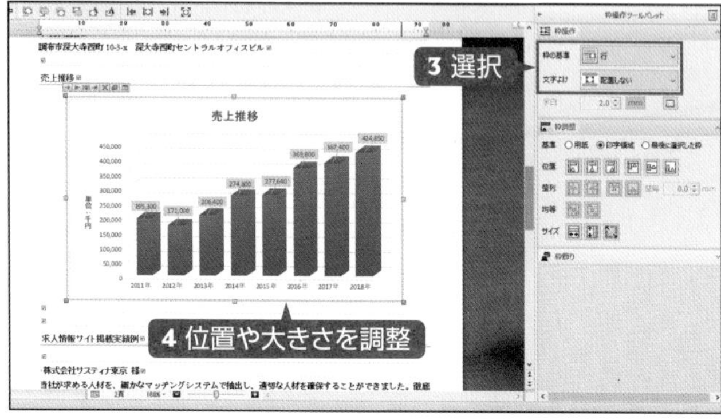

3 [枠操作] パレットの[枠の基準]は[行] を、[文字よけ] は [配置しない] を選択します。

4 位置や大きさを調整します。

MEMO グラフは、Excelなど他の表計算ソフトで作ったものでも同様に挿入することが可能です。

4 文書を確認して精度を上げる

書類ができたら、文書校正機能で誤字脱字や表記が正しいかどうかをチェックします。公式文書は、特に入念に校正をしておくと安心です。また、文書全体のイメージを確認して、スタンプを挿入しておきましょう。

4-1 文書校正で誤りをチェックする

配布する前に文書を校正しましょう。一太郎2020では、住所表記のゆれをチェックできます。政令指定都市や県庁所在地の都道府県名は省略するなど、ルールを選択して実行します。また、法人名称の表記が、「株式会社」なのか、「(株)」といった漢字略語なのかをチェックできるようになりました。ビジネス文書や公用文などの表記を整えるのに役立ちます。

校正内容を設定する

1 [校正パレット]の [オプション]をクリックします。

2 メニューから[文書校正の設定]を選択します。

MEMO 文書校正は、ビューアフェーズ以外のフェーズで実行できます。

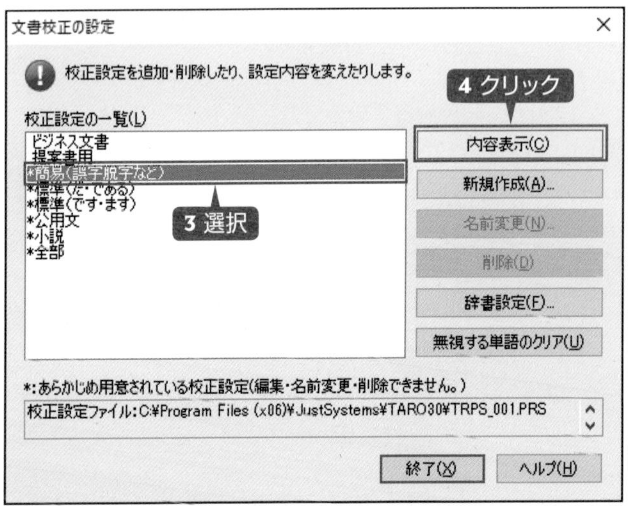

3 [校正設定の一覧]で[簡易(誤字脱字など)]を選択します。

4 内容表示 をクリックします。

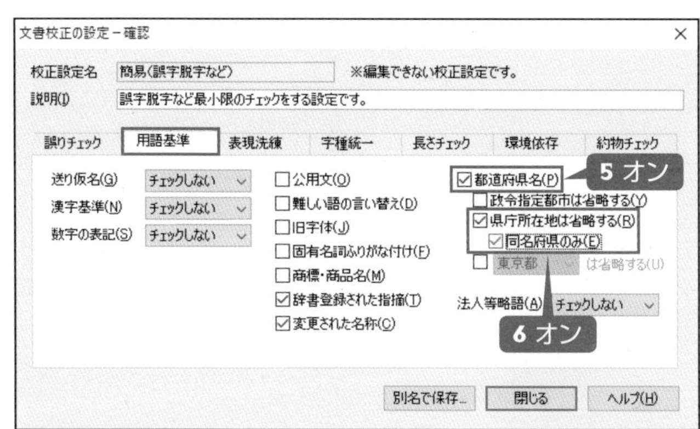

5 ［用語基準］タブで［都道府県名］のチェックをオンにします。

6 ［県庁所在地は省略する］と［同名府県のみ］のチェックをオンにします。

7 選択

8 クリック

7 ［法人等略語］で［名称］を選択します。

8 別名で保存 をクリックします。

> **MEMO** ［誤りチェック］タブや［表現洗練］タブで自分がチェックしたい項目をオンにします。

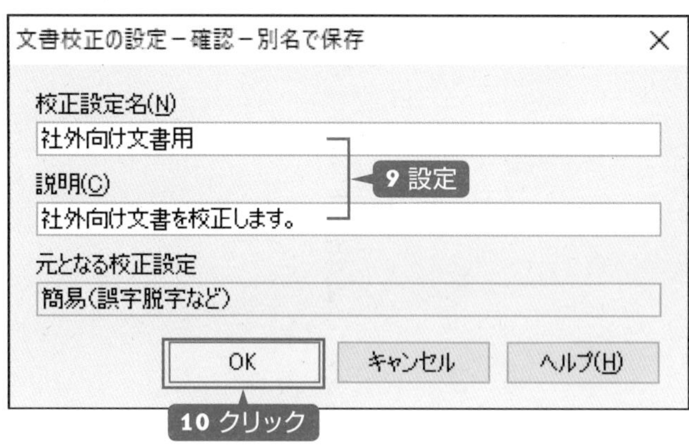

9 ［校正設定名］と［説明］を設定します。ここでは、［校正設定名］に［社外向け文書用］、［説明］に［社外向け文書を校正します。］と設定しています。

10 OK をクリックします。

> **MEMO** ［文書校正の設定］ダイアログボックスに戻るので、終了 をクリックして閉じておきます。

設定を新規で作成したり削除したりする

いちから設定したい場合は［文書校正の設定］ダイアログボックスで 新規作成 を選択します。また、登録した校正設定を削除したい場合は 削除 をクリックすると削除できます。

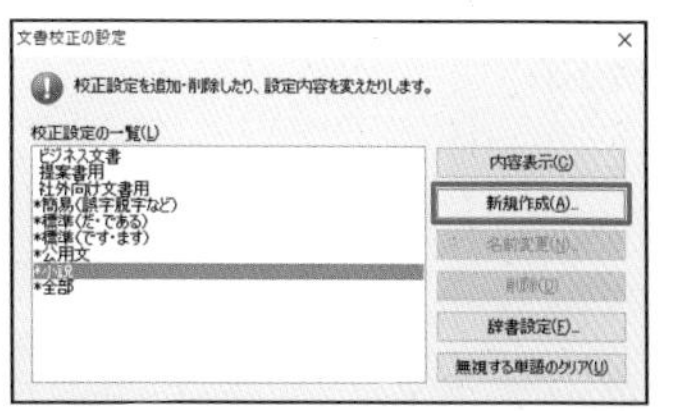

文書校正を実行する

1. 文書校正の種類を選択します。先ほど登録した[文書校正：社外向け文書用]を選択します。
2. 実行 をクリックします。

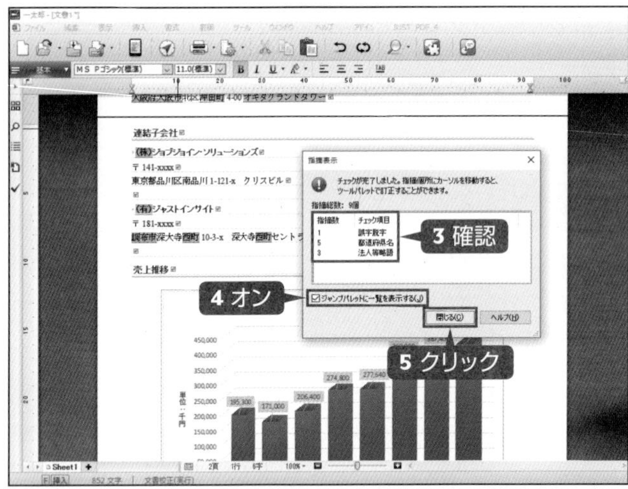

3. 文書校正の実行が完了したら、中央に表示されるダイアログボックスで指摘を確認します。
4. [ジャンプパレットに一覧を表示する]がオンになっていることを確認します。
5. 閉じる をクリックします。

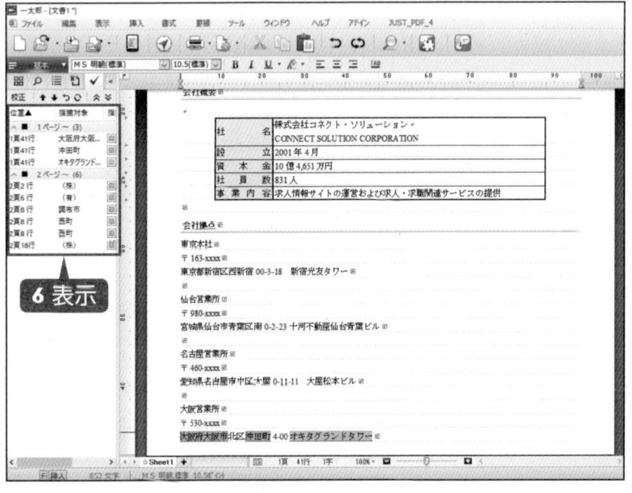

6. ジャンプパレットに指摘項目が表示されます。

MEMO
指摘が多い場合、指摘を文書の先頭から順に並べたり、同じ種類で並べたりできます（詳細は214ページ）。

指摘個所を修正する

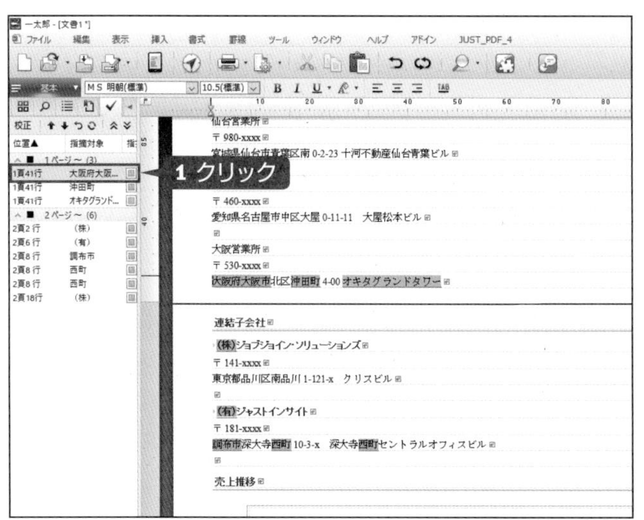

1 修正したい指摘個所をジャンプパレットでクリックします。

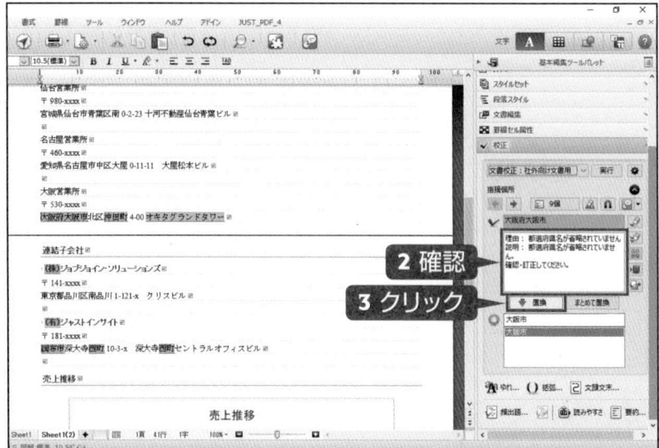

2 [文書校正]パレットで、指摘された理由を確認します。ここでは、県庁所在地であり、同名府県だったため、「大阪府」を省略するよう指摘しています。

3 ![置換] をクリックします。

MEMO
置換候補が複数ある場合は選択します。自分で入力することもできます。

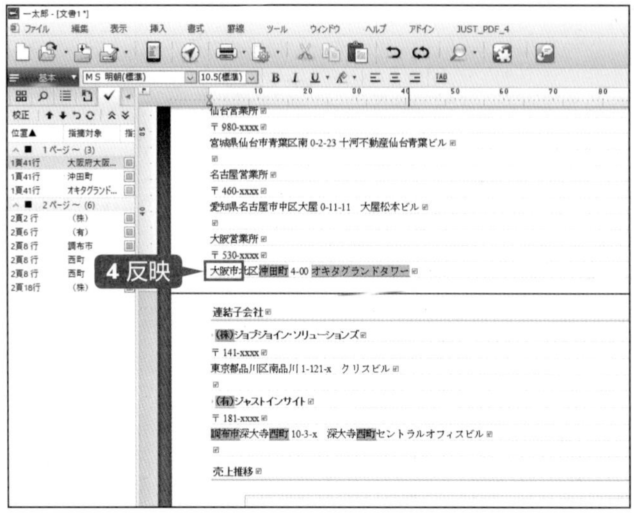

4 修正が反映され、単語が置き換えられました。

MEMO
他の指摘も確認し、修正したいものは修正し、そのままにしたいものは  [マーククリア]をクリックします。法人名がカッコ書きされている場合は、正式名称に置換しておきましょう。

文書校正機能を使いやすくする

文書校正では、固有名詞を辞書登録したり、同じ語句に対して同じ指摘を表示したくないときには [以降無視] を選んだりできます。また、指摘個所を順に確認して修正したい場合は、自動的に次の指摘に移動する設定にもできます。

●固有名詞を単語登録する

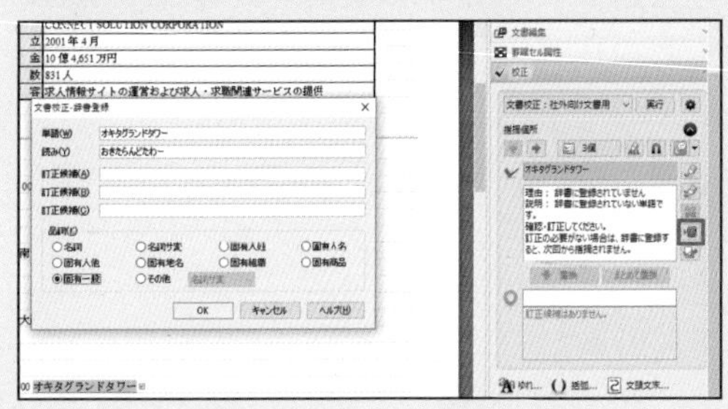

会社名や商品名、ビル名などの固有名詞は、辞書登録しておきましょう。[辞書登録] をクリックし、単語の読みや品詞などを入力します。登録以降は、指摘対象から外れます。

●同じ指摘を以降無視する

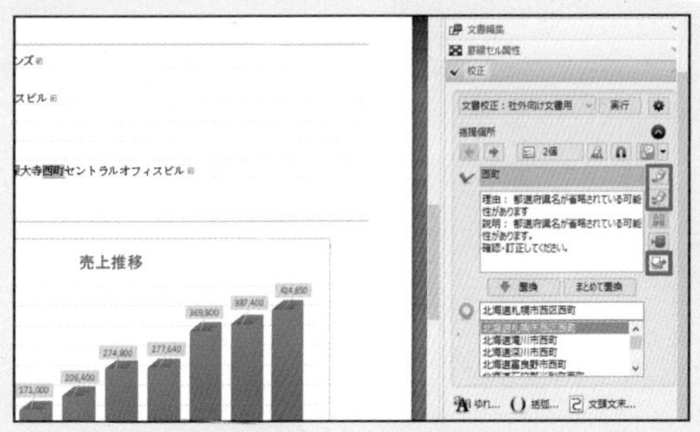

校正中の文書で同じ語句を指摘しない場合は [まとめてマーククリア]、以降の文書でも指摘しない場合は [以降無視]、その語句のみに対して指摘を無視する場合は [マーククリア] を使います。

●自動的に次の指摘に移動する

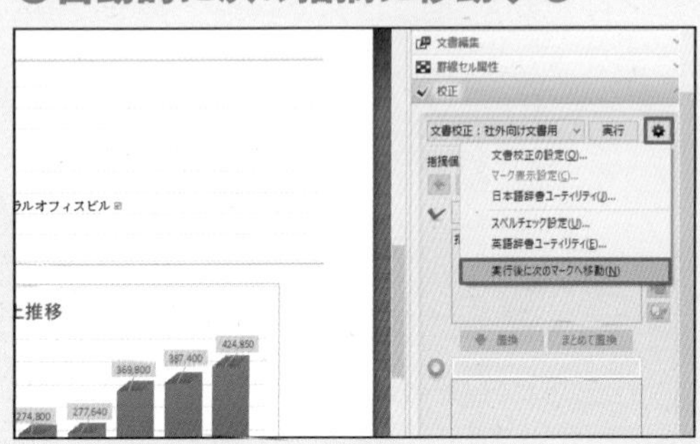

[オプション] をクリックし、[実行後に次のマークへ移動] をクリックしてチェックを付けます。すると、[次のマーク] ボタンを押さなくても自動的に次の指摘が表示されるので、次々と手早くチェックしていくことができます。

表記ゆれチェック

自分史や論文の執筆時、章ごとにシートを分けている場合、シートをまたいで表記ゆれをチェックすることができます。全シートの表記ゆれをまとめて確認でき、修正作業の効率が格段に向上します。また、［表記ゆれ］［文頭文末］［括弧］の結果ダイアログボックスでは、一覧の文字サイズを３段階で切り替えられます。

●全シートを対象に表記ゆれを確認

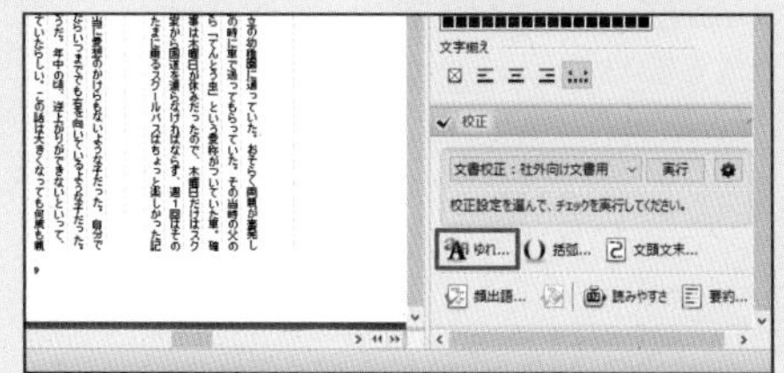

ゆれ... ［文書校正(表記ゆれ)］をクリックします。

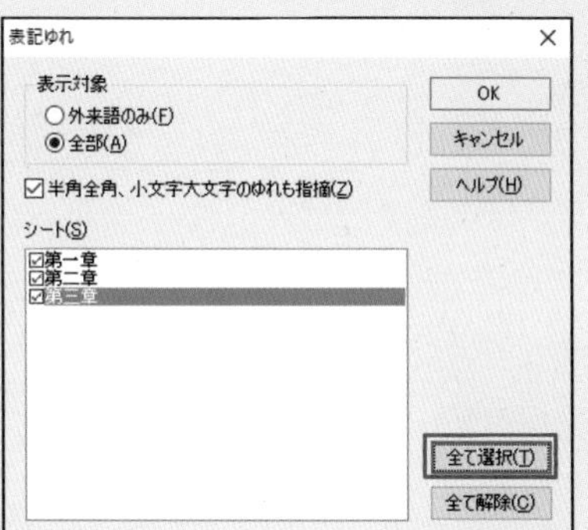

［表記ゆれ］ダイアログボックスで、対象にしたいシートを選択します。全て選択をクリックすると、大量のシートがあってもワンクリックですべてを対象にできます。

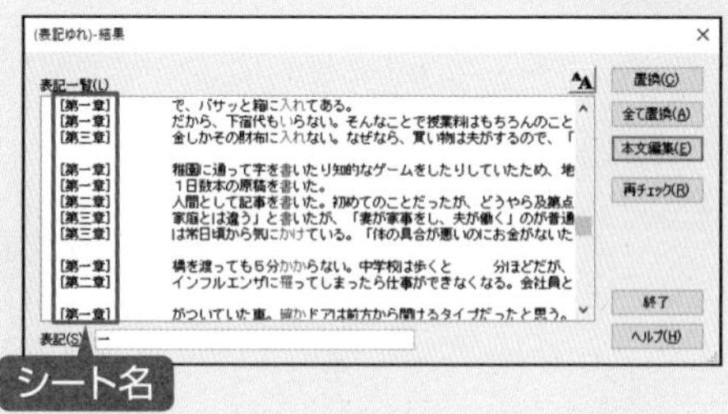

左側に表示されているのがシート名です。

●文字サイズの切り替え

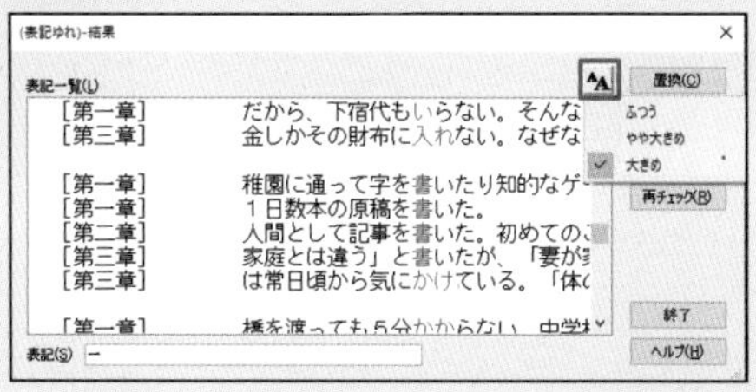

［文字サイズ］をクリックすると、［ふつう］［やや大きめ］［大きめ］から文字サイズを選べます。

4-2 全体のイメージを確認する

通常の編集画面では、画面に行間ラインや改行マーク、枠線などが表示されていて、実際に印刷したときのイメージとは異なります。編集画面タイプを切り替えて、全体のイメージを確認しましょう。

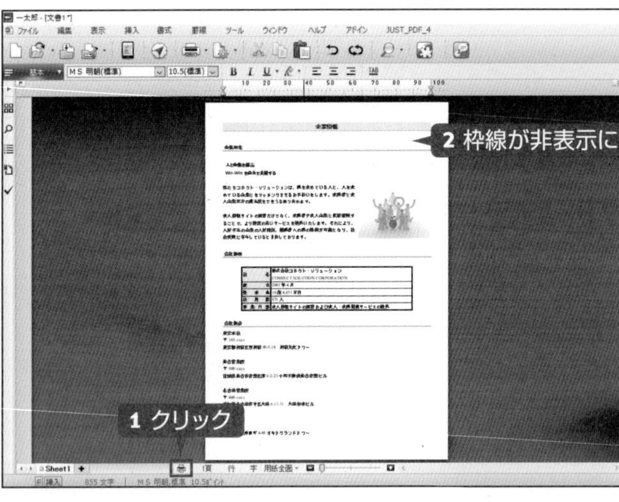

ページのイメージを確認する

1. 画面下部にある [編集画面タイプ切替] をクリックして[印刷イメージ] を選択します。
2. 枠線が表示されなくなり、イメージが確認しやすくなります。

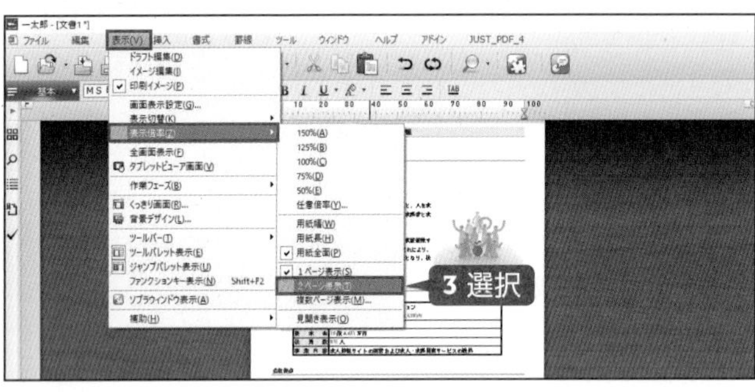

3. [表示－表示倍率－2ページ表示] を選択します。

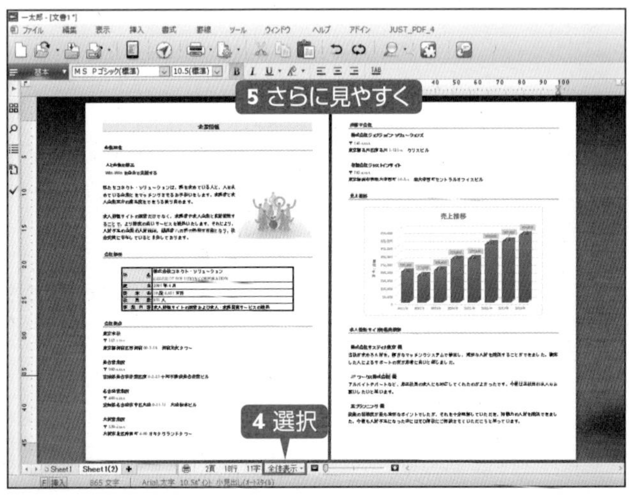

4. 画面下部の倍率表示で [全体表示] を選択します。
5. 2ページがウィンドウいっぱいに表示されてさらに見やすくなります。

4-3 文書にスタンプを挿入する

書類には、スタンプやすかしを入れることができます。公式文書なので、ここでは「原本」というスタンプを入れておきましょう。機密性の高いビジネス文書には「持出禁止」「CONFIDENTIAL」などのすかしを入れるとよいでしょう。

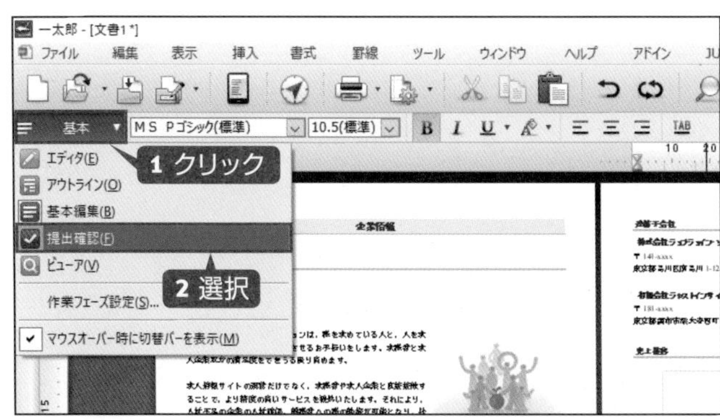

スタンプを入れる

1. コマンドバーの［基本］［作業フェーズの変更］をクリックします。
2. ［提出確認］を選択します。

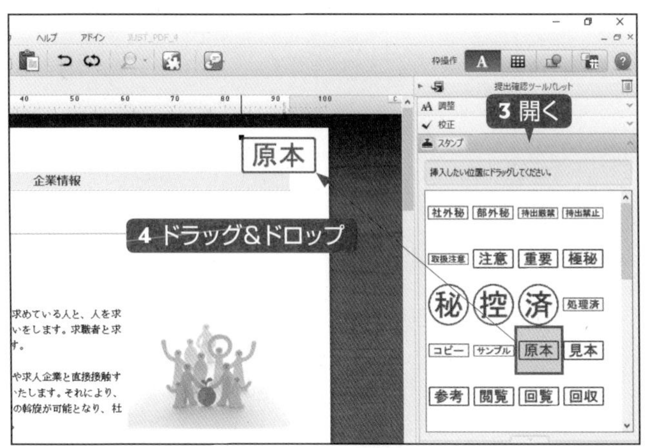

3. ［スタンプ］パレットを開きます。
4. スタンプを貼り付けたい位置までドラッグ&ドロップします。

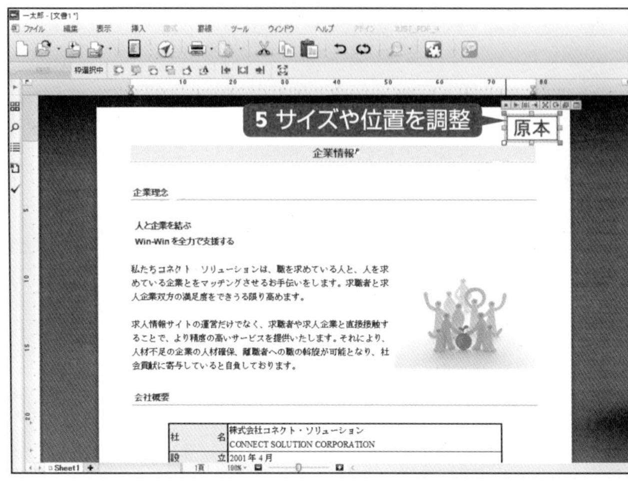

5. 周囲の■マークをドラッグしてサイズを、スタンプをドラッグして位置を調整します。

すかしやパスワードを設定する

すかしやパスワードは、提出確認フェーズのコマンドバーから実行します。重要なビジネス文書に設定しておくとよいでしょう。

●すかしを設定する

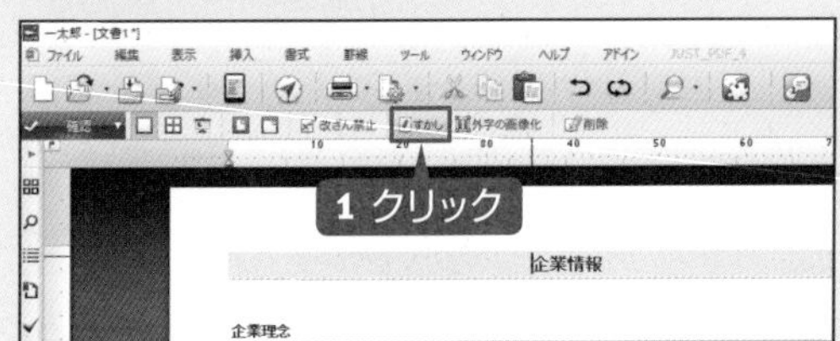

1 コマンドバーの すかし [すかしの設定/解除] をクリックします。

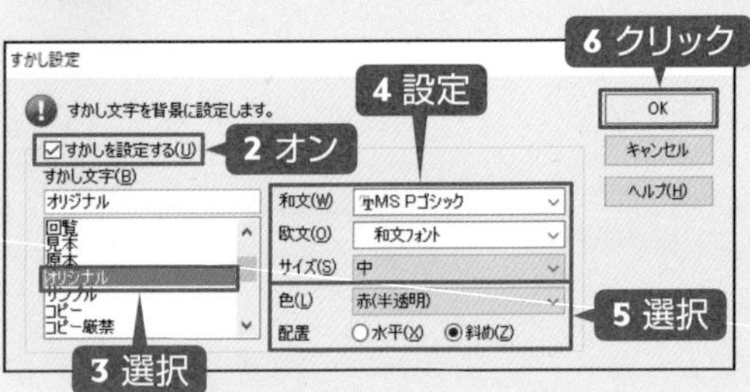

2 [すかし設定] ダイアログボックスが開きます。[すかしを設定する] をオンにします。

3 [すかし文字] で入れたい文字を選択します。

4 フォントの種類やサイズを設定します。

5 [色] と [配置] を選択します。

6 OK をクリックします。

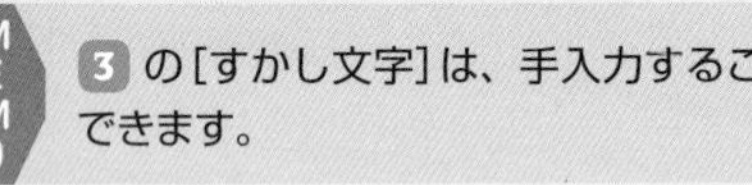

3 の [すかし文字] は、手入力することもできます。

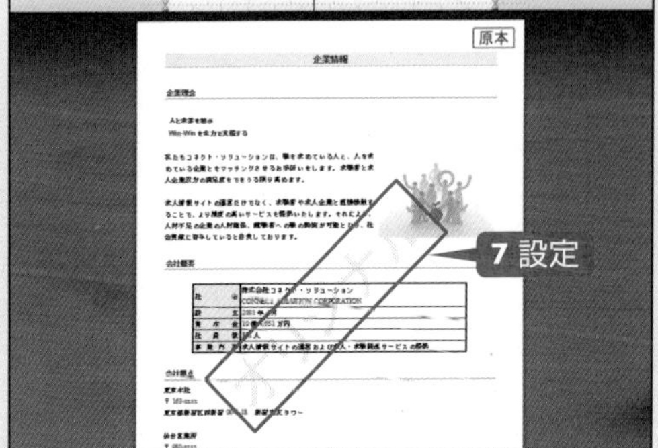

7 ページの背景にすかしが設定されます。

●パスワードを設定する

1 コマンドバーの 改ざん禁止 [文書の改ざんを禁止/解除] をクリックします。

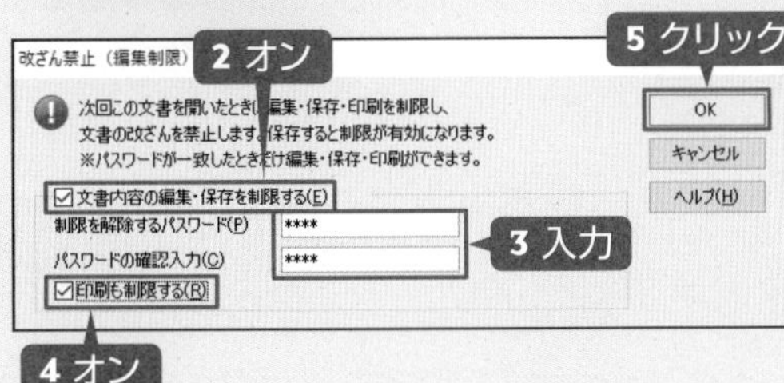

2 [改ざん禁止] ダイアログボックスが開きます。[文書内容の編集・保存を制限する] をオンにします。

3 パスワードを2回入力します。

4 [印刷も制限する] をオンにします。

5 OK をクリックします。このあと、文書を保存して閉じます。次にファイルを開くときから、改ざん禁止の設定が有効になります。

●パスワードを設定したファイルを開く

1 パスワードを設定した文書を開こうとすると、セキュリティが設定されていることを示すメッセージが表示されるので、確認 をクリックします。

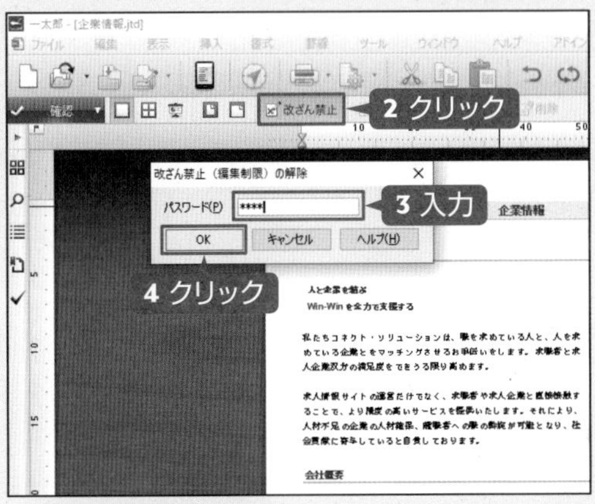

2 文書が開きますが、編集や保存が制限されています。文書を編集したい場合、コマンドバーの 改ざん禁止 [文書の改ざんを禁止/解除] をクリックします。

3 パスワードを入力します。

4 OK をクリックします。これで改ざん禁止が解除され、編集や印刷が可能になります。

一太郎文書をPDF形式で保存する

一太郎文書を、PDF形式で保存することができます。汎用的な形式であるPDFで保存しておくと、社外に配布するときに活用できます。

●PDF形式で保存する

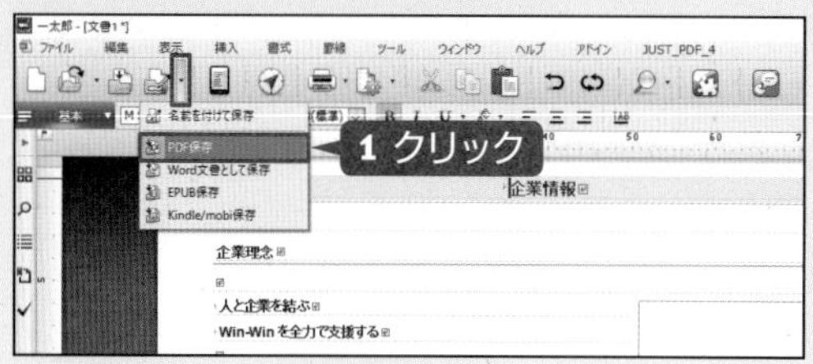

1 ツールバーの [名前を付けて保存] の右にある▼をクリックして、[PDF保存] を選択します。

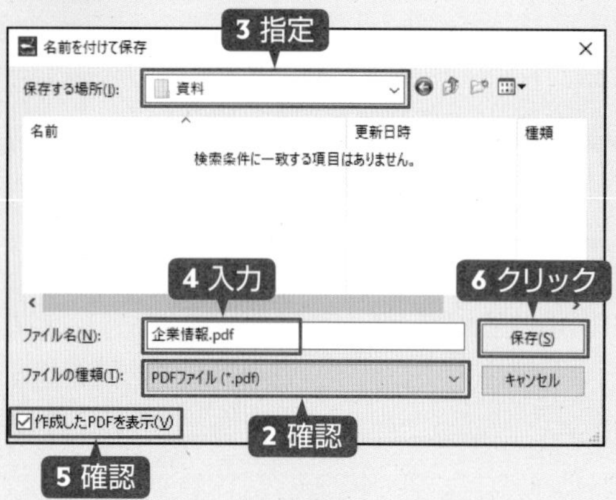

2 [ファイルの種類] が [PDFファイル (*.pdf)] になった状態で [名前を付けて保存] ダイアログボックスが開きます。

3 保存する場所を指定します。

4 ファイル名を入力します。

5 [作成したPDFを表示] のチェックがオンになっていることを確認します。

6 保存 をクリックします。

「JUST PDF 4 [作成]」がアドインされていない場合は、ダイアログボックスのタイトルや設定項目が異なります。

7 ファイルが開く

7 保存が完了したらPDFファイルが開きます。

一太郎形式でも保存しておきましょう。

第5章 **作例**編

イベント告知用のチラシを作ってみよう

イベントを告知するなど、さまざまな情報を共有するのに役立つチラシ（フライヤー）。チラシには目を引くタイトル、イベント開催日といった特に重要な情報を強調するキャッチ、そして印象的な写真やイラストといった要素が必要ですが、いずれも一太郎の各種機能を使えば、誰でも簡単に作成することができます。

チラシ

操作の流れ

1. きまるスタイルでチラシのベースを設定する
2. 背景に写真を設定する
3. モジグラフィでタイトルを作成する
4. POP文字でキャッチを作成する
5. 複数の写真をレイアウトして挿入する
6. 部品を挿入する
7. 入力した文字を表に変換する

完成

1 チラシの文書ベースを作り、体裁を整える

まずは、チラシの用紙サイズや文字数、使用するフォントなど、ベースとなる設定をしましょう。チラシでは、写真やイラスト、タイトルなど、さまざまな要素を1枚の用紙にレイアウトするため、ページ全体を俯瞰しながら作業できるように環境を整えます。

1-1 「きまるスタイル」でかんたんにベースを設定する

用紙サイズや文字数、フォントなどの事前設定をします。これらの設定は個別に行えますが、「きまるスタイル」を使えば、テンプレートを選択するだけでまとめて設定できます。テンプレートは、チラシをはじめ、ビジネス文書、レポートなどの分類ごとに豊富に用意されています。

1 ツールバーの [用紙や字数行数の設定(文書スタイル)]の右にある[▼] をクリックして、[きまるスタイル] を選択します。

2 [きまるスタイル] ダイアログボックスが開くので、カテゴリーから[会報・チラシ] を選択します。

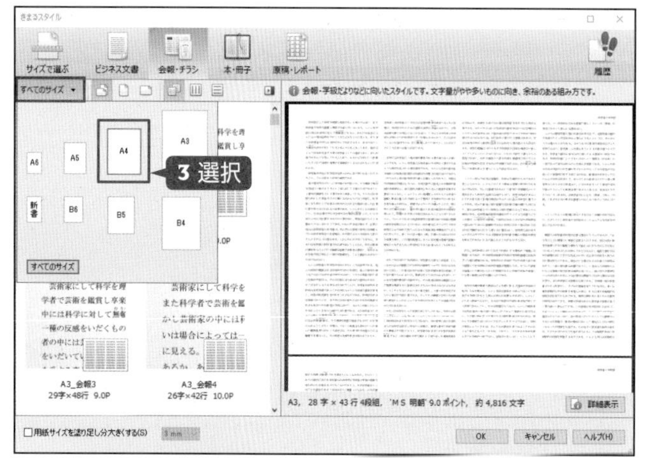

3 ［すべてのサイズ］をクリックし、用紙サイズで［A4］を選択します。

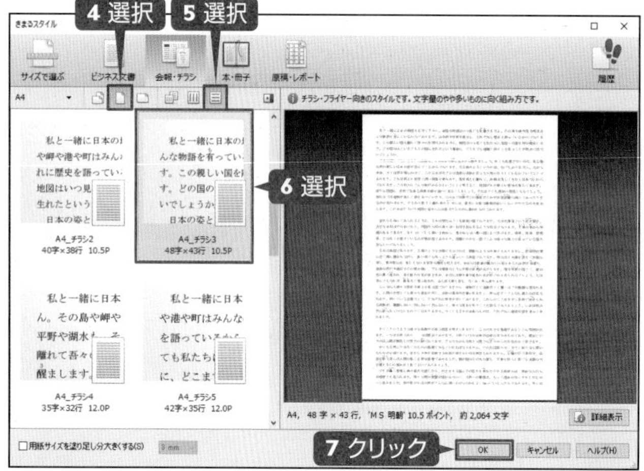

4 用紙の方向で［縦方向］を選択します。

5 文字組で［横組］を選択します。

6 ［A4_チラシ3］を選択します。

7 OK をクリックします。

8 選択した文書スタイルが設定されました。

MEMO

［きまるスタイル］ダイアログボックスでは、選択したテンプレートの1行あたりの文字数と行数、使用フォントと文字サイズなどをプレビューの下で確認できます。詳細表示 をクリックすると、文字の組方向やページ番号の有無などの詳細も確認できます。

1-2 チラシのフォントを変える

きまるスタイルのテンプレートには、文書全体のフォントの設定も含まれています。テンプレートによって設定されたフォントを別のものに変更したい場合は、文書スタイルで設定します。

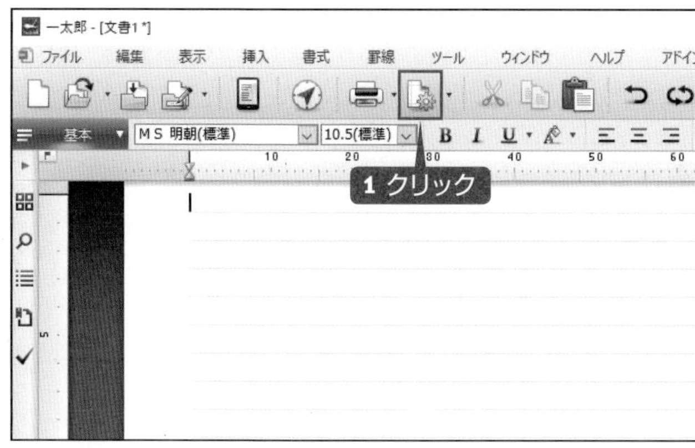

規定のフォントを変更する

1 ツールバーの [用紙や字数行数の設定(文書スタイル)] をクリックします。

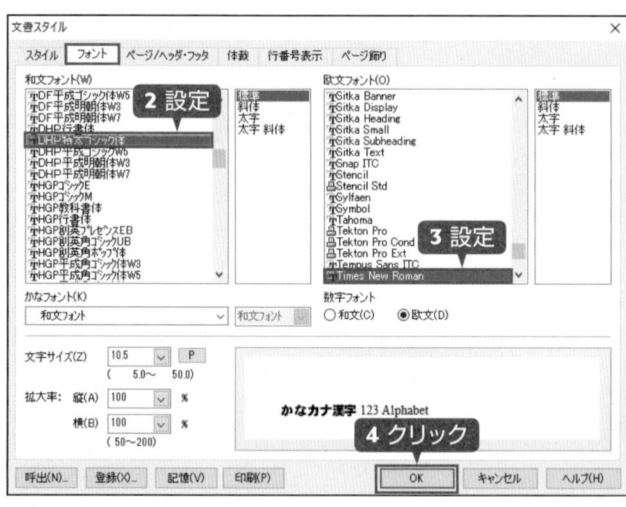

2 [フォント] タブで、[和文フォント] を [DHP特太ゴシック体] に設定します。

3 [欧文フォント] を [Times New Roman] に設定します。

4 OK をクリックします。

5 選択したフォント名が [和文・欧文フォント切替] に表示されます。

MEMO
[文書スタイル] ダイアログボックスの [フォント] タブでは、既定の和文、欧文フォントの他、既定の文字サイズを設定することもできます。

1-3 画面表示をチラシ制作用に整える

チラシには文字だけでなく、写真やタイトル、表などのさまざまなパーツをレイアウトするので、通常表示される行間ラインの表示は多くの場合不要です。また、チラシ全体を俯瞰しながら作業できるように、ページ全体を1画面に表示できるようにしておくことをおすすめします。

行間ラインを非表示にする

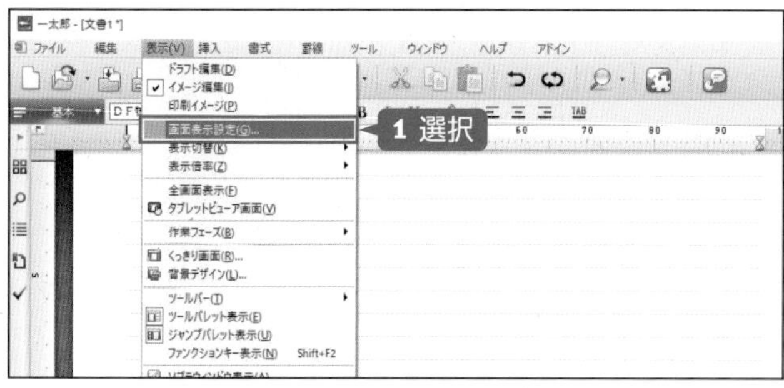

1 [表示−画面表示設定] を選択します。

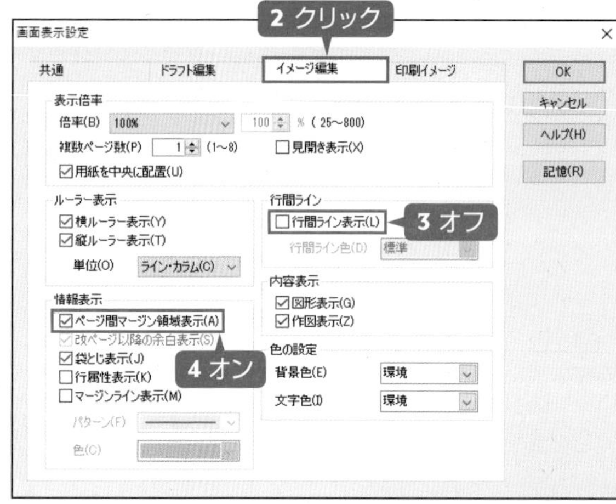

2 [画面表示設定] ダイアログボックスが開くので、[イメージ編集] タブをクリックします。

3 [行間ライン表示] をオフにします。

4 [ページ間マージン領域表示] をオンにします。

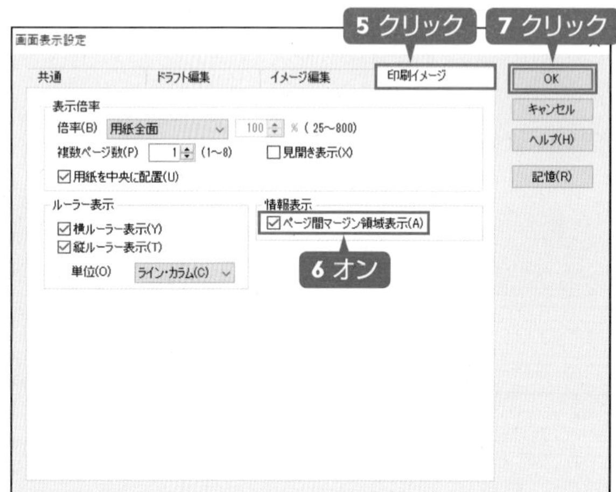

5 [印刷イメージ] タブをクリックします。

6 [ページ間マージン領域表示] をオンにします。

7 OK をクリックします。

> **MEMO**
> マージンとは「余白」のことです。[ページ間マージン領域表示] をオンにすると、イメージ編集と印刷イメージそれぞれの文書表示形式を選択した際に、チラシの上下の余白が実際に印刷したときの状態で表示されるようになります。

8 行間ラインが非表示になるなど、文書の表示が変わります。

文書全体を1画面に表示する

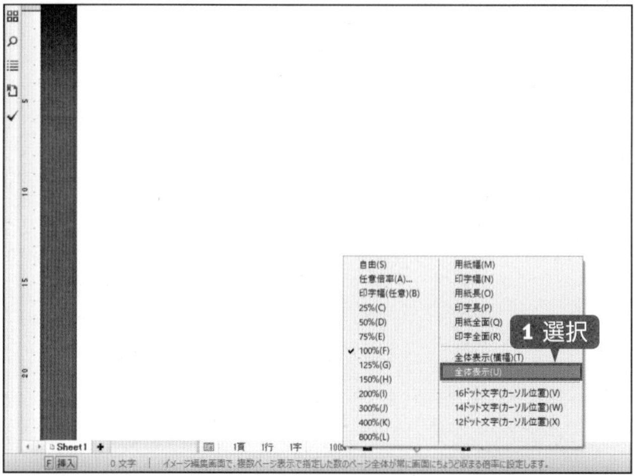

1 ［倍率表示］をクリックして、［全体表示］を選択します。

2 文書全体が表示されます。

MEMO

全体表示に切り替えると、文書が小さくなりすぎて作業がしづらいという場合は、そのときだけ倍率を変更して作業し、終わったら全体表示に戻すようにするとよいでしょう。

1-4 背景に写真を設定する

文書の背景には92ページのように色やグラデーションを付けられるだけでなく、写真も設定できます。背景の写真は、本文やタイトルなどを配置する前に設定しておくとよいでしょう。文書上の要素と背景の写真のバランスを確認しながらレイアウトできるためです。

背景を設定する

1 [ファイル−文書補助−文書の背景]を選択します。

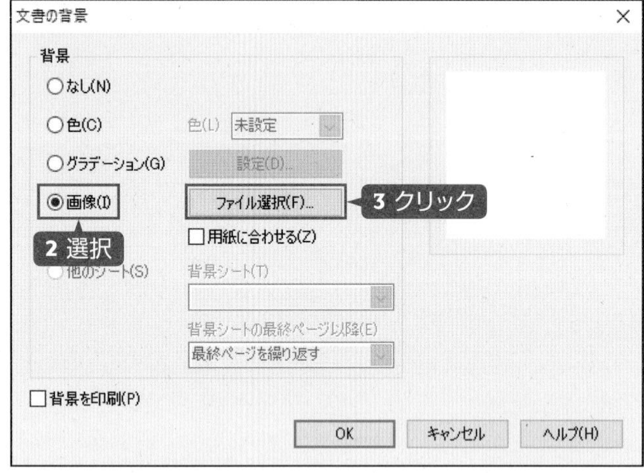

2 [画像]を選択します。

3 ファイル選択 をクリックします。

4 写真が保存されているフォルダーを選択します。

5 使用する写真を選択します。

6 開く をクリックします。

MEMO
背景写真は[挿入]パレットで 絵や写真 [絵や写真の挿入]をクリックすると開く[絵や写真]ダイアログボックスでも設定できます。使用したい写真を選択し、文書の背景に設定 をクリックします。

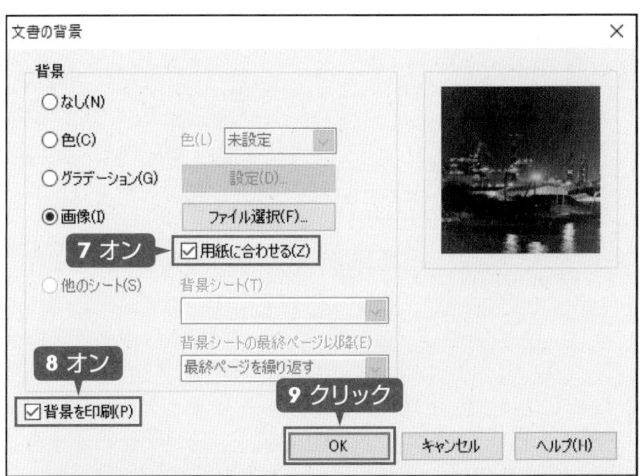

7 [用紙に合わせる] のチェックをオンにします。

8 [背景を印刷] のチェックをオンにします。

9 OK をクリックします。

MEMO [背景を印刷] がオフだと、背景は画面上だけで印刷されません。

10 チラシの背景に写真が設定されます。

横長の写真の場合は？

縦向きの文書に、横長の写真を背景として設定する場合、[用紙に合わせる] がオンだと、縦横の比率が変わってしまいます。また、オフにすると写真が用紙の左上隅からサイズはそのままで繰り返し並べて配置されてしまいます。この位置は調整できないので、事前に他のアプリケーションなどを使って背景として使いたい部分をトリミングしておきましょう。

背景に使う写真が横長の場合

[用紙に合わせる] がオンの場合、横方向につぶれてしまう

2 チラシのタイトルとキャッチのパーツを配置する

チラシで最初に目が行くのは、そのタイトルです。また、イベントの開催日時なども目立たせる必要があります。これらの「読み手の目を引かせる」要素は、単に文字を入力するのではなく、そこにユニークな効果を加えると効果的です。

2-1 モジグラフィでタイトルを作る

「モジグラフィ」は、文字をユニークな形や配列にしたり、カラフルに彩ったりすることができる機能です。モジグラフィを使うことによって、人目を引くタイトルがかんたんに作成できます。モジグラフィを文書に挿入すると、図形と同様に操作できます。

モジグラフィを挿入する

1 タイトルを入力したい位置にカーソルを移動し、[挿入]パレットの [モジグラフィ]をクリックします。

2 目的のデザインを選択します。

3 ［1行目］［2行目］にタイトルとなる文字を入力します。

4 プレビューに入力した文字が反映されます。

5 クリックしてカラーパレットを表示し、文字色を選択します。

6 OK をクリックします。

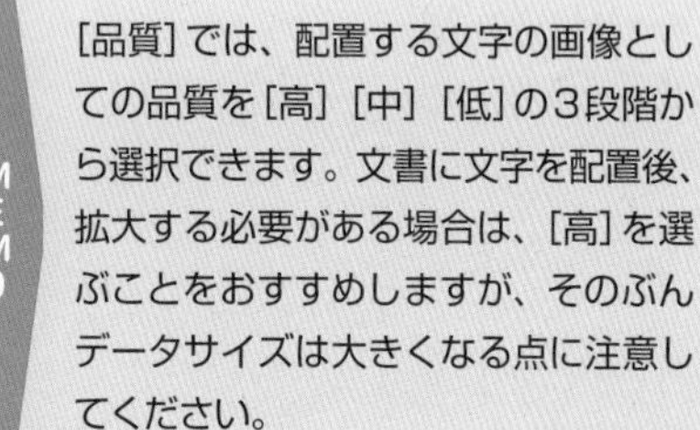

MEMO

［品質］では、配置する文字の画像としての品質を［高］［中］［低］の3段階から選択できます。文書に文字を配置後、拡大する必要がある場合は、［高］を選ぶことをおすすめしますが、そのぶんデータサイズは大きくなる点に注意してください。

7 作成したモジグラフィが図形として文書に挿入されます。

2-2 モジグラフィで作ったタイトルを編集する

モジグラフィで作ったタイトルは、各文字がそれぞれ別々の図形として扱われます。そのため、タイトルの文字列をまとめて拡大／縮小したり、移動したりする場合は、1つの図形として扱えるように合成しておくとよいでしょう。逆に、文字を個別に操作したい場合は、合成を解除します。

タイトルのサイズや位置を調整する

1. タイトルの文字をすべて選択します。
2. ［選択図形の操作］パレットの ［図形合成（合成）］をクリックします。

3. 右下のハンドルを Shift キーを押しながらドラッグして、縦横比を保ったままサイズを大きくします。

4. タイトル文字をドラッグして移動します。

タイトルの一部の文字の色を変える

1 タイトル文字をクリックして選択します。

2 [選択図形の操作] パレットの [図形合成(解除)] をクリックします。合成が解除されて文字を個別に操作できるようになります。

3 いったんタイトル文字以外をクリックして選択を解除してから、色を変更したい文字をクリックして選択します。

4 [作図－選択] パレットの [塗り] タブで、[色] を選択します。

5 カラーパレットで目的の色を選択します。

6 選択した文字の色が変わります。ここでは「赤」を選んでいます。

7 同様の操作で、他の文字の色も変えます。

2-3 POP文字でイベント開催日時のキャッチを作る

イベントの開催日時も、チラシでは重要なポイントになります。これを目立たせるために、POP文字を使って日時のパーツを作ります。POP文字は、文字に縁取りや太字、影文字などのさまざまな効果を設定できる機能で、文書に挿入された文字の再編集も可能です。

POP文字を文書に挿入する

1. 日時のパーツを挿入する場所にカーソルを移動し、[挿入] パレットの [POP文字を作成] をクリックします。

2. [POP文字パレット] が表示されるので、日時などの文字を入力します。

3. サンプルの一覧から、使用したいデザインを選択します。

4. 文書上に入力した文字が、選択したサンプルのデザインでプレビューされます。

5. [設定] タブで、配置... [文字の配置やマージンの設定] をクリックします。

> **MEMO**
> [POP文字パレット] の [設定] タブの画面では、フォントや文字揃えなどの設定や、縁取りや太字、影文字などの特殊効果を設定して、サンプルにはないオリジナルのデザインで文字を飾ることができます。

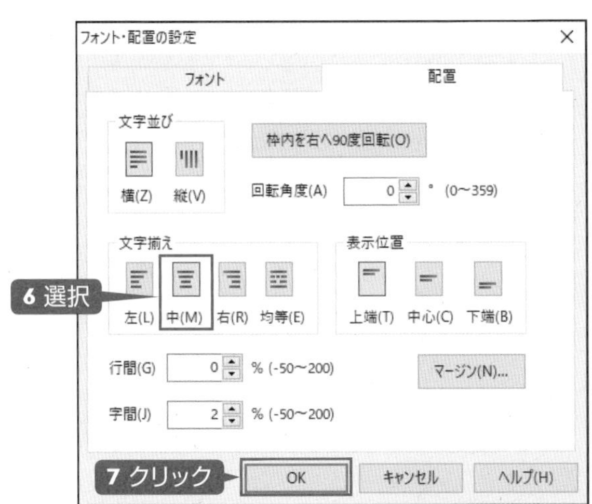

6 [配置] タブで [文字揃え] の [中] を選択します。

7 OK をクリックします。

8 [POP文字パレット] の 終了 をクリックします。

9 POP文字が挿入されます。

MEMO

POP文字機能を使って挿入した文字列は、後から修正することができます。修正するには、POP文字の文字列をダブルクリックします。

POP文字の位置を変える

1. POP文字をクリックして選択します。
2. 枠操作ボタンが表示されるので、[C:枠を中央に寄せる]をクリックします。

3. POP文字がチラシの中央に移動します。

枠飾りを付ける

1. POP文字をクリックして選択します。
2. [枠飾り] パレットで、目的の枠飾りのデザインを選択します。

MEMO
POP文字機能を使って挿入した文字列は、文書上ではPOP文字専用の特殊なレイアウト枠の中に表示されます。このレイアウト枠は、通常のものと同様に枠線飾りを付けたり、ハンドルをドラッグして大きさを変更したりできます。

3 チラシを写真やイラストで飾る

チラシには、そこで告知するイベントを象徴するような、印象的な写真をレイアウトしましょう。また、テーマにマッチするイラストを添えると、楽しい雰囲気になります。一太郎には多数のイラスト素材が収録されているので、これらを活用しましょう。

3-1 複数の写真をまとめてレイアウトする

チラシに複数の写真をレイアウトしたい場合は、「写真をまとめてレイアウト」機能を利用するとよいでしょう。この機能を使うと、写真の配置があらかじめ決められたテンプレートを選ぶだけで、複数の写真を美しくレイアウトすることができます。

まとめて挿入する写真を選ぶ

1 写真を挿入する位置にカーソルを移動し、[挿入] パレットの まとめて [写真をまとめてレイアウト] をクリックします。

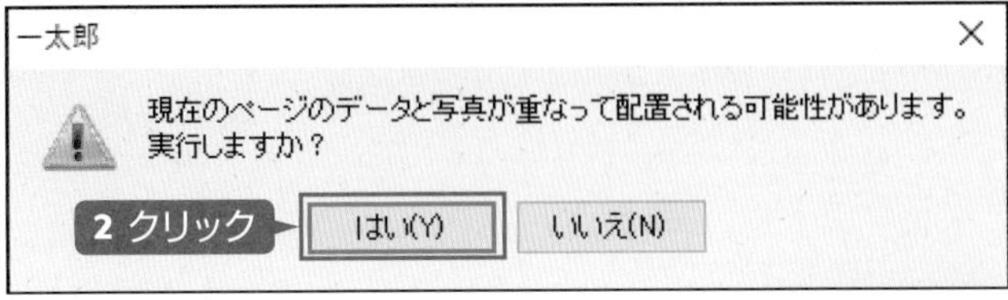

2 確認のメッセージが表示されるので、はい をクリックします。

> **MEMO**
> 写真とPOP文字が重なりそうな場合は、あらかじめ Shift キーを押しながら真下にドラッグして移動しておきましょう。

3 [絵や写真] ダイアログボックスで、配置する写真を選択します。

4 追加 をクリックします。

5 [写真をまとめてレイアウト] ダイアログボックスに写真が追加されます。

6 同様にして、さらに2枚の写真を追加しました。

7 [絵や写真] ダイアログボックスの 閉じる をクリックします。

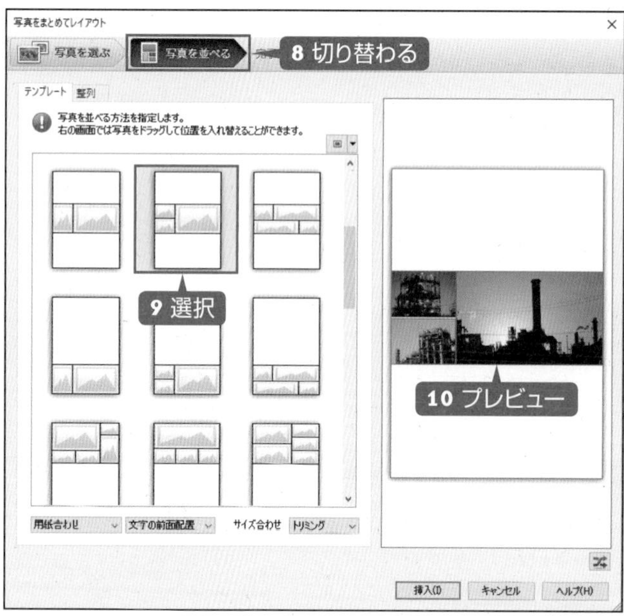

8 [写真をまとめてレイアウト] ダイアログボックスが、[写真を並べる] の画面に切り替わります。

9 写真を配置するレイアウトのテンプレートの一覧から、目的のテンプレートを選択します。

10 プレビューで写真のレイアウトが反映され、確認できます。

MEMO

レイアウトして挿入する写真を選び直したり、追加したりしたい場合は、 写真を選ぶ をクリックし、4 以降の操作を繰り返します。追加した写真を削除する場合は、ウィンドウ下の 🗑 をクリックしてください。

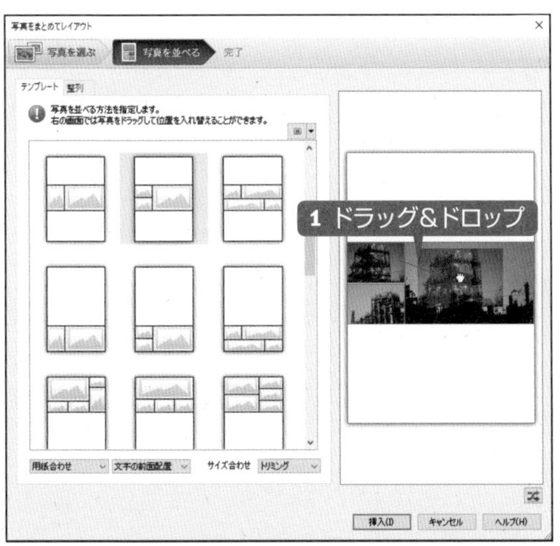

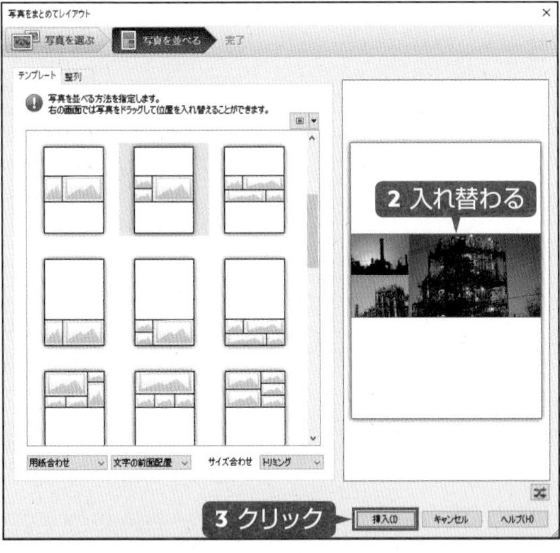

写真を入れ替えてチラシに挿入する

1 プレビューで入れ替えたい写真を配置したい位置にドラッグ&ドロップします。

2 写真の配置が入れ替わります。

3 挿入 をクリックします。

4 複数の写真がまとめて挿入されます。POP文字枠の位置は、必要に応じて調整してください。

MEMO

写真をまとめてレイアウト機能を使って挿入した複数の写真は、それぞれ別のデータとして文書に配置されています。そのため、写真の並びや位置を維持したまま、すべての写真を移動したい場合は、Ctrl キーを押しながら各写真をクリックしてすべてを選択してからドラッグします。

3-2 チラシにイラストを挿入する

一太郎には、年賀状やビジネス文書に使えるものまで、さまざまな状況に対応したイラスト素材である「部品」が収録されています。[部品呼び出し] ウィンドウで内容にマッチする部品を検索し、チラシに挿入して楽しく演出しましょう。

部品を挿入する

1. 部品を挿入する位置にカーソルを移動し、[挿入] パレットの [部品呼び出し] をクリックします。

2. [キーワードで部品を検索] に目的の部品に関連するキーワードを入力します。

3. 検索実行(E) をクリックします。

4. キーワードに該当する部品が検索されます。

5. 挿入したい部品をクリックします。

6 カーソルの位置に部品が挿入されます。

7 必要に応じて、部品のサイズや位置を調整します。

8 同様にして、もう一つ別の部品も挿入してレイアウトします。

4 チラシの本文と、情報の詳細を一覧できる表を作成する

最後に、チラシの本文となる文字の入力と、イベントの詳細情報をまとめた表の作成をします。サンプルのチラシは背景が黒主体の写真なので、文字色を白に変更してから作業を開始し、表は通常の文字列から変換して作成します。

4-1 入力前に文字色を変更して本文を読みやすくする

既定の文字色は黒なので、背景が黒主体のサンプルチラシで文字を入力すると文字が見えません。入力開始から別の文字色にするには、事前に文字色を選択しておきます。また、新機能の「文節改行」を使えば、多くの人が読みやすい位置で本文を自動改行してくれます。

入力前に文字色を変える

1. 文字を入力する位置にカーソルを移動し、［フォント・飾り］パレットで［文字色］をクリックします。

2. 表示されるカラーパレットから「白」を選択します。

3. 文字を入力します。

4. 入力した文字を選択し、［文字サイズポイント切替］で文字サイズを選択して変更します。

> **MEMO**
> 事前の文字色の設定は、カーソルがあった段落および、その段落から Enter キーを押して改行した段落のみで有効です。

読みやすい位置で自動改行する

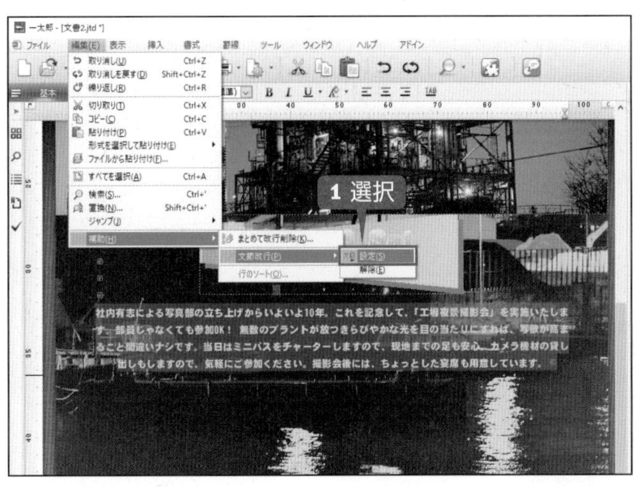

1 文字揃えをセンタリングにした文字列を選択して、[編集－補助－文節改行－設定]を選択します。

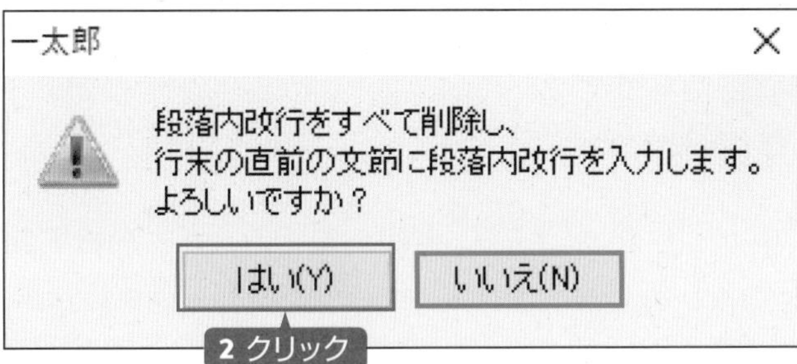

2 確認のメッセージが表示されるので、はい をクリックします。

3 文章の内容が解析されて、最適な文節、単語の位置で自動的に改行され、読みやすくなります。

> **MEMO**
> 「文節改行」を使うと、選択範囲の文章を解析し、最適な位置に改行を自動挿入してくれます。特に日本語の文書では文節や単語の区切りに関係なく、文書幅に応じて文章が折り返されることが多いため、場合によっては読みづらくなります。文節改行はそれを解消して読みやすくするための機能です。

4-2 入力済みの文字列を表に変換する

イベントの日時や集合場所、費用などの詳細な情報は、表形式でまとめておくと分かりやすくなります。一太郎では、すでに入力済みの文字列を表に変換する機能が備わっているので、これを利用して表を作りましょう。元になる文字列では、列区切りとしてタブを入力します。

表を作成する

1 表の元になる文字列を入力します。列区切りにはタブを入力しています。

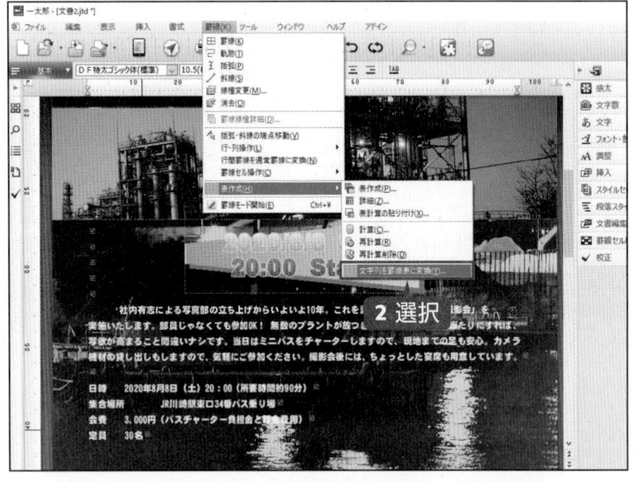

2 ［罫線－表作成－文字列を罫線表に変換］を選択します。

3 マウスポインターの形状が変わったら、表にしたい行の範囲を指定します。

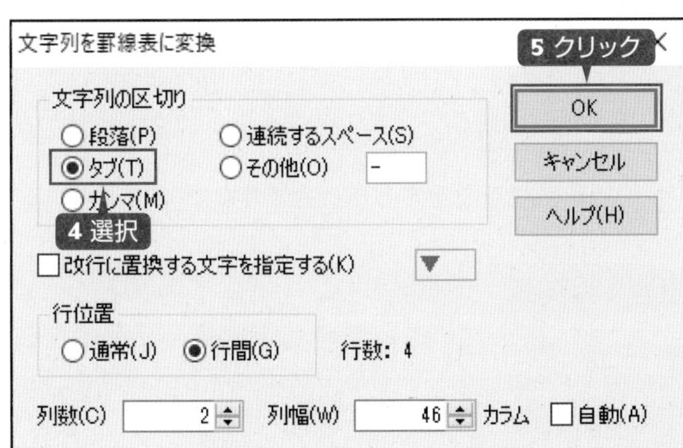

4 ［文字列を罫線表に変換］ダイアログボックスが開きます。［文字列の区切り］で［タブ］を選択します。

5 OK をクリックします。

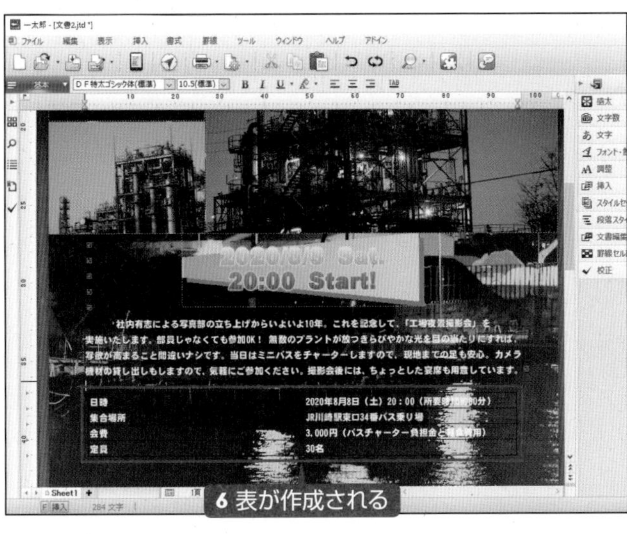

6 文字列が罫線で囲まれ、表になります。

表を解除する

文字列から変換した表を取り消したい場合は、罫線を削除します。罫線の削除は、［罫線－消去］を選択し、表を囲むようにドラッグします。

表全体を囲むようにドラッグする

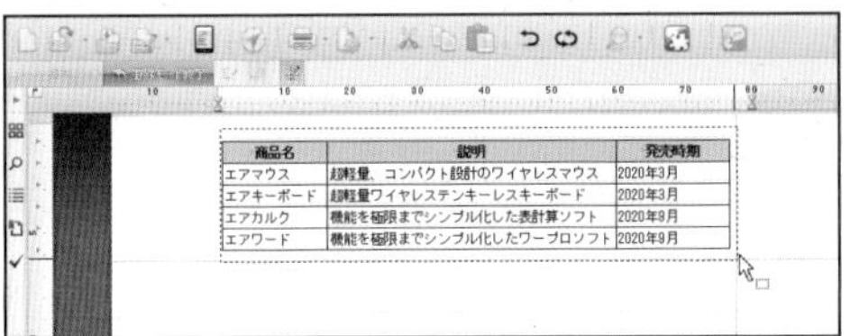

商品名	説明	発売時期
エアマウス	超軽量、コンパクト設計のワイヤレスマウス	2020年3月
エアキーボード	超軽量ワイヤレステンキーレスキーボード	2020年3月
エアカルク	機能を極限までシンプル化した表計算ソフト	2020年9月
エアワード	機能を極限までシンプル化したワープロソフト	2020年9月

罫線が削除される

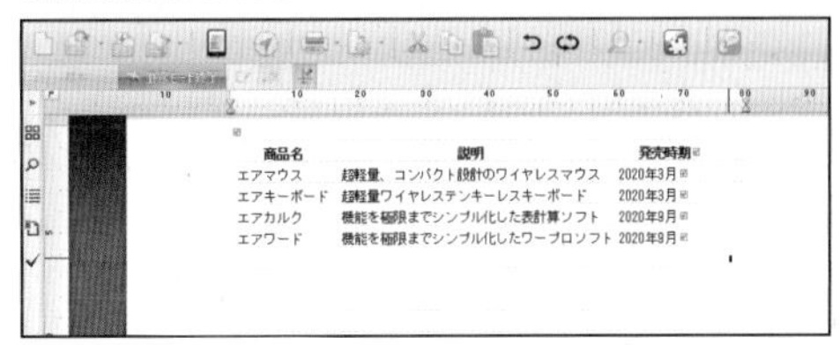

4-3 表の体裁を整える

文書に挿入された表内の文字には、通常の文字と同様の操作で文字色やフォント、文字サイズなどの書式を設定できます。表を構成するそれぞれの枠のことを「罫線セル」と呼びますが、罫線セルには行単位、列単位、あるいは罫線セル単位で背景色を設定することもできます。

罫線セルの背景色を変更する

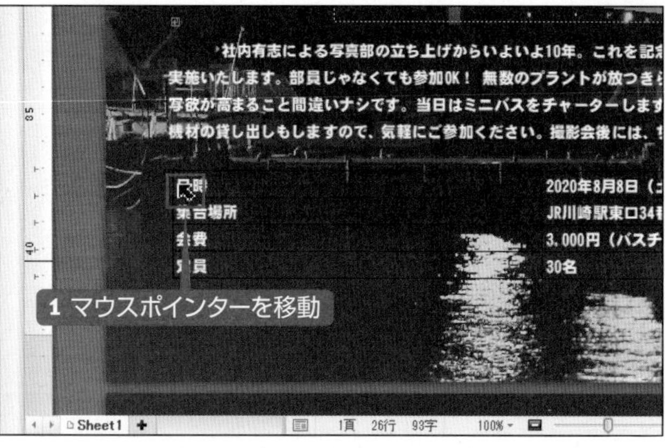

1. 背景色を変更する範囲の先頭にあるセルにマウスポインターを移動します。

2. 下方向にドラッグし、同じ列の罫線セルを選択します。
3. ［罫線セル属性］パレットで目的の色を選択します。ここでは「黄色」を選んでいます。
4. 選択した色の濃度を選択します。ここでは「100%」にしています。
5. 反映 をクリックします。
6. 罫線セルの背景色が設定した色に変わります。

7 右側の列も同様の手順で罫線セルの背景色を変更します。ここでは、背景色を「黒」の「20%」にしています。

表の文字色を変更する

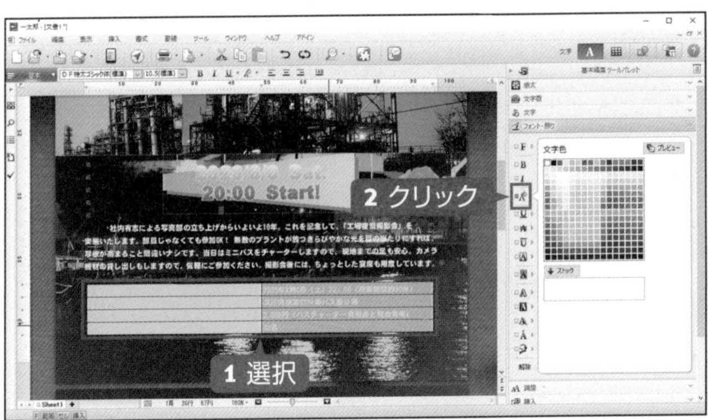

1 表のすべての罫線セルを選択します。

2 [フォント・飾り] パレットの [文字色] をクリックします。

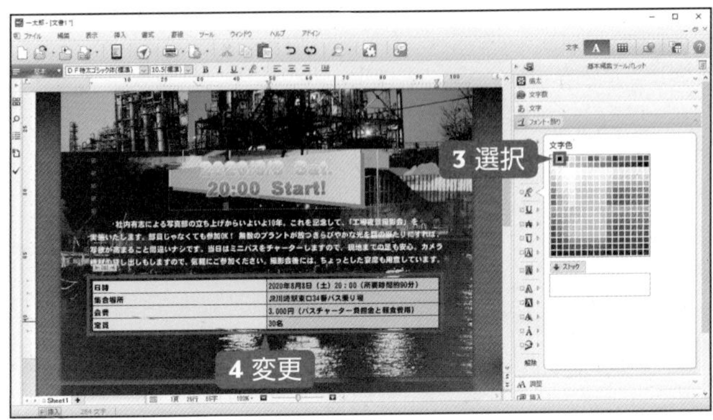

3 カラーパレットで目的の色（ここでは「黒」）を選択します。

4 表の文字色が変わります。

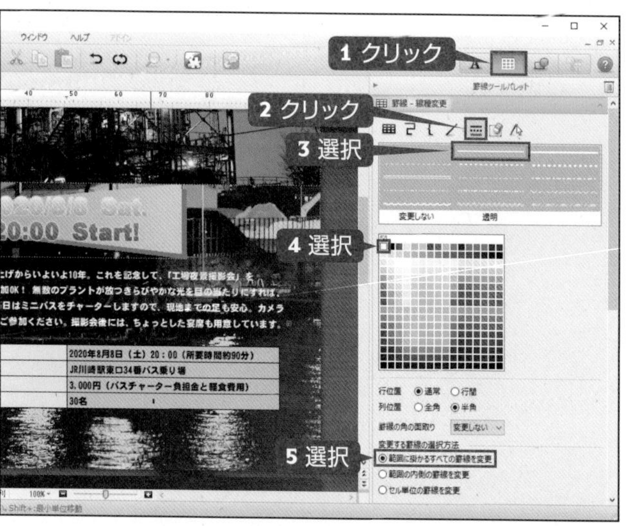

罫線の色を変更する

1. [罫線開始/終了] をクリックします。
2. [罫線ー罫線] パレットの [線種変更] をクリックします。
3. 罫線の種類を選択します。
4. 罫線の色を選択します。
5. [範囲に掛かるすべての罫線を変更] を選択します。

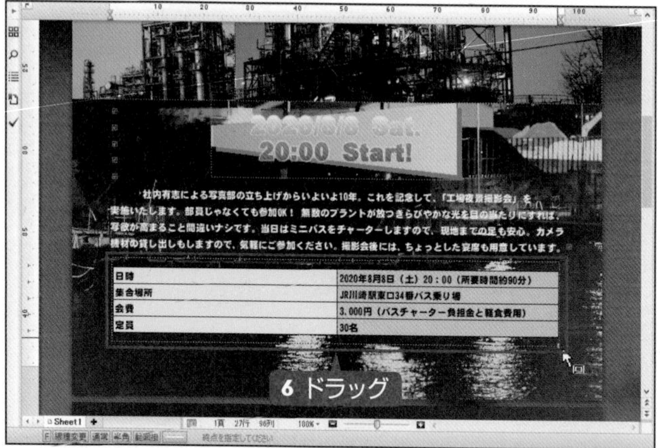

6. 表全体を囲むようにドラッグします。

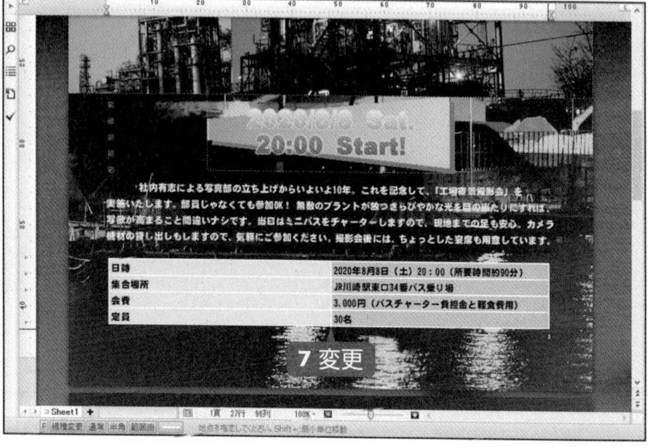

7. 罫線の線種と色が変更されました。

第6章 作例編

自分史を書こう

一太郎2020で自分史を書いてみましょう。快適な環境での文書作成、正確な文書校正、見開き表示など、長文執筆を強力にサポートする機能が豊富に用意されています。35周年記念コンテンツとして、一太郎2020には「昭和・平成・令和 時をかけるイラスト70」が収録されています。また、「一太郎2020 プラチナ［35周年記念版］」に同梱されている「花子2020」で、表紙やカバー、帯を作ってオリジナリティあふれる自分史に仕上げましょう。

自分史

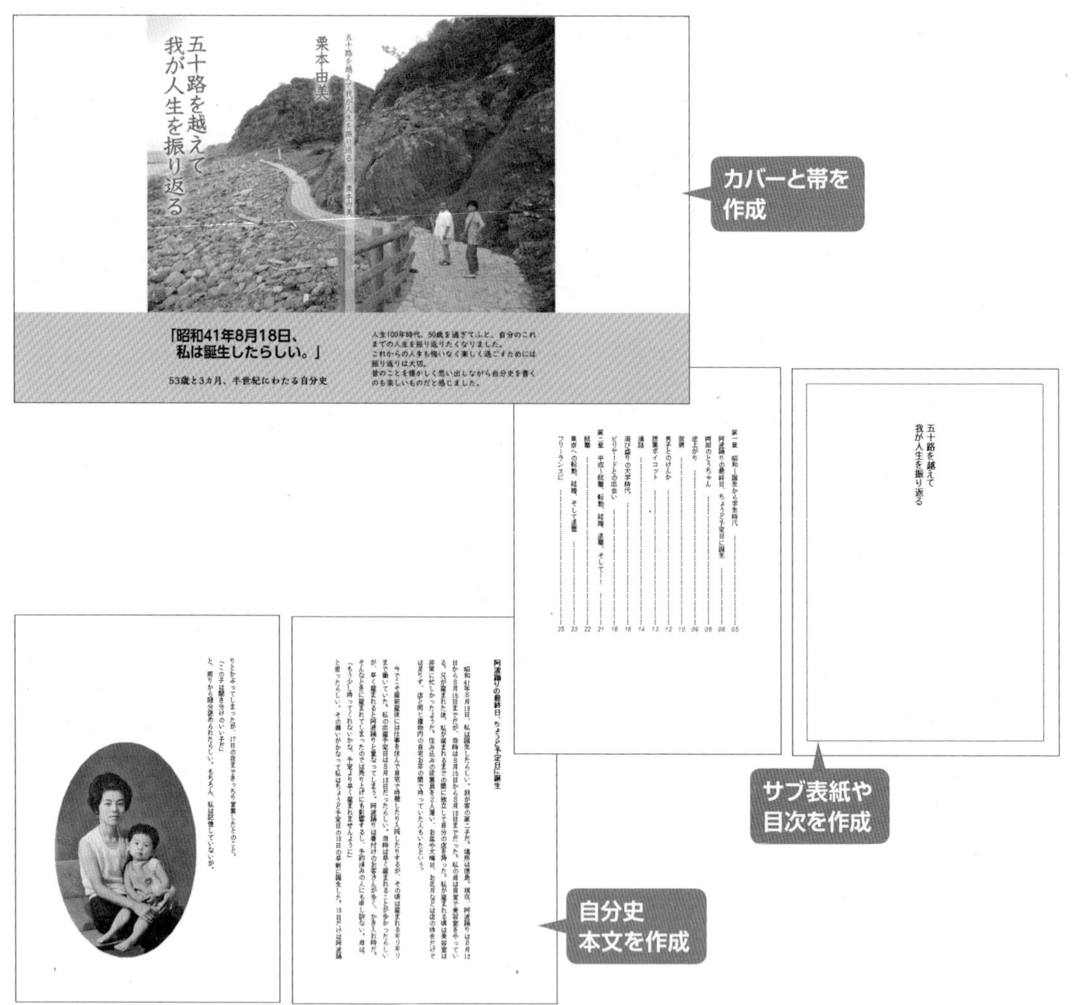

操作の流れ

1 きまるスタイルで文書スタイルを設定する
2 文章を書く
3 連番を挿入する
4 見出しに段落スタイルを設定する
5 ふりがなをふる
6 文字数を確認する
7 文書を校正する
8 イラストや写真を挿入する
9 文書を校正する
10 サブ表紙、中扉、奥付、目次を作成する
11 カバーと帯を作成する

完成

1 文書スタイルを設定して文章を書く

まずは「きまるスタイル」を利用して、文書のスタイルを設定しましょう。テンプレートから選ぶだけで読みやすいレイアウトが設定できます。そして昔のことを思い出しながらつれづれなるままに自分史を書いてみましょう。

1-1 きまるスタイルで文書スタイルを設定する

きまるスタイルには、あらかじめ「ビジネス文書」「会報・チラシ」「本・冊子」「原稿・レポート」などのスタイルが用意されています。ジャンルや用紙サイズなどを選んで、読みやすいレイアウトを適用することができます。ここでは、A5サイズで自分史を作ります。

「きまるスタイル」で文書スタイルを設定する

1 ツールバーの [用紙や字数行数の設定(文書スタイル)] の右にある▼をクリックして、[きまるスタイル] を選択します。

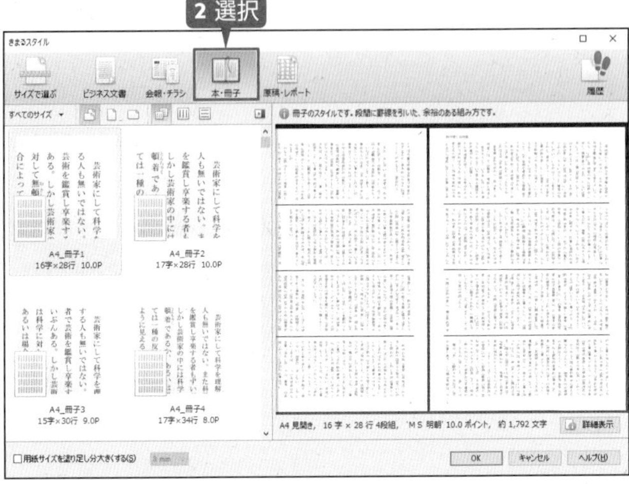

2 [きまるスタイル] ダイアログボックスが開くので、カテゴリーから [本・冊子] を選択します。

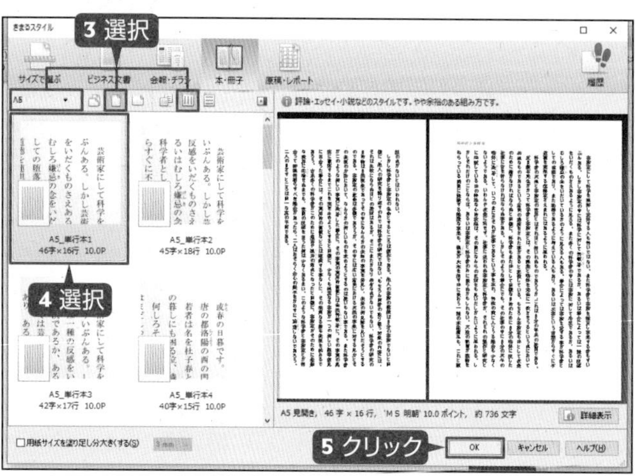

3 用紙で[A5]を、用紙の方向で[縦方向]を、文字組で[縦組]を選択します。

4 [A5_単行本1]を選択します。

5 OK をクリックします。

6 選択した文書スタイルが設定されました。

小説投稿に便利な「公募ノベル」「原稿用紙」スタイル

出版社などが主催する文学賞では、投稿の際に使用する用紙サイズ、行数、1行あたりの文字数が決められている場合があります。「きまるスタイル」の中には、文学賞の公募でよく使用される文書のスタイルが用意されているので、投稿の際に活用できます。原稿用紙のスタイルも用意されています。

「公募ノベル」スタイル

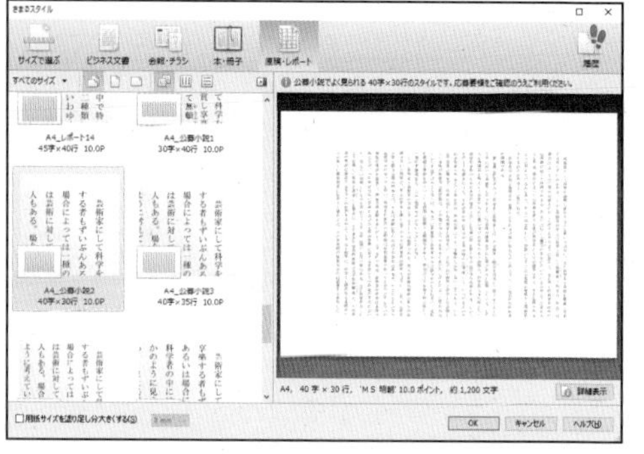

1-2 文章を入力して縦中横を設定する

縦組の文書スタイルが設定されたところで、文章を書き始めましょう。最初は思い出すままに書いていって、途中で時系列を入れ替えたり付け足したりできるのが、手書きにはないメリットです。4桁以内の半角数字は自動的に縦中横が設定されます。

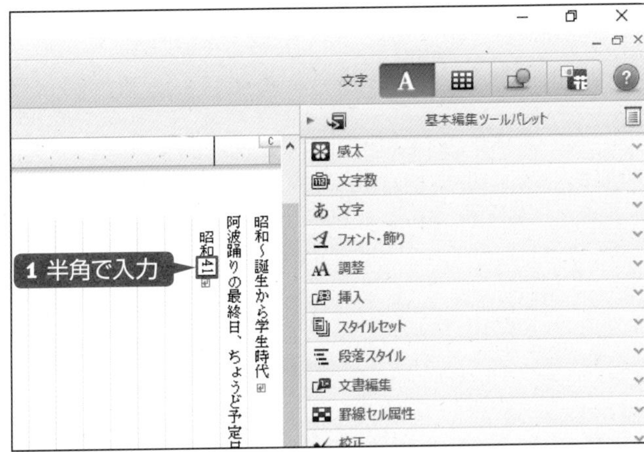

自動的に縦中横を設定する

1 文章を入力していきます。2桁の数字を入力する場合は半角で入力します。

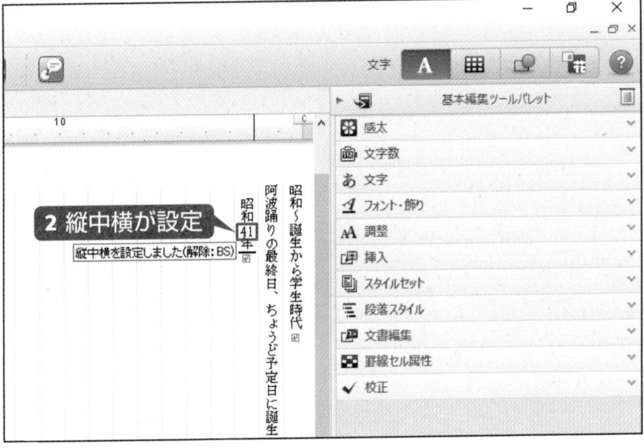

2 次に文字を入力して確定すると、自動的に縦中横が設定されます。

MEMO 解除したいときは、[Back Space]キーを押します。

縦中横を手動で設定する

文字を一太郎上で入力せず、コピー＆ペーストで入力した場合などは、自動で縦中横が設定されません。その場合は、手動で縦中横を設定しましょう。

縦中横を設定したい範囲をドラッグで指定し、[調整]パレットの[縦中横設定]をクリックします。まとめて設定したい場合は、[調整]パレットの[縦中横一括設定]を使います。

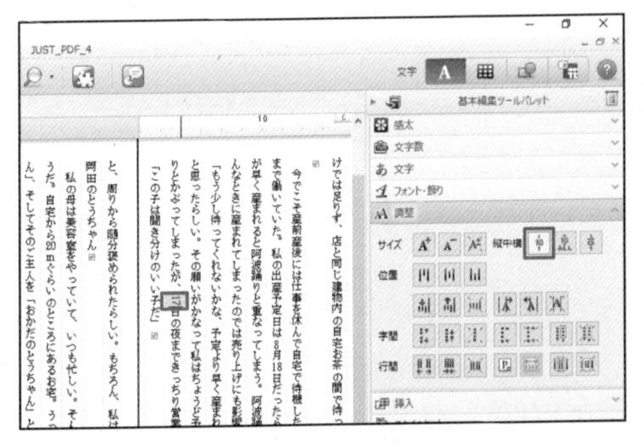

1-3 カーソルのある行を強調表示する

一太郎2020では、カーソルのある行を色付きで強調表示できるようになりました。現在いる行が認識しやすく、入力・編集時に、見失うことがありません。より集中して入力したり、読んだりしたいときには、前後の行をカバーして隠すこともできます。

ハイライト表示をオンにする

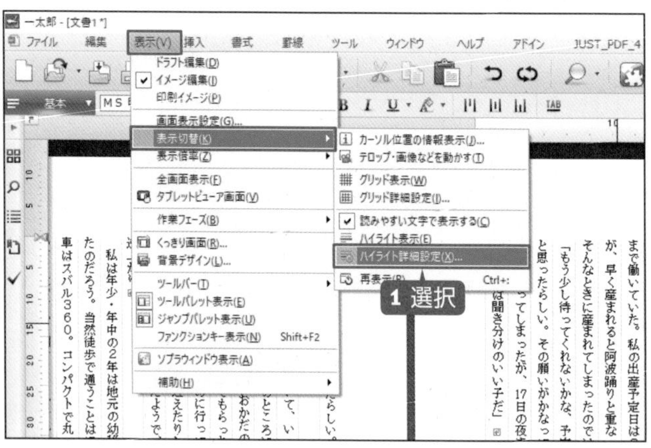

1. [表示－表示切替－ハイライト詳細設定] を選択します。

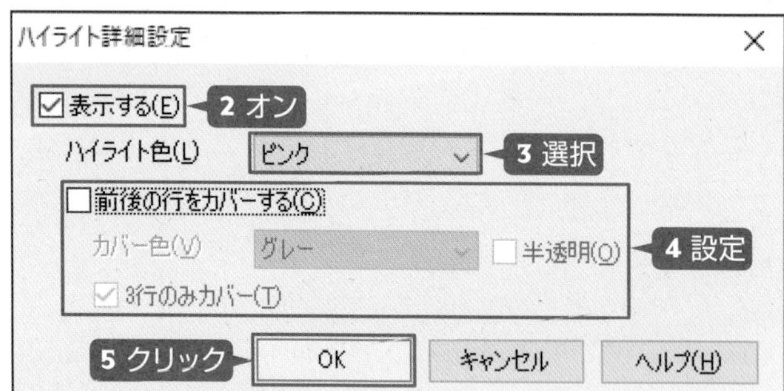

2. [表示する] のチェックをオンにします。
3. ハイライト色を選択します。ここでは「ピンク」を選択しています。
4. 入力行の前後をカバーしたい場合は[前後の行をカバーする] のチェックをオンにし、カバー色や半透明にするかどうか、3行のみカバーするかどうかなどを好みに応じて設定します。ここではオフにしています。
5. OK をクリックします。

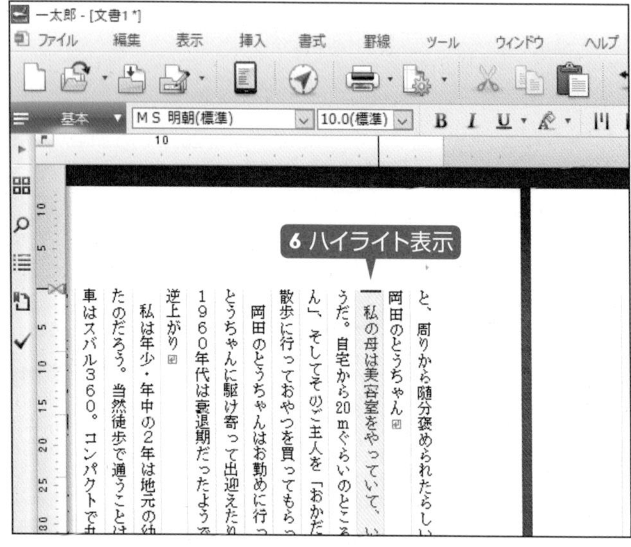

6. 入力行がハイライト表示され、現在いる行が認識しやすくなりました。

> **MEMO**
> ハイライト表示をやめる場合は、[表示－表示切替－ハイライト表示] をクリックします。再度クリックすると、先ほどの設定で再びハイライト表示できます。

1-4 連番を挿入する

この自分史では、時系列に「昭和」「平成」「令和」の三部構成としています。これをそれぞれ章タイトルにしましょう。連番機能を使うと、自動的に番号をふることができるだけでなく、章を追加したり削除したりしても、自動的に番号がふり直されます。

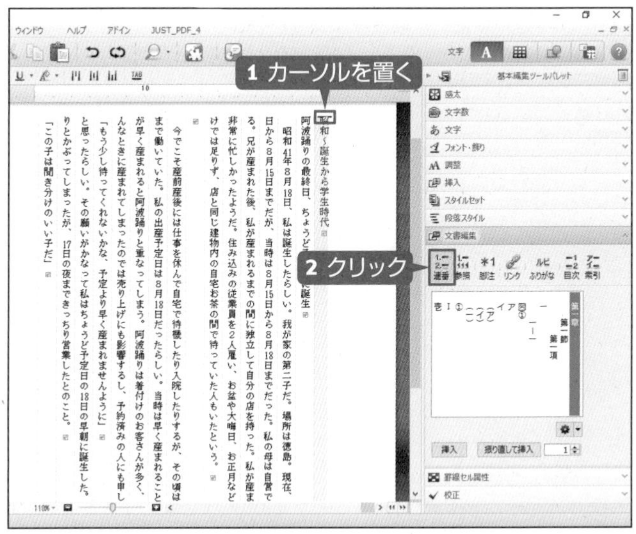

連番を挿入する

1 連番を挿入する位置にカーソルを置きます。

2 ［文書編集］パレットの［連番］をクリックします。

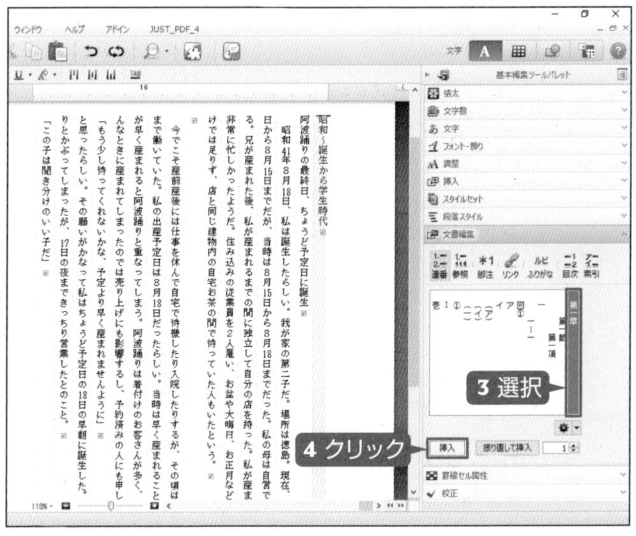

3 書式の一覧から挿入したい連番を選択します。

4 挿入 をクリックします。

MEMO ［連番詳細設定］をクリックすれば、「第一章」を「一章」や「Part1」に変更するなどの詳細な設定が可能です。

5 カーソル位置に連番が挿入されました。

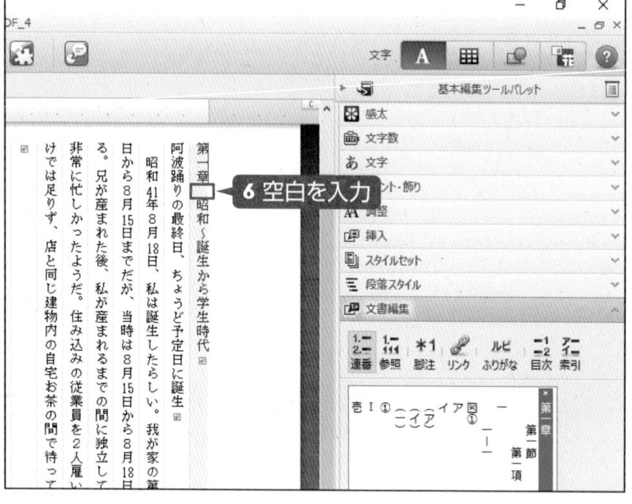

6 章タイトルとの間に間隔を開けたい場合は、空白を入力します。ここではスペースキーを押して全角の空白を入力しています。

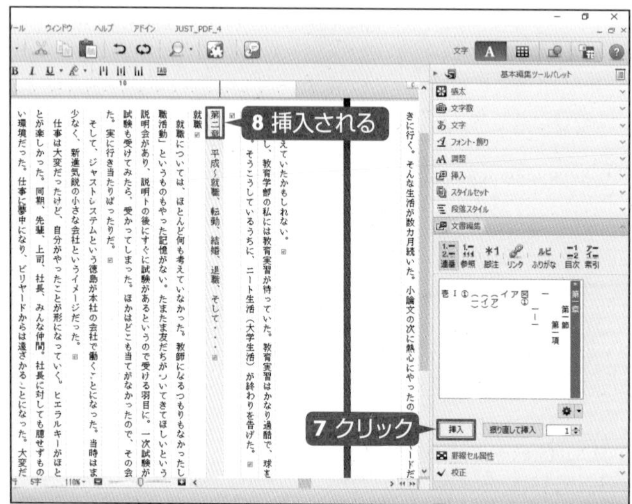

7 次の章タイトルの先頭にカーソルを置き、挿入をクリックします。

8 「第二章」と挿入されます。全角の空白を入力します。

> **MEMO**
> 同様にして、「第三章」も入力しておきましょう。ジャンプパレットの[見出し]→[連番]に表示された章タイトルをクリックすると、その位置にジャンプできます。

1-5 見出しに段落スタイルを設定する

見出しに段落スタイルを設定しましょう。任意の1つに段落スタイルを設定すれば、ほかの見出しはワンクリックで同じ飾りを付けることができます。ここでは、章タイトルに大見出しを、各見出しに中見出しを設定します。中見出しは、本文4行分の幅にする「行取り」を設定します。

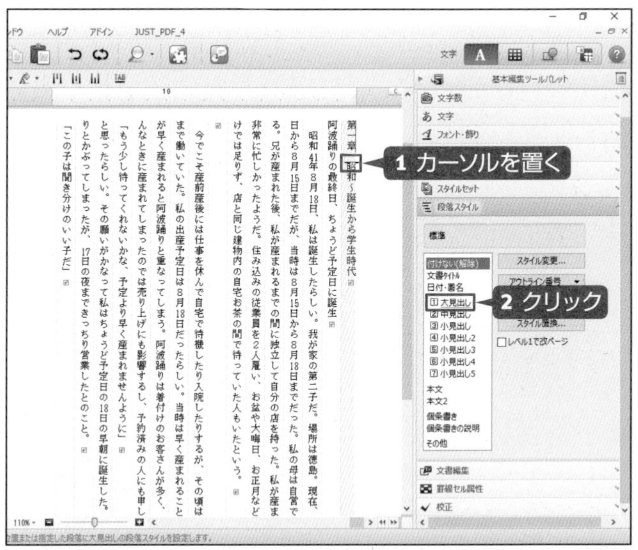

章タイトルに段落スタイルを設定する

1 章タイトルの行にカーソルを置きます。

2 [段落スタイル] パレットの[大見出し] をクリックします。

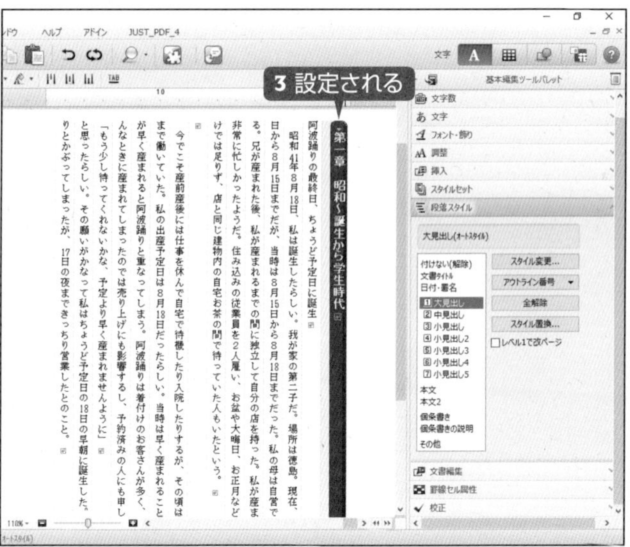

3 カーソルのある段落に[大見出し] の段落スタイルが設定されます。

スタイルは次ページ以降で変更するので、ここではどのようなスタイルになっていても構いません。

章タイトルのスタイルを変更する

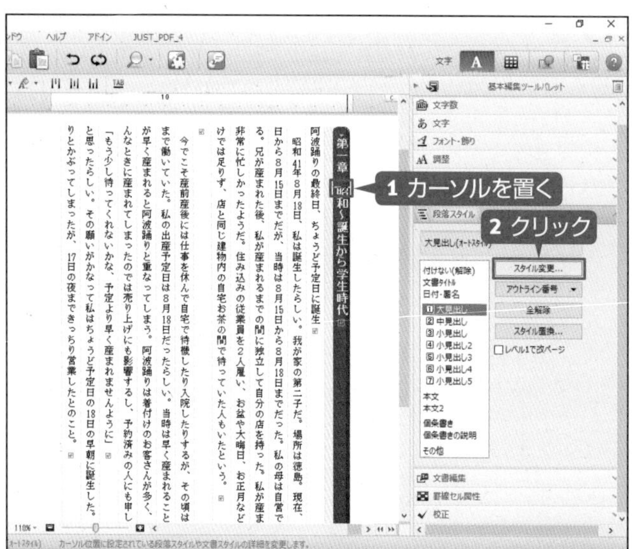

1. 大見出しを設定した行にカーソルを置きます。

2. スタイル変更 をクリックします。

3. ［フォント］タブをクリックします。

4. ［和文フォント］で［MS Pゴシック］の［太字］を選択します。

5. ［かなフォント］と［欧文フォント］で［和文フォント］を選択します。

6. ［文字サイズ］を［14］Pに設定します。

7. OK をクリックします。

MEMO 文字色や飾り、インデントなどが設定されていたら、すべて解除しておきましょう。

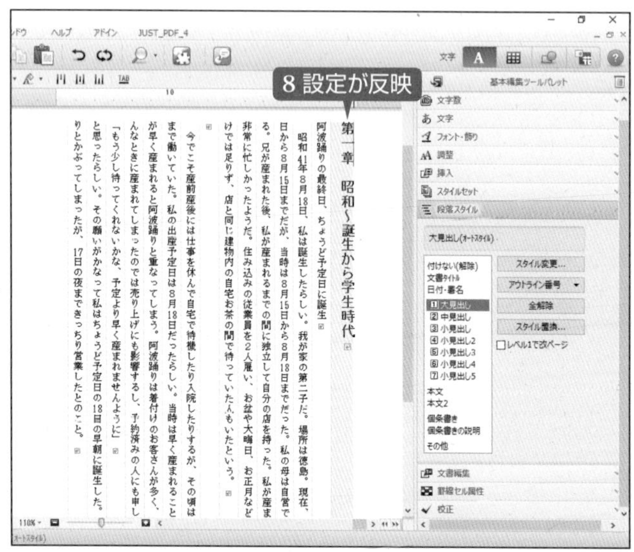

8. 設定が反映されました。

MEMO 第二章、第三章にも［大見出し］の段落スタイルを設定しておきましょう。

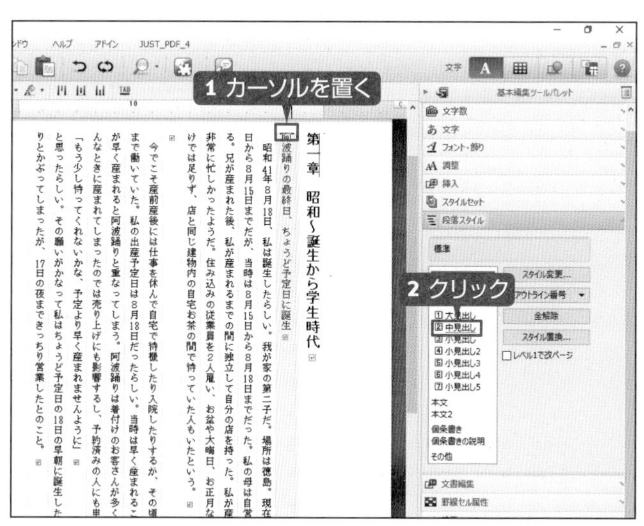

見出しに段落スタイルを設定する

1 見出し行にカーソルを置きます。

2 ［段落スタイル］パレットの［中見出し］をクリックします。

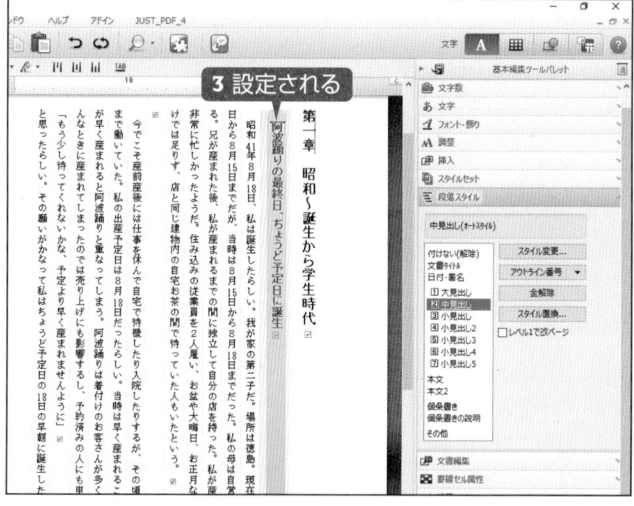

3 カーソルのある段落に［中見出し］の段落スタイルが設定されます。

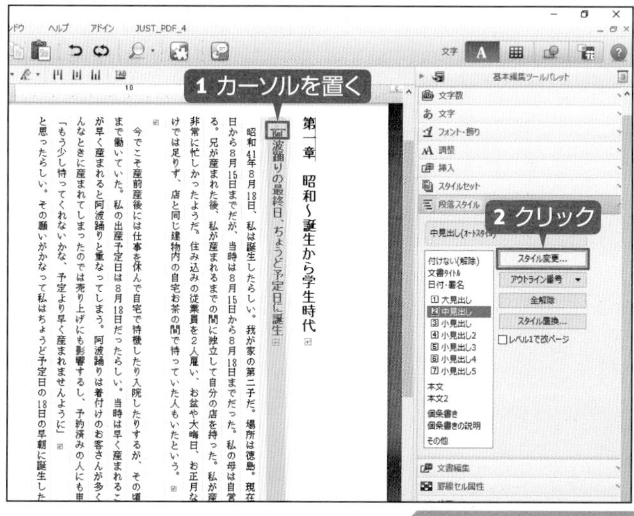

中見出しのスタイルを変更する

1 中見出しを設定した行にカーソルを置きます。

2 スタイル変更 をクリックします。

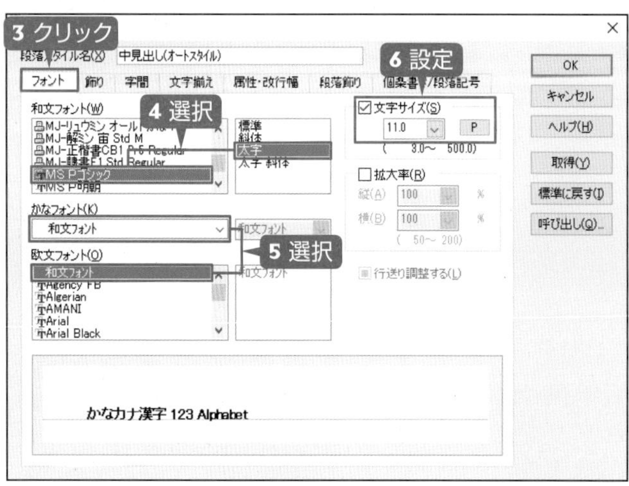

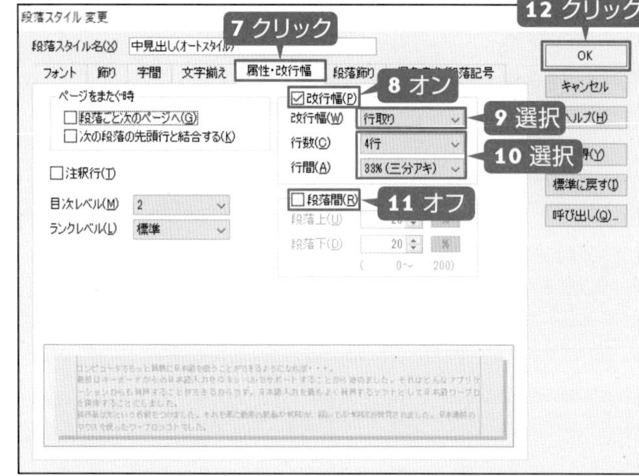

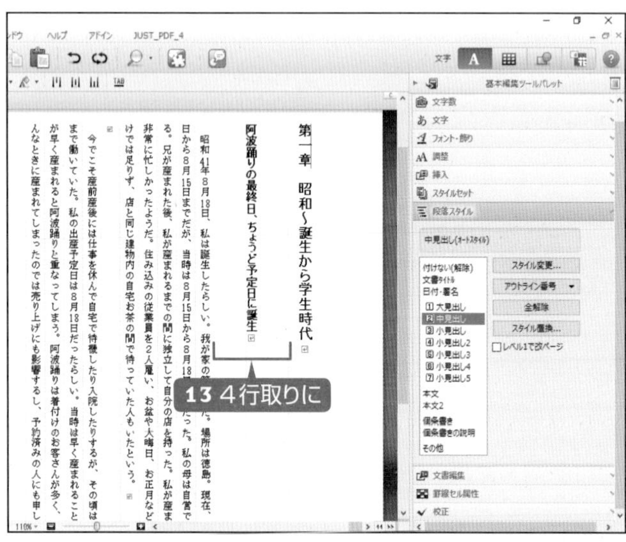

3 [フォント] タブをクリックします。

4 [和文フォント] で [MS Pゴシック] の [太字] を選択します。

5 [かなフォント] と [欧文フォント] で [和文フォント] を選択します。

6 [文字サイズ] を [11] Pに設定します。

7 [属性・改行幅] タブをクリックします。

8 [改行幅] のチェックをオンにします。

9 [改行幅] で [行取り] を選択します。

10 [行数] を [4行]、[行間] を [33% (三分アキ)] に設定します。

11 [段落間] のチェックをオフにします。

12 OK をクリックします。

MEMO 文字色や飾り、インデントなどが設定されていたら、すべて解除しておきましょう。

13 見出しが4行取りになりました。

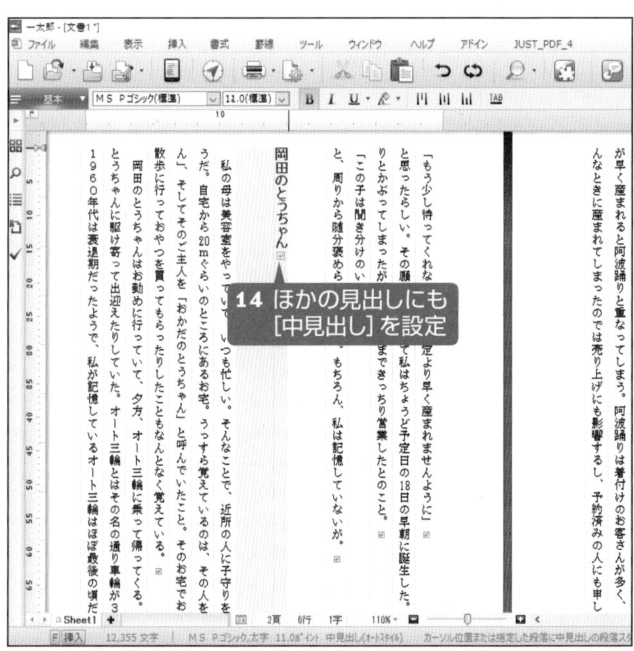

ほかの見出しにも[中見出し]を設定しておきましょう。

MEMO

あとで2行取りに変更したい、文字サイズを変更したい、といったときにも、[中見出し]のスタイルを変更するだけですべての見出しを瞬時に変更することができます。

個別に行取りを設定する

上記で説明した方法は、同じ設定にする見出しが多い場合に便利です。個別に設定したい場合は、もっと簡単な操作で実現できます。

行取りを設定したい行を範囲指定し、[書式－改行幅－行取り]を選択します。

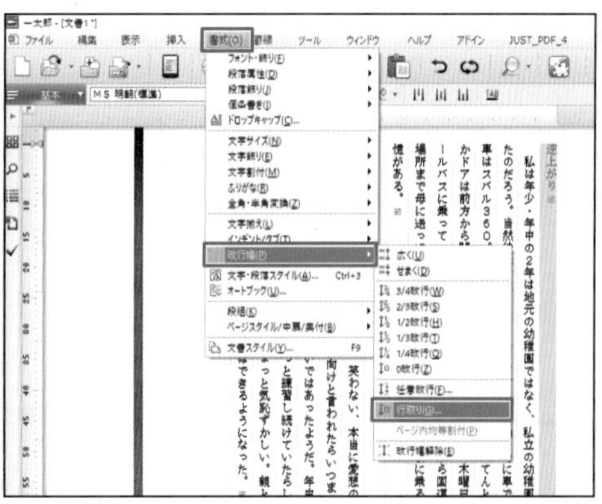

[行取り]ダイアログボックスで[行数]と[行間]を指定すれば、行取りの設定は完了です。

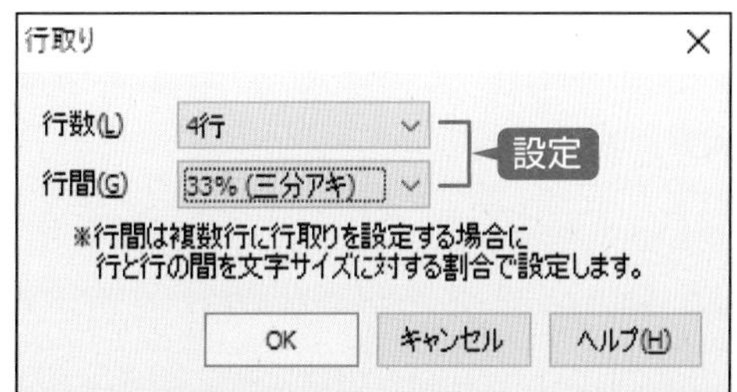

2 ふりがなをふる

一太郎2020では、新たに「誤読しやすい語」「読みづらい語」にまとめてふりがなをふれるようになりました。漢字自体は難しくなくても、ことばとして組み合わされると、読みがわかりづらくなることがあります。配布資料や教材のほか、スピーチ原稿やアナウンス原稿、答弁資料など、読み間違いを避けたい原稿にも活用できます。

2-1 ふりがなをふる

誤読しやすい語、読みづらい語などにふりがなをふることで、文章を読みやすくできます。「常用漢字以外」など対象を指定して文書全体にまとめて設定するほか、単語を個別に選んで設定することも可能です。

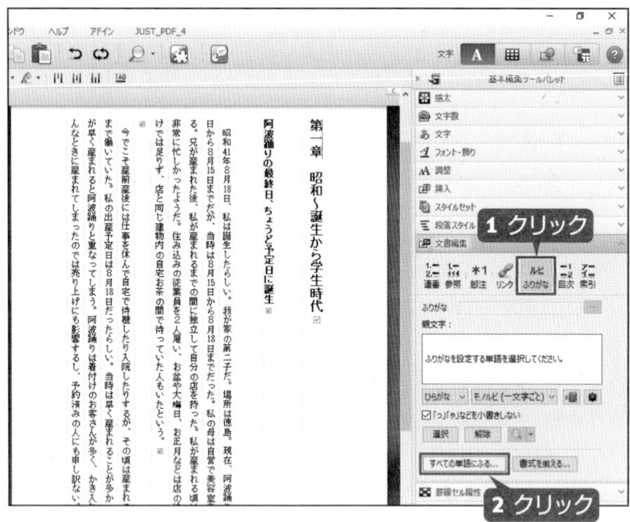

対象を指定してふりがなをふる

1. ［文書編集］パレットの［ふりがな］をクリックします。
2. すべての単語にふる をクリックします。

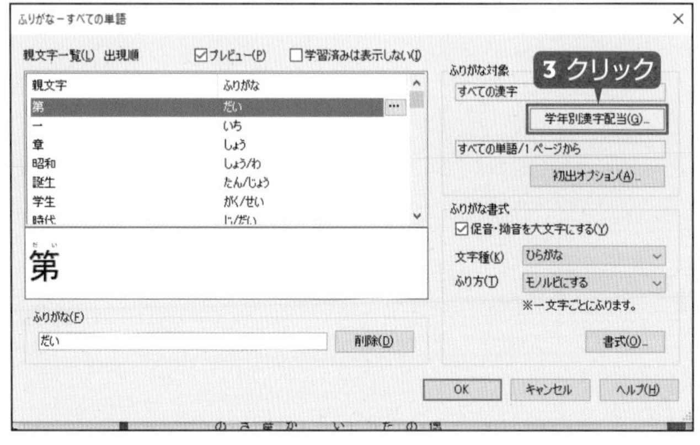

3. ［ふりがな対象］の 学年別漢字配当 をクリックします。

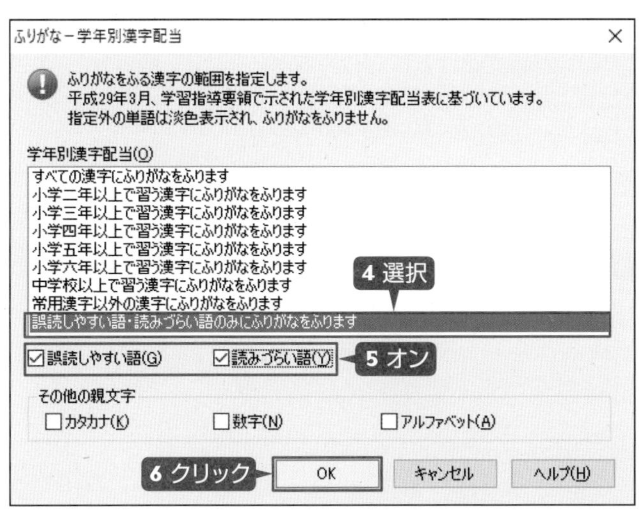

4 [誤読しやすい語・読みづらい語のみにふりがなをふります]を選択します。

5 [誤読しやすい語] [読みづらい語] のチェックをオンにします。

6 OK をクリックします。

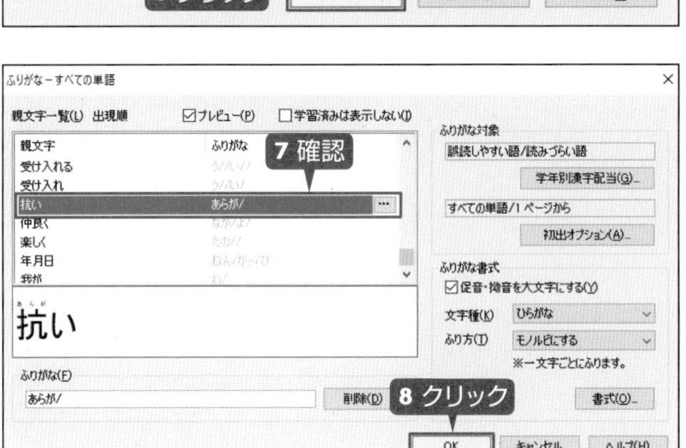

7 ふりがながふられる単語を確認します。[親文字一覧] の[ふりがな] が黒字で表示されている文字にふりがながふられます。

8 OK をクリックします。

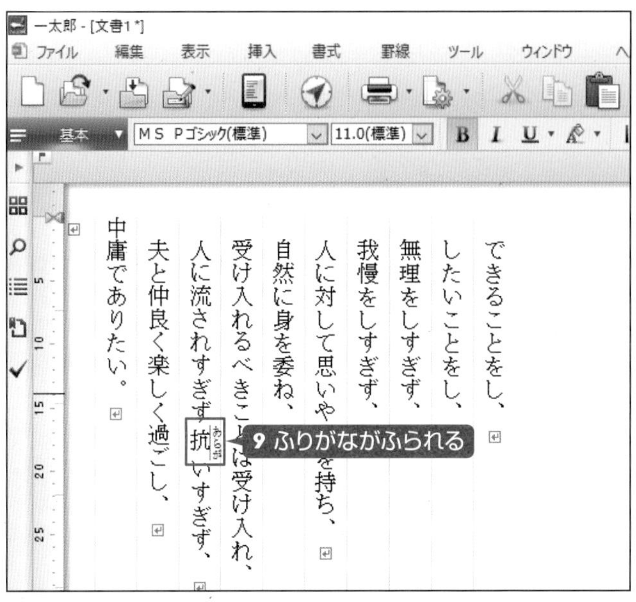

9 ふりがながふられました。

指定した単語にふりがなをふる

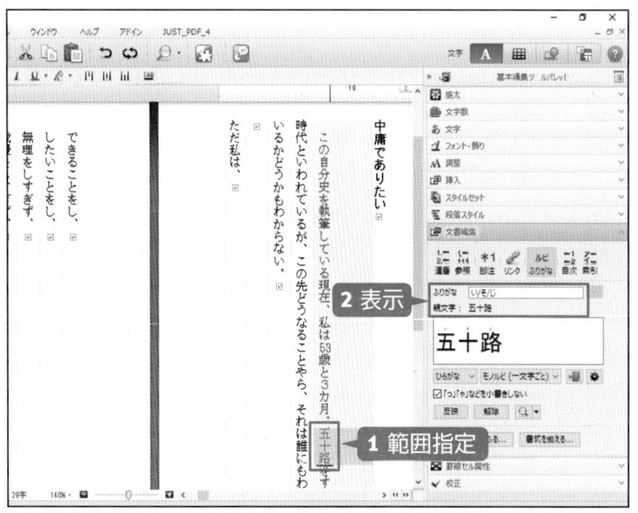

1 ふりがなをふりたい単語を範囲指定します。

2 [親文字]に選択した単語が、[ふりがな]にふりがなが表示されます。

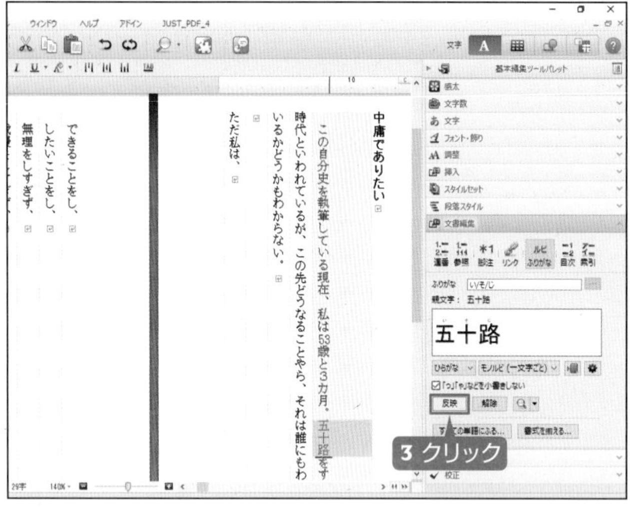

3 反映 をクリックします。

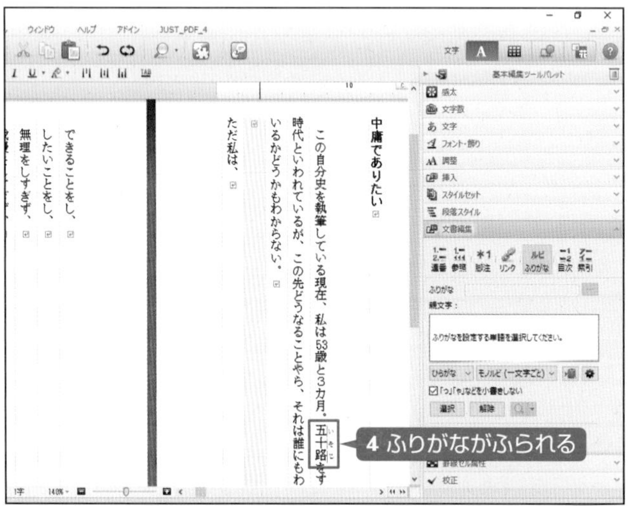

4 ふりがながふられました。

MEMO
同様にして、ふりがなをふりたい単語を範囲指定し、ふりがなを設定していきます。

小説投稿サイトに応じた書式で保存する

アウトプットナビで［小説投稿］を選ぶと、小説投稿サイトに応じた形式にテキストを変換してテキストファイルとして保存することができます。小説投稿サイト上で、一太郎で設定したふりがなや傍点を再現できます。

ツールバーの ［アウトプットナビ］を選択し、［小説投稿］をクリックして、書式を指定します。
なお、［ツールーオプションーオプション］メニューの［ファイル操作ー保存処理］で［テキスト保存時にふりがなも保存する］を［する］にし、［保存するふりがなの形式］で出力したい形式を選択しても、設定に応じた書式でテキスト保存できます。

ウェブで公開した文章を一太郎で再現する

投稿サイトに公開した作品を一太郎に読み込んで印刷したり、再編集したりしたい場合も、ふりがなや傍点を再現することができます。テキスト内に記述されたふりがなや傍点の書式を解析することで、再現を可能にしています。

［ツールーオプションーオプション］を選択。［グループ］で［ファイル操作ーファイル操作］を選択し、［テキストファイル読込時にふりがなを自動的に設定する］を［する］にします。さらに、［読み込むふりがなの形式］で読み込みたい形式を選択し、OK をクリックします。

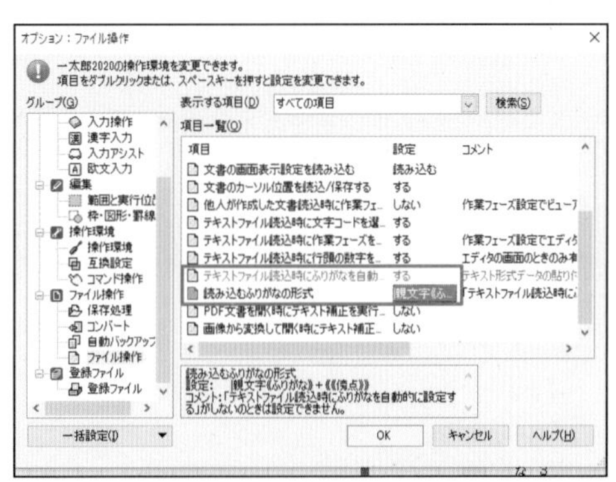

テキスト内に記述されたふりがなや傍点の書式が、一太郎文書上で再現されます。

|五十路《いそじ》を《《すでに》》３年以上越えた。

五十路（いそじ）をすでに３年以上越えた。

まとめて改行削除

小説投稿サイトなどのウェブ小説やブログとして投稿した記事などは、読みやすさのために空行を多用することがあります。こうした文章を一太郎上でまとめたいとき、不要な改行をまとめて削除できます。

空行が多用された文章です。一太郎上では読みづらく感じます。

中庸でありたい

　この自分史を執筆している現在、私 53 歳と３カ月。五十路をすでに３年以上超えた。
人生１００年時代といわれているが、この先どうなることやら、それは誰にもわからない。
次の改元の時、この世にいるかどうかもわからない。

ただ私は、

　できることをし、

　したいことをし、

　無理をしすぎず、

[編集−補助−まとめて改行削除] を選択します。[2行以上の空行は1行だけ残す] などのオプション設定も可能です。改行を保持しながら、不要な改行を削除するといった設定が可能です。

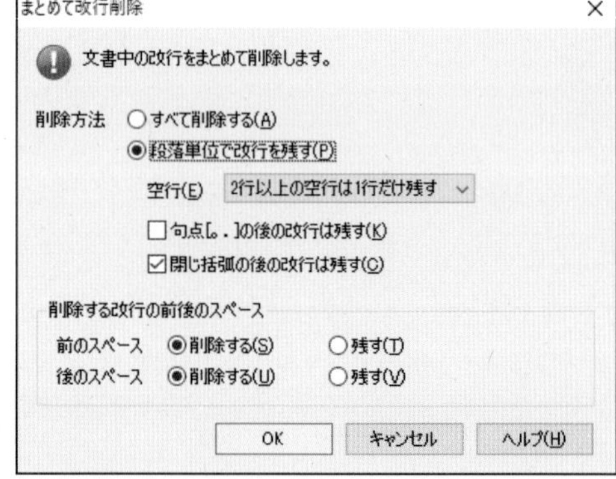

設定したとおりに空行が削除され、読みやすくなりました。

中庸でありたい

　この自分史を執筆している現在、私 53 歳と３カ月。五十路をすでに３年以上超えた。
人生１００年時代といわれているが、この先どうなることやら、それは誰にもわからない。
次の改元の時、この世にいるかどうかもわからない。

ただ私は、

できることをし、
したいことをし、
無理をしすぎず、
我慢をしすぎず、
人に対して思いやりを持ち、
自然に身を委ね、
受け入れるべきことは受け入れ、
人に流されすぎず抗いすぎず、
夫と仲良く楽しく過ごし、

中庸でありたい。

3 文書の文字数を確認する

長文を書いていると、作成途中で今どのくらい執筆したのか知りたいことがあります。また、公募小説に応募する場合には、文字数や原稿用紙枚数が規定されていることもあります。現在までの文字数を確認したり、目標文字数を設定して達成度を確認しながら書き進めたりすることができます。

3-1 ステータスバーで文字数を確認する

一太郎2020では、文書の文字数をステータスバーで確認できるようになりました。リアルタイムに文字数を確認できるので、記事や原稿など、文字数を意識しながら執筆することができます。ツールパレットを閉じた状態でも文字数を確認できるため、画面を広く使いたい方にもおすすめです。テキストファイルを開いたときに、文字コードを表示することもできるようになりました。

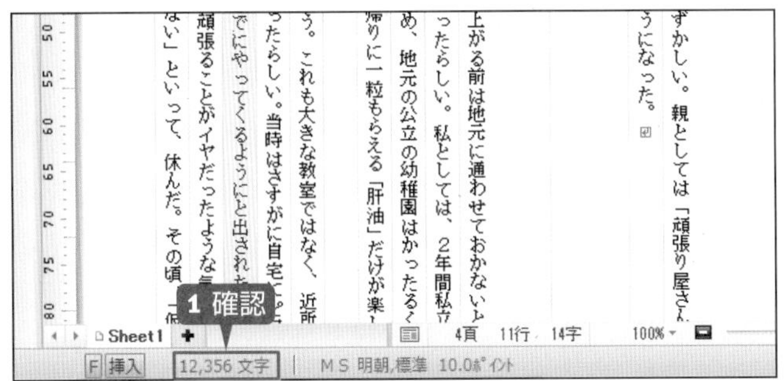

ステータスバーで文字数を確認する

1 ステータスバーで文字数を確認できます。

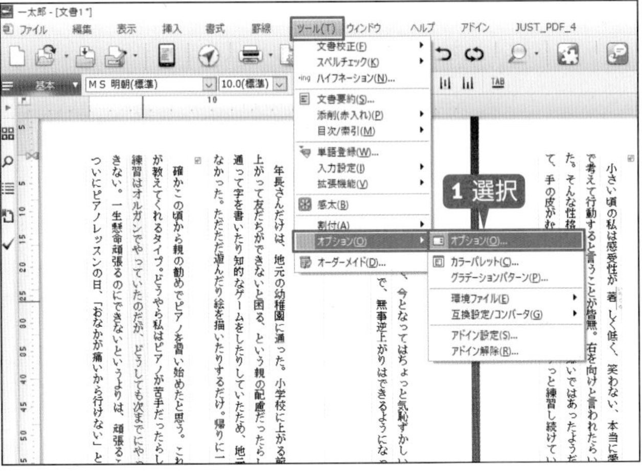

スペースを含める設定に変更する

1 [ツール−オプション−オプション] を選択します。

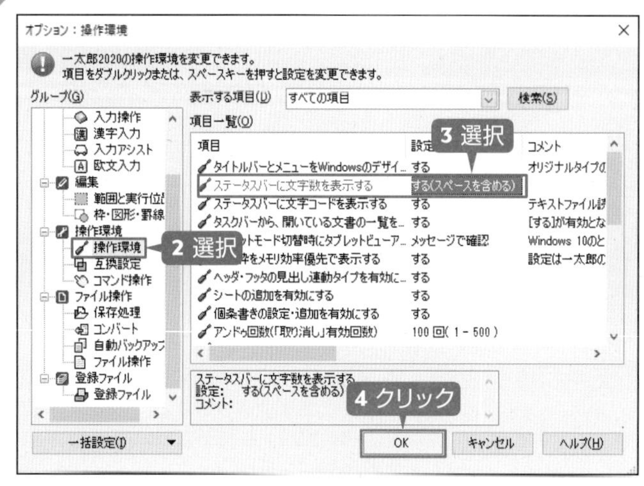

2 ［グループ］で［操作環境－操作環境］を選択します。

3 ［項目一覧］の［ステータスバーに文字数を表示する］で［する(スペースを含める)］を選択します。

4 OK をクリックします。

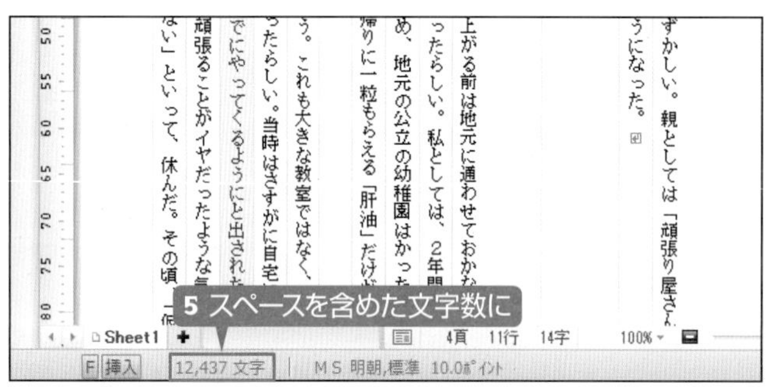

5 スペースを含めた分、先ほどより文字数が増えました。

MEMO

文字数を表示しない設定にすることもできます。

HINT

テキストファイルを開いたときに、ステータスバーに文字コードを表示する

テキストファイルを開いたとき、ステータスバーに文字コードを表示することができるようになりました。［ツール－オプション－オプション］でオプション画面を開き、［操作環境－操作環境］の［ステータスバーに文字コードを表示する］で、表示するかしないかを設定できます。

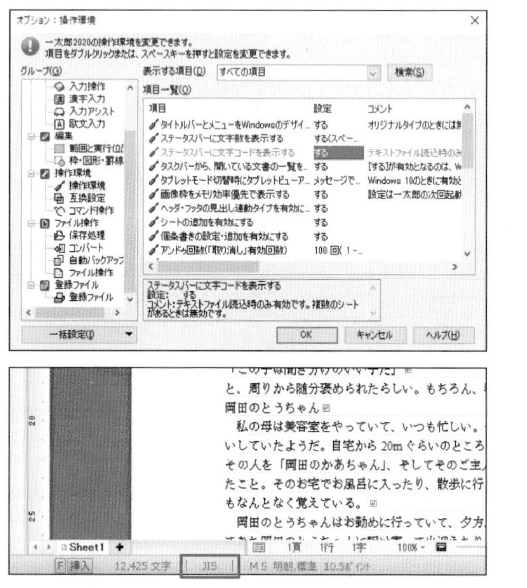

3-2 [文字数] パレットで文字数を確認する

[文字数] パレットを使えば、文書の文字数や、その文書が原稿用紙に換算すると何枚になるかが表示されます。更新ボタンを押すことで追加した文字をカウントし直します。

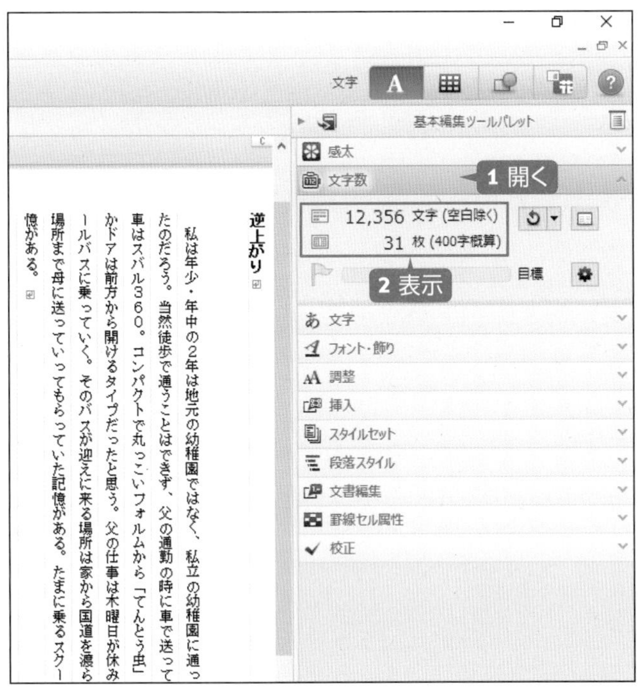

ツールパレットで文字数を確認する

1. [文字数] パレットを開きます。
2. 総文字数と、400字詰めの原稿用紙に換算した場合の枚数が表示されます。

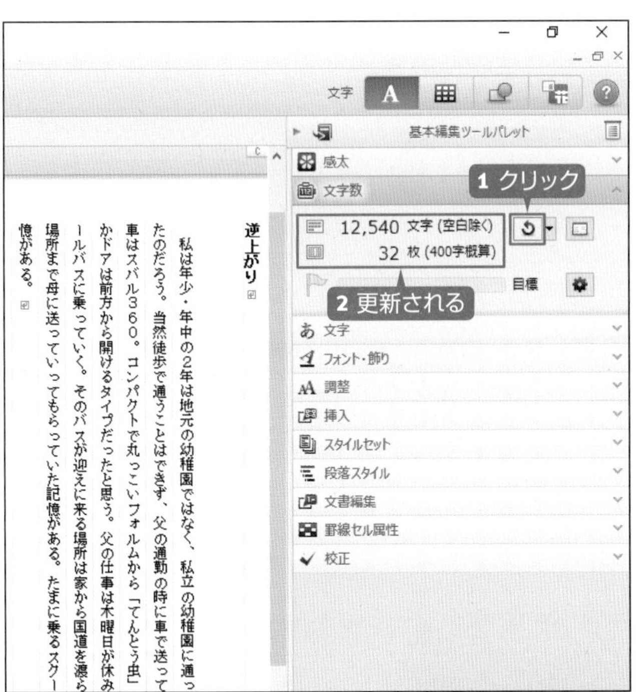

内容を更新する

1. [文字数] パレットの [更新] をクリックします。
2. 加筆修正していた場合、文字数が更新されます。

3-3 自動的に[文字数]パレットの内容を更新する

常に文字数を確認しながら作業したいときには、一定時間ごとに自動で更新する設定することもできます。手動で更新する手間がかからないので便利です。

更新時間を設定する

1 [更新]の右横の [更新間隔] をクリックします。

2 更新間隔を設定します。

3 設定した時間が経過すると、自動的にパレットの内容が更新されます。

MEMO 特定の一部を範囲指定して [更新] をクリックすると、指定した範囲の文字数を確認することもできます。

パレットを閉じても文字数が確認できる

更新間隔を設定している場合、[文字数] パレットを閉じた状態でも文字数を確認することができます。パレット名の右側部分に、現在の文字数が表示されます。

3-4 目標文字数を設定して書く

投稿小説を書く場合など、文字数や枚数が決められていることがあります。目標とする文字数を設定しておくと、[文字数]パレットに今どのくらいまで達成できているかを横棒グラフで表示することができます。進み具合がひと目でわかるので励みになります。ここでは、文書スタイルで設定した文字数と行数を1枚(1ページ)とし、目標ページ数を設定します。

目標文字数を設定する

1. [文字数]パレットの [設定]をクリックします。

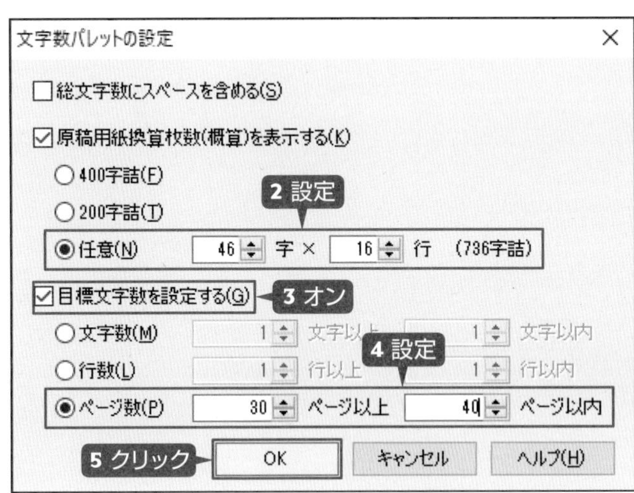

2. [原稿用紙換算枚数(概算)を表示する]で[任意]を選択し、文字数と行数を設定します。ここでは、46文字×16行に設定しています。

3. [目標文字数を設定する]のチェックをオンにします。

4. 目標の文字数を設定します。目標は[文字数]、[行数]、[ページ数]で設定することができます。ここでは[ページ数]を選択し、目標とするページ数を範囲で設定します。

5. OK をクリックします。

6. 目標の達成度が横棒グラフで表示されます。

4 写真やイラストを挿入する

写真やイラストを挿入して自分史を完成させましょう。幼い頃の写真を入れたり、地域や時代を感じさせるイラストを挿入することで、自分史にリアリティさが増します。一太郎2020には、35周年記念として、昭和20年から令和元年にかけてのできごとや流行、風物のイラストを70点搭載しています。

4-1 イラストを挿入する

地域や時代を感じるイラストを挿入しましょう。挿入されているイラストを見るだけで、地域や時代がわかり、自分史がより読みやすくなります。文字のよけ方などを考慮して枠の基準を変更します。

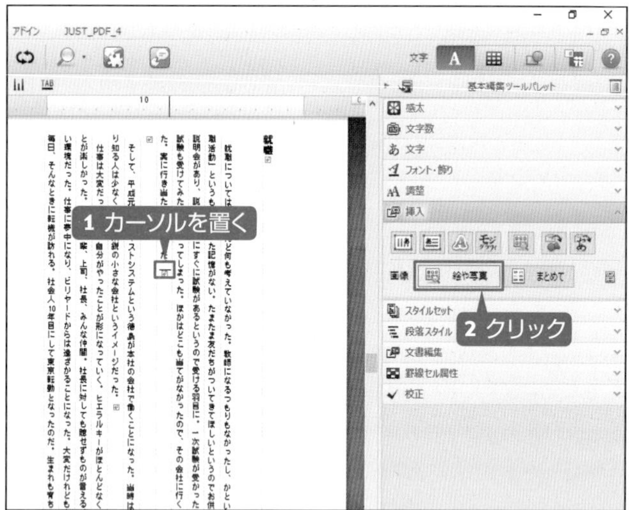

イラストを挿入する

1. イラストを挿入したい位置にカーソルを置きます。
2. [挿入] パレットの 絵や写真 [絵や写真の挿入] をクリックします。

3. [絵や写真] ダイアログボックスの[イラスト] タブを選択します。
4. 左側でイラストの分類で[名物] を選択します。
5. 右側で挿入したいイラストを選択します。ここでは[阿波踊り1] を選択しています。
6. 挿入 をクリックします。

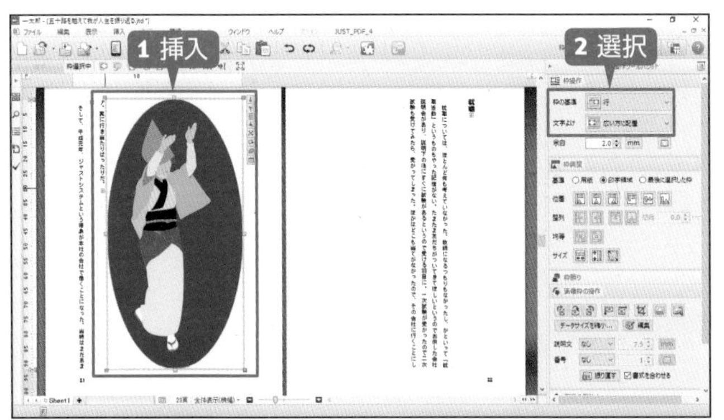

枠の基準を変更する

1 イラストが挿入されます。

2 [枠操作] パレットの[枠の基準] で[行] を、[文字よけ] で[広い方に配置] を選択します。

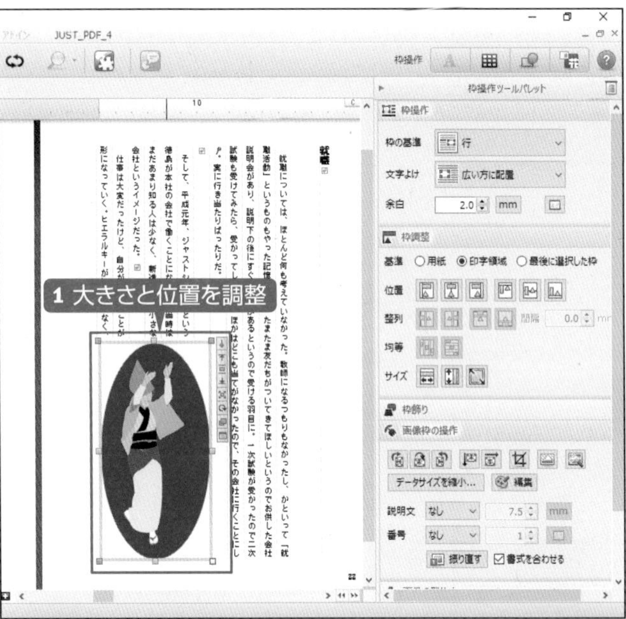

大きさと位置を調整する

1 枠の周囲の■をドラッグしてサイズを調整し、枠をドラッグして位置を調整します。

MEMO 同様の手順で、必要な点数だけイラストを挿入していきましょう。

HINT 35周年記念コンテンツ「昭和・平成・令和 時をかけるイラスト70」

昭和20年から令和元年にかけてのできごとや流行、風物のイラストを70点搭載しています。自分史にはもちろん、エッセイや回顧録、チラシや資料などに活用できます。

4-2 写真を挿入する

幼い頃の写真を探して挿入してみましょう。紙焼き写真しかない場合も、スキャンしたり写真を撮影したりすることでデジタル化できます。挿入した写真は、トリミングしたり型抜きをしたりして変化を付けることができます。また、説明文を付けることもできます。

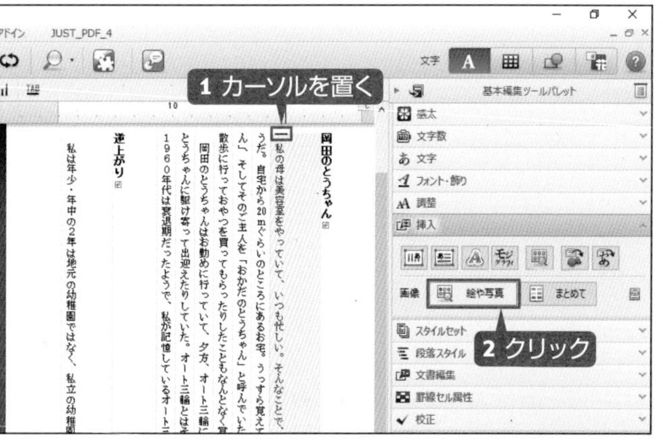

写真を挿入する

1. 写真を挿入したい位置にカーソルを置きます。
2. [挿入]パレットの 絵や写真 [絵や写真の挿入]をクリックします。

3. [絵や写真]ダイアログボックスの [フォルダーから]を選択します。
4. 左側で写真を保存しているフォルダーを指定します。
5. 右側で挿入したい写真を選択します。
6. 画像枠で挿入 をクリックします。

枠の基準を変更する

1. 写真が挿入されます。
2. [枠操作]パレットの[枠の基準]で[行]を、[文字よけ]で[広い方に配置]を選択します。

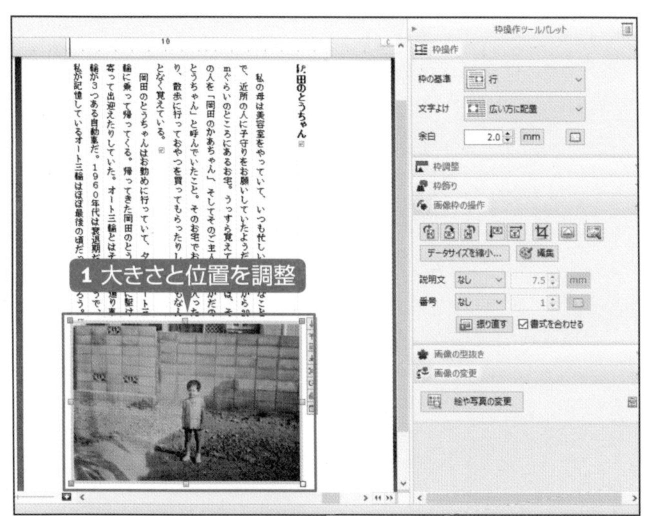

大きさと位置を調整する

1 周囲の■をドラッグして大きさを調整し、枠をドラッグして位置を調整します。

トリミング後も調整するので、大まかな大きさや位置で構いません。

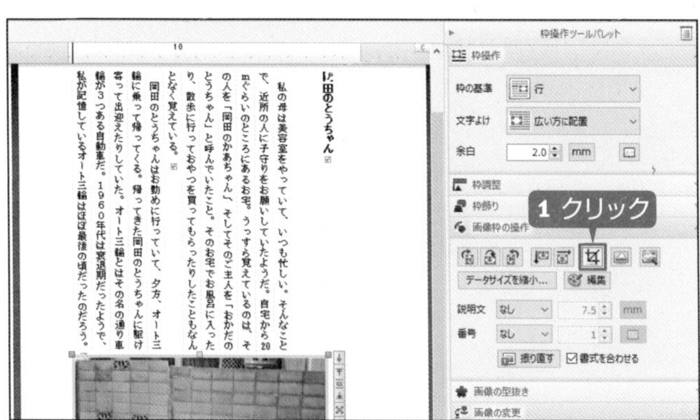

写真をトリミングする

1 [画像枠の操作] パレットの [トリミング] をクリックします。

2 [トリミング] ダイアログボックスで、表示したい範囲を設定します。

3 OK をクリックします。

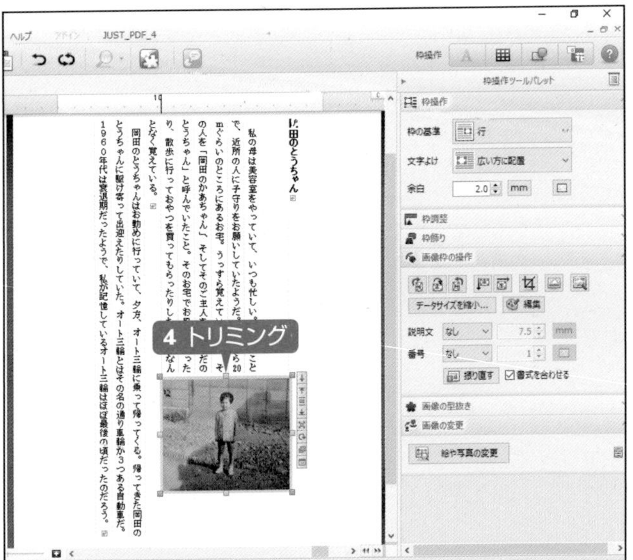

4 写真がトリミングされました。

5 再度、位置や大きさを調整します。

MEMO

形や大きさが文章の長さとうまく合わない場合は、トリミングと大きさ、位置を何度か調整しながらベストな状態を探りましょう。

写真のデータサイズを縮小する

データサイズを縮小することにより、ファイルサイズを小さくできます。[画像枠の操作] パレットの データサイズを縮小... をクリックし、解像度を設定します。画質が低下したと感じた場合は [取り消し] をクリックして操作前の状態に戻し、解像度を高めに設定し直します。なお、自費出版などで印刷する場合は、あまり圧縮しないほうがよいでしょう。

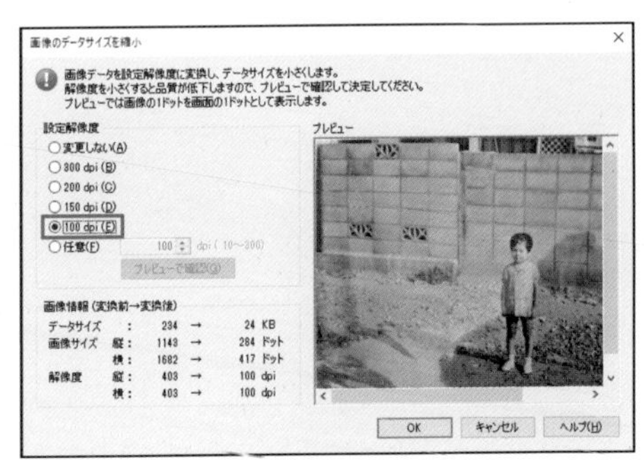

写真に説明文を付ける

写真に説明文（キャプション）を付けることができます。幼い頃の写真は、両親にそのシチュエーションを聞くなどして説明文を付けておくと、より具体性が増します。

●写真に説明文を付ける

1 ［画像枠の操作］パレットの［説明文］から［下］を選択します。

2 写真の下部に文字入力領域が現れるので、その枠内をクリックして写真に付けたい説明文を入力します。

3 説明文の位置を設定した右の数字を変更すると、入力欄の幅を変更できます。

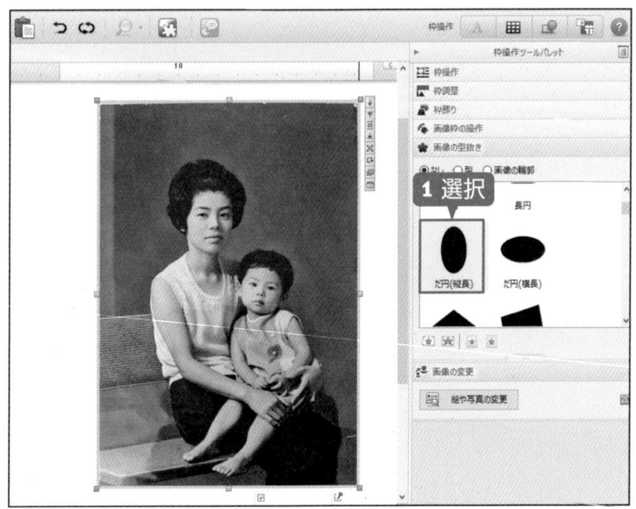

写真を型抜きする

1 同じようにして挿入した写真を型抜きにしてみます。写真を選択し、[画像の型抜き] パレットで、型を選択します。ここでは、だ円(縦長) 選択しています。

2 写真が型抜きされます。

3 [画像サイズに合わせる] を選択します。

4 画像の縦横比に合わせて型抜きされます。

5 文書を校正する

自分史が完成したら、誤字脱字や作法が間違っていないか確認しましょう。一太郎には強力な文書校正機能があります。小説用の文書校正を使用すると、括弧内のくだけた表現や、擬音語、擬態語のチェックを外すなど、最適な方法で校正結果を表示してくれます。

5-1 小説用設定で文書の誤りをチェックする

用意された小説用設定で、誤字脱字や作法の間違いをチェックしましょう。誤字脱字のほかに、約物の使い方などもチェックできます。

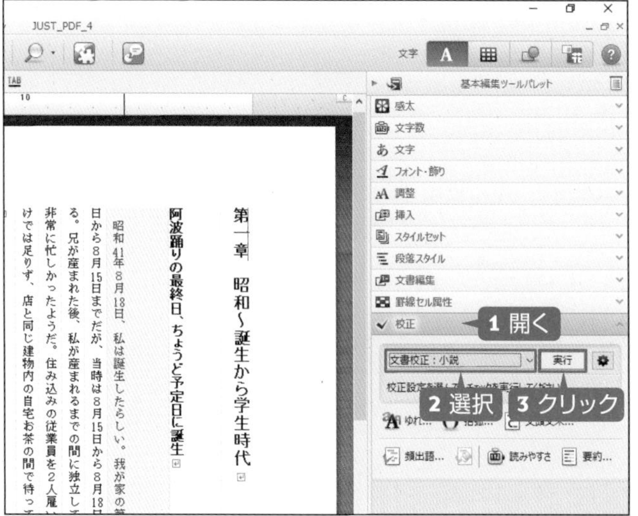

文書校正を実行する

1. [校正] パレットを開きます。
2. 文書校正の種類を選択します。ここでは[文書校正：小説] を選択します。
3. 実行 をクリックします。

4. 文書校正の実行が完了したら、項目ごとの指摘を確認します。
5. [ジャンプパレットに一覧を表示する] がオンになっていることを確認します。
6. 閉じる をクリックします。

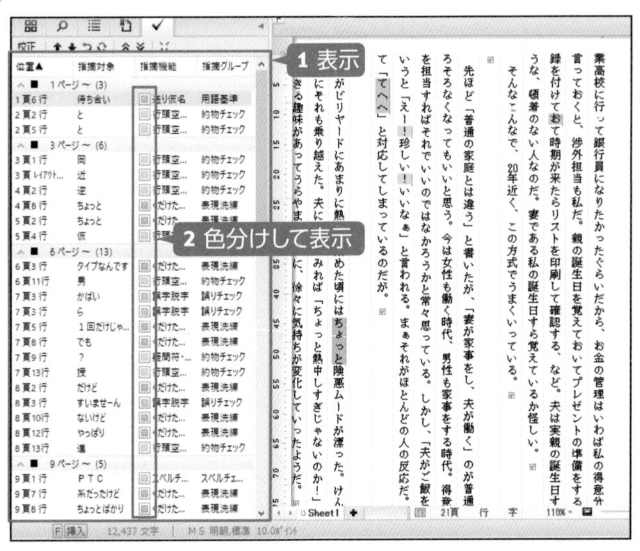

1 ジャンプパレットに指摘項目が一覧表示されます。

2 指摘の種類ごとに色が設定されており、編集画面の指摘個所も色分けして表示されます。

指摘一覧の表示方法を変える

ジャンプパレットに表示される指摘項目一覧は、文書の先頭から順に表示されています。これを逆順にしたり、[指摘対象]、[指摘機能]、[指摘グループ]などで並べ替えたりできます。いずれも項目名の部分をクリックすることで昇順、降順をワンクリックで変更できます。

位置昇順

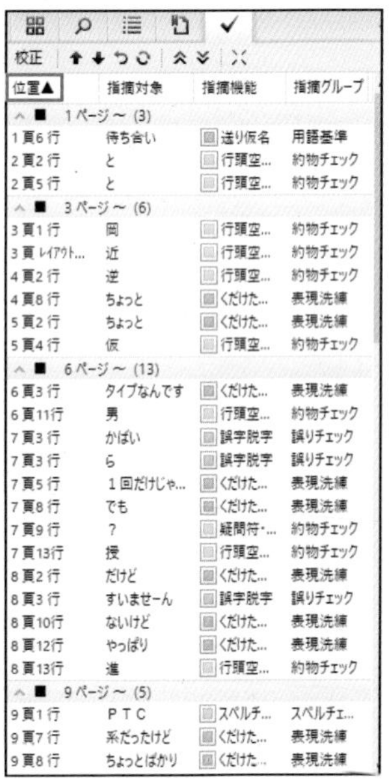

位置▲	指摘対象	指摘機能	指摘グループ
1ページ～(3)			
1頁6行	待ち合い	送り仮名	用語基準
2頁2行	と	行頭空…	約物チェック
2頁5行	と	行頭空…	約物チェック
3ページ～(6)			
3頁1行	岡	行頭空…	約物チェック
3頁 レイアウト…	近	行頭空…	約物チェック
4頁2行	逆	行頭空…	約物チェック
4頁8行	ちょっと	くだけた…	表現洗練
5頁2行	ちょっと	くだけた…	表現洗練
5頁4行	仮	行頭空…	約物チェック
6ページ～(13)			
6頁3行	タイプなんです	くだけた…	表現洗練
6頁11行	男	行頭空…	約物チェック
7頁3行	かばい	誤字脱字	誤りチェック
7頁3行	ら	誤字脱字	誤りチェック
7頁5行	１回だけじゃ…	くだけた…	表現洗練
7頁8行	でも	くだけた…	表現洗練
7頁9行	？	疑問符・…	約物チェック
7頁13行	授	行頭空…	約物チェック
8頁2行	だけど	くだけた…	表現洗練
8頁3行	すいませーん	誤字脱字	誤りチェック
8頁10行	ないけど	くだけた…	表現洗練
8頁12行	やっぱり	くだけた…	表現洗練
8頁13行	進	行頭空…	約物チェック
9ページ～(5)			
9頁1行	ＰＴＣ	スペルチ…	スペルチェ…
9頁7行	系だったけど	くだけた…	表現洗練
9頁8行	ちょっとばかり	くだけた…	表現洗練

指摘対象昇順

位置	指摘対象▲	指摘機能	指摘グループ
ひらがな(21)			
15頁10行	いろんな	くだけた…	表現洗練
21頁4行	う	行頭空…	約物チェック
22頁3行	お	誤字脱字	誤りチェック
24頁6行	かかりつけの…	同一助…	表現洗練
7頁3行	かばい	誤字脱字	誤りチェック
8頁3行	すいませーん	誤字脱字	誤りチェック
27頁1行	た	行頭空…	約物チェック
8頁2行	だけど	くだけた…	表現洗練
4頁8行	ちょっと	くだけた…	表現洗練
5頁2行	ちょっと	くだけた…	表現洗練
22頁13行	ちょっと	くだけた…	表現洗練
9頁8行	ちょっとばかり	くだけた…	表現洗練
22頁11行	てへへ	誤字脱字	誤りチェック
7頁8行	でも	くだけた…	表現洗練
18頁2行	でも	くだけた…	表現洗練
2頁2行	と	行頭空…	約物チェック
2頁5行	と	行頭空…	約物チェック
8頁10行	ないけど	くだけた…	表現洗練
13頁13行	なくはなかっ…	二重否定	表現洗練
8頁12行	やっぱり	くだけた…	表現洗練
7頁3行	ら	誤字脱字	誤りチェック
カタカナ(5)			
6頁3行	タイプなんです	くだけた…	表現洗練
11頁12行	ビ	行頭空…	約物チェック
17頁5行	ビ	行頭空…	約物チェック
17頁6行	ビリヤードやっ…	誤字脱字	誤りチェック
15頁7行	フ	行頭空…	約物チェック
漢字(28)			

指摘機能昇順

位置	指摘対象	指摘機能▲	指摘グループ
誤りチェック(12)			
22頁3行	お	誤字脱字	誤りチェック
7頁3行	かばい	誤字脱字	誤りチェック
8頁3行	すいませーん	誤字脱字	誤りチェック
22頁11行	てへへ	誤字脱字	誤りチェック
7頁3行	ら	誤字脱字	誤りチェック
17頁6行	ビリヤードやっ…	誤字脱字	誤りチェック
15頁13行	期間やってい…	誤字脱字	誤りチェック
17頁10行	変え	同音語…	誤りチェック
12頁12行	球を	同音語…	誤りチェック
17頁7行	球を	同音語…	誤りチェック
18頁1行	球を	同音語…	誤りチェック
27頁14行	超えて	同音語…	誤りチェック
用語基準(1)			
1頁6行	待ち合い	送り仮名	用語基準
表現洗練(18)			
24頁6行	かかりつけの…	同一助…	表現洗練
25頁6行	人見知りで…	同一助…	表現洗練
13頁13行	なくはなかっ…	二重否定	表現洗練
15頁10行	いろんな	くだけた…	表現洗練
8頁2行	だけど	くだけた…	表現洗練
4頁8行	ちょっと	くだけた…	表現洗練
5頁2行	ちょっと	くだけた…	表現洗練
22頁13行	ちょっと	くだけた…	表現洗練
9頁8行	ちょっとばかり	くだけた…	表現洗練
7頁8行	でも	くだけた…	表現洗練
18頁2行	でも	くだけた…	表現洗練
8頁10行	ないけど	くだけた…	表現洗練
8頁12行	やっぱり	くだけた…	表現洗練

5-2 指摘があった個所を確認して修正する

指摘の中で、気になるものがあれば確認して間違っていれば修正しましょう。画面左側のジャンプパレットと、画面右側のツールパレットを活用して次々と修正していきます。自分史なので、「自分の表現」である個所は修正せずに指摘を消去しましょう。

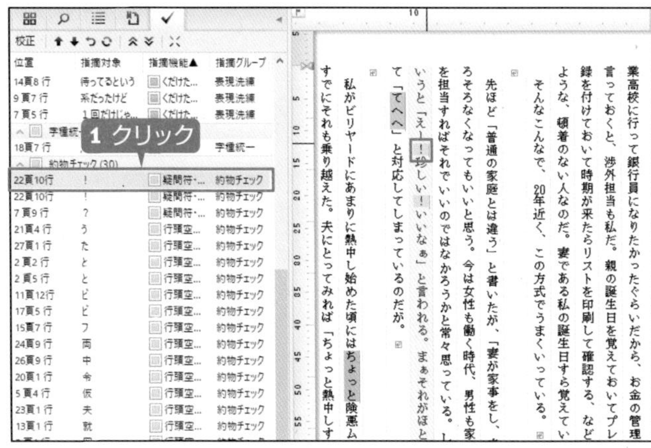

指摘個所を修正する

1 気になる指摘個所をジャンプパレットでクリックします。

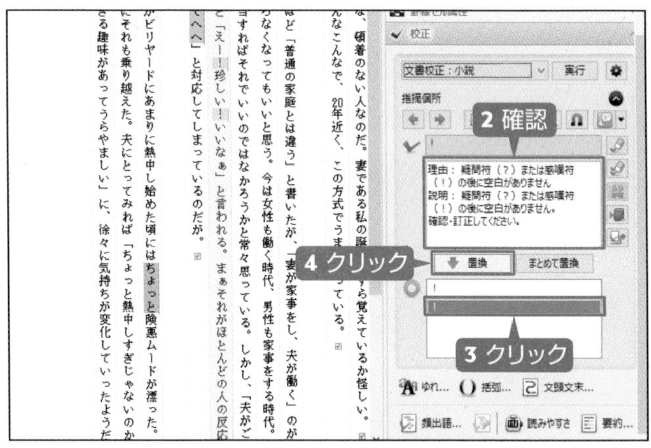

2 [校正] パレットで、指摘された理由を確認します。

3 置換候補をクリックします。自分で入力することもできます。

4 [置換] をクリックします。

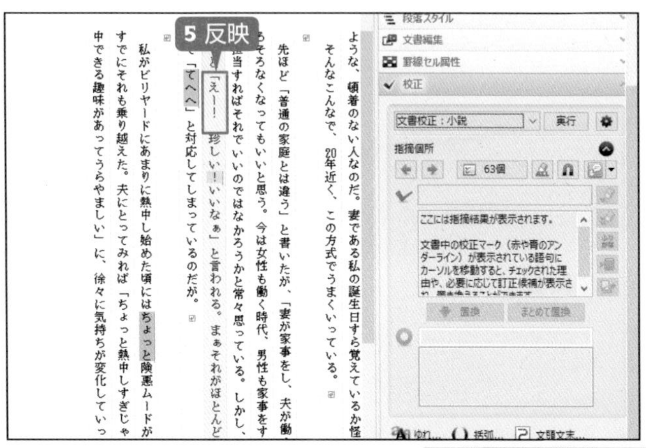

5 修正が反映され、正しい表現になりました。

MEMO 修正したい指摘を反映したあと、[全校正マークをクリア] をクリックすると、不要な指摘はクリアされます。

MEMO 校正内容は、何をチェックするか、何をチェックしないかを自分で設定できます。校正内容の設定方法については、第4章の144ページを参照してください。

6 文書の体裁を整える

体裁を整えましょう。章見出しは「中扉」を、著者名や発行日の情報は「奥付」を設定します。さらに目次を作成し、目次にはノンブル(ページ数)を表示しないようにするために「ページスタイル」を設定しましょう。書籍タイトルにも「ページスタイル」を設定します。

6-1 中扉や奥付などのページスタイルを設定する

中扉は、章タイトルを1ページ分使って表示します。奥付は、著者名や発行日の情報を入れて巻末に付けるのが一般的です。あらかじめ[書籍編集]パレットを表示しておくと、作成しやすくなります。書籍のタイトル(サブ表紙)には、別途ページスタイルを設定します。

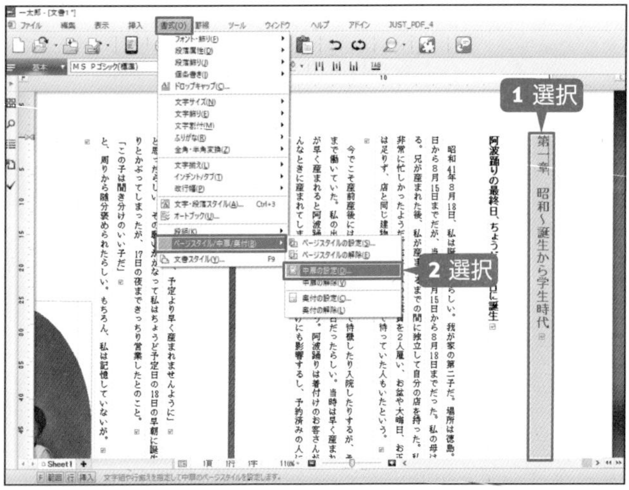

中扉を設定する

1 中扉を設定したい範囲を選択します。

2 「書式−ページスタイル/中扉/奥付−中扉の設定」を選択します。

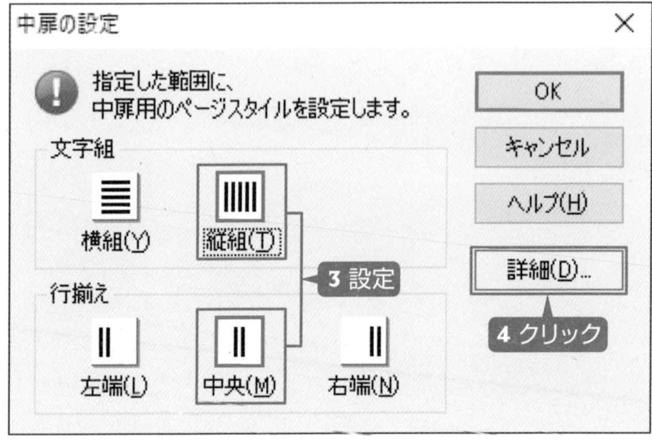

3 中扉の書式を設定します。[文字組]で縦組みか横組みか、「行揃え」で上端、中央、下端のいずれかを選択します。ここではそれぞれ、[縦組]、[中央]を選択しています。

4 詳細 をクリックします。

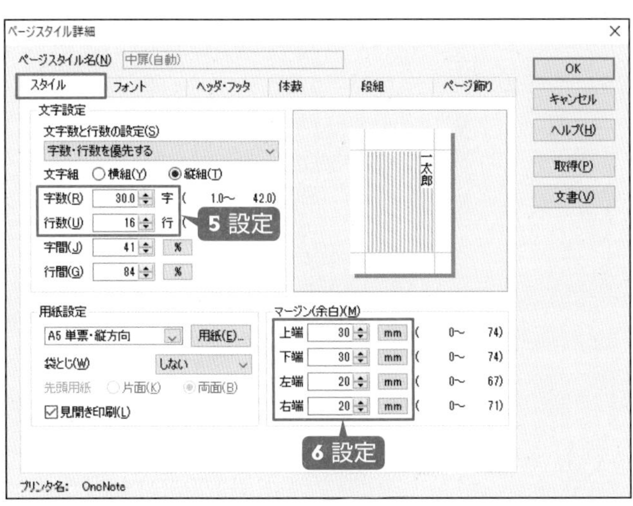

5 [スタイル] タブで [字数] を「30」字に、[行数] を「16」行に設定します。

6 [マージン(余白)] の上端と下端を「30」mmに、左端と右端を「20」mmに設定します。

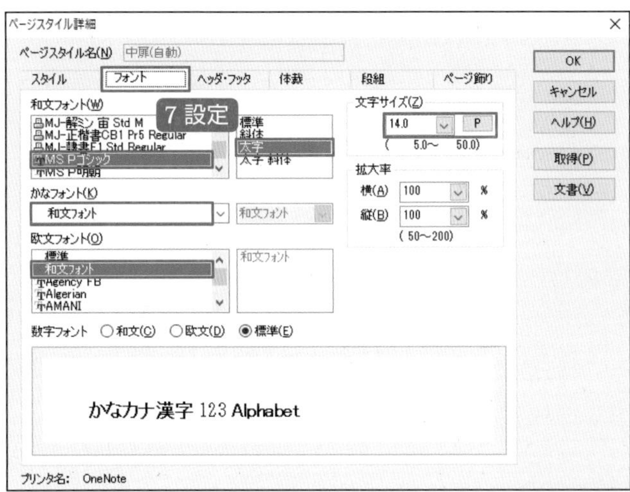

7 [フォント] タブでフォントの種類や文字サイズなどを設定します。ここでは、以下を設定しています。

和文フォント：MS Pゴシック
　　　　　　　太字
かなフォント：和文フォント
欧文フォント：和文フォント
文字サイズ：14ポイント

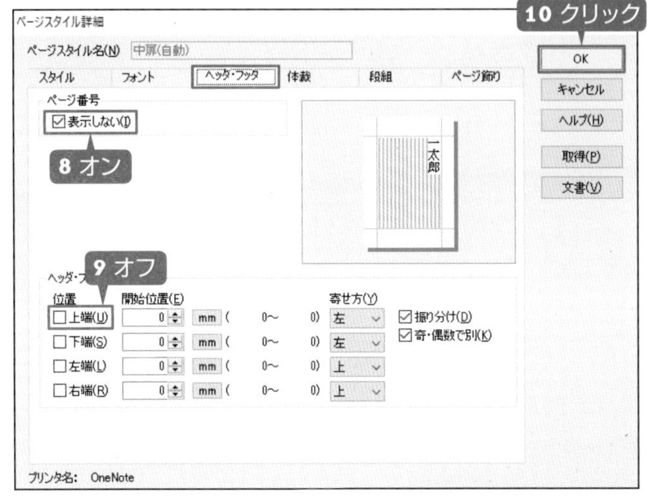

8 [ヘッダ・フッタ] タブの [ページ番号] で [表示しない] のチェックをオンにします。

9 [ヘッダ・フッタ] の [上端] のチェックをオフにします。

10 OK をクリックします。[中扉の設定] ダイアログボックスも OK をクリックして閉じます。

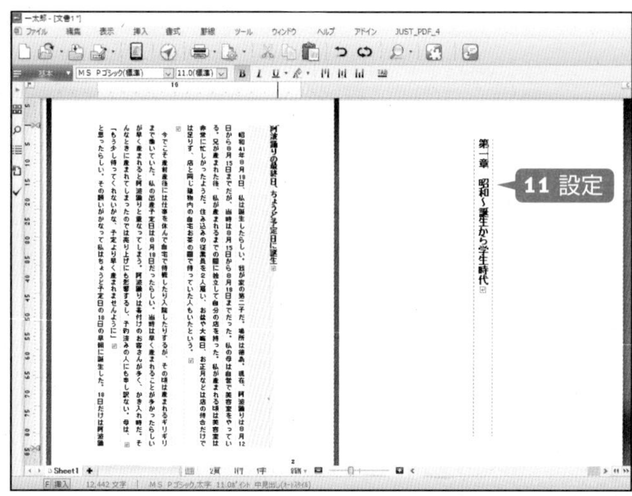

中扉の書式が設定されます。

ページを独立させていなくても、自動的に中扉用のページが設定されます。

中扉のスタイルを解除したい場合は、[書式ーページスタイル/中扉/奥付ー中扉の解除] を選択し、中扉ページ内でクリックします。

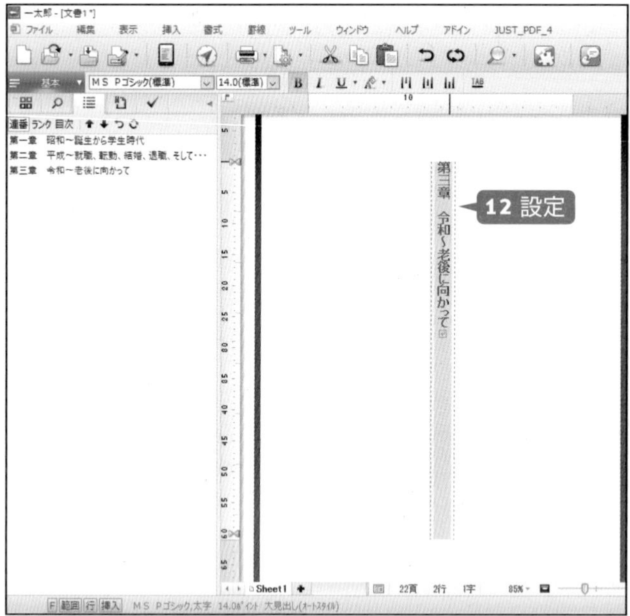

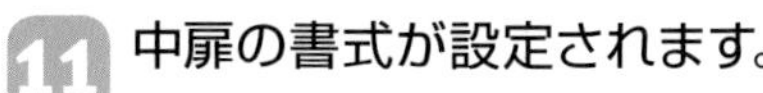
12 ほかの2つの章にも、同じように中扉を設定します。

設定は引き継がれているので、[中扉の設定] ダイアログボックスが開いたら、OK をクリックするだけで先ほどと同様の内容で中扉を設定することができます。

MEMO
ジャンプパレットを開き、[見出し]ー[連番] を表示すると、すぐに章タイトルにジャンプすることができます。

奥付を設定する

1 奥付を設定したい範囲を範囲を選択します。

2 「書式－ページスタイル/中扉/奥付－奥付の設定」を選択します。

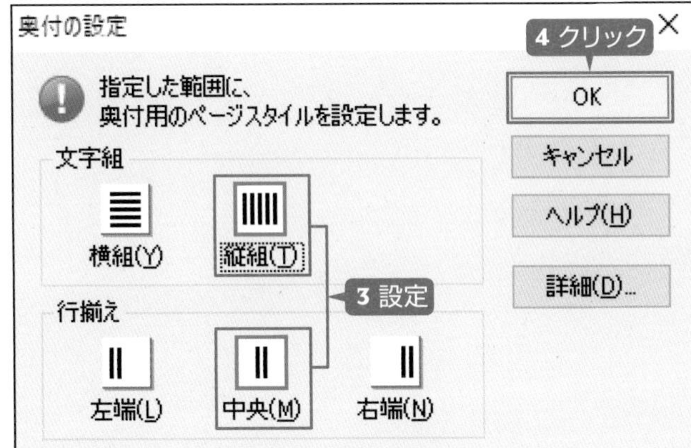

3 奥付の書式を設定します。[文字組]で縦組、「行揃え」で中央を選択します。

4 OK をクリックします。

MEMO
中扉同様、詳細をクリックして、フォントサイズやマージンなど設定します。スタイルとマージンは中扉と同じ、フォントサイズを12ポイント、ページ番号の[表示しない]のチェックボックスをオンにしています。

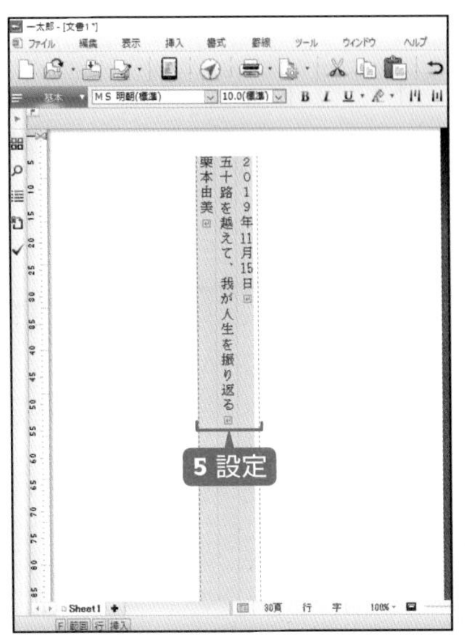

5 奥付の書式が設定されます。

タイトルにページスタイルを設定する

1 ページスタイルを設定したい範囲を選択します。ここではタイトル文字を選択しています。

2 [書式－ページスタイル/中扉/奥付－ページスタイルの設定]を選択します。

MEMO
中扉を設定した後に、中扉の前にページを挿入したい場合は、[エディタ]フェーズに切り替え、[スタイル 中扉(自動)開始]の行で Shift ＋ Insert キーを押すと行を挿入できます。

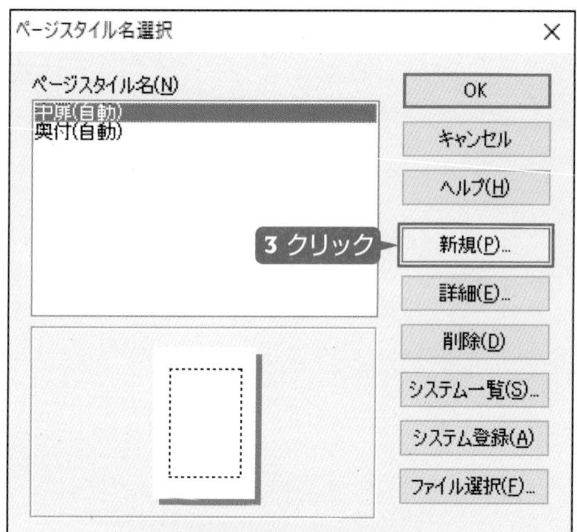

3 新規 をクリックします。

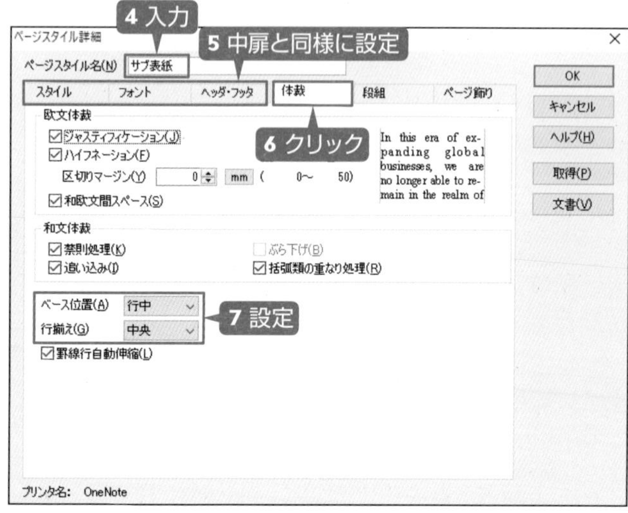

4 [ページスタイル名]を入力します。ここでは[サブ表紙]としています。

5 [スタイル]タブ、[フォント]タブ、[ヘッダ・フッタ]タブは、中扉と同じ設定にします。

6 [体裁]タブをクリックします。

7 [ベース位置]を[行中]、[行揃え]を[中央]に設定します。

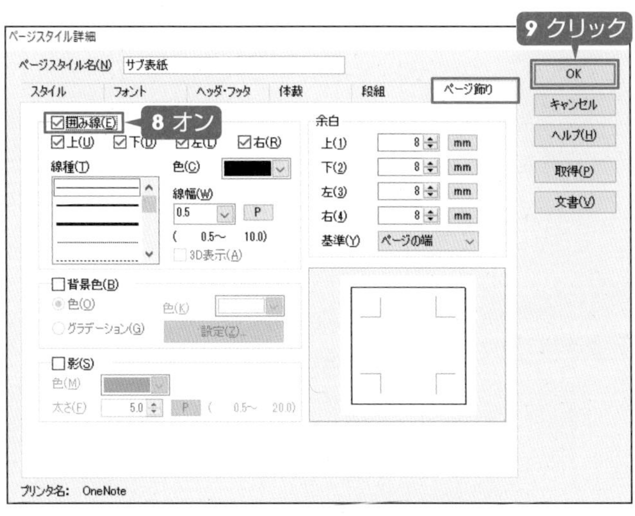

8 [ページ飾り] タブで[囲み線] のチェックをオンにします。

9 OK をクリックします。

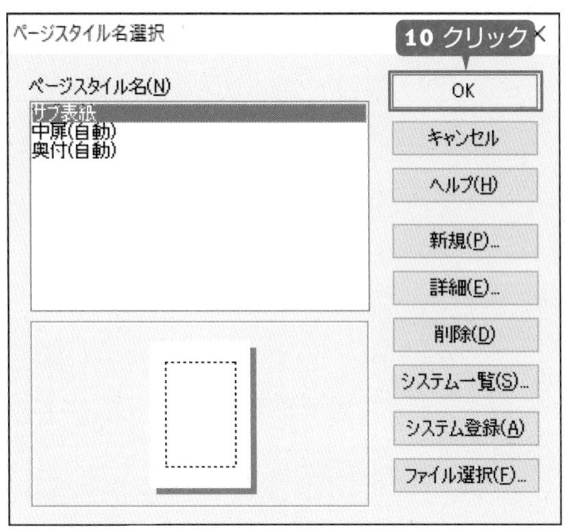

10 [ページスタイル名選択] ダイアログボックスに戻るので、OK をクリックします。

11 囲み線付きのサブ表紙ができました。

6-2 目次を作成する

目次を作成します。章タイトルと見出しにはあらかじめ段落スタイルを設定しているため、それらの項目は自動で目次行として設定されています。[目次ギャラリー] を利用すれば、文書の内容に応じて最適な目次デザインを選べます。

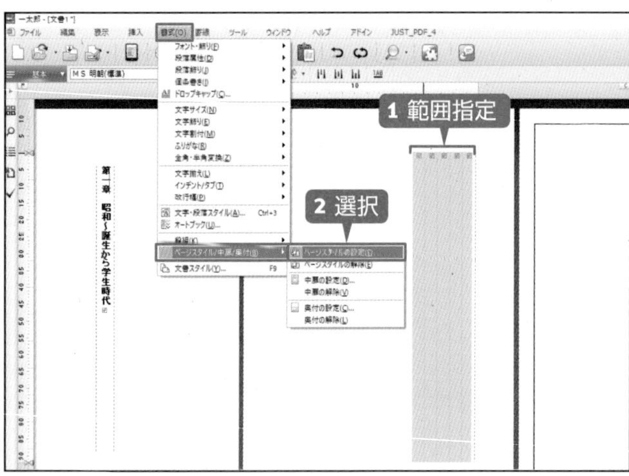

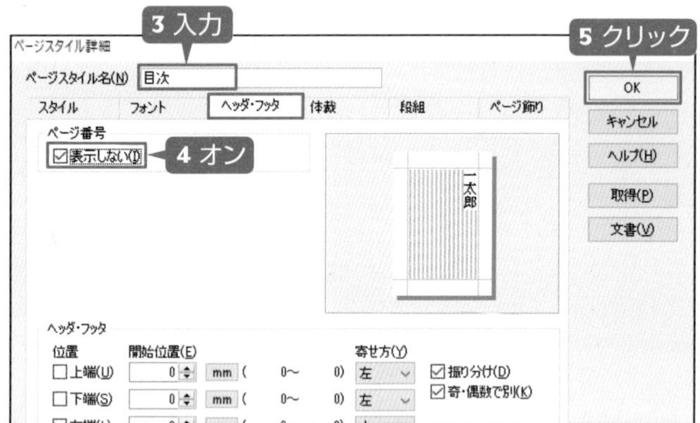

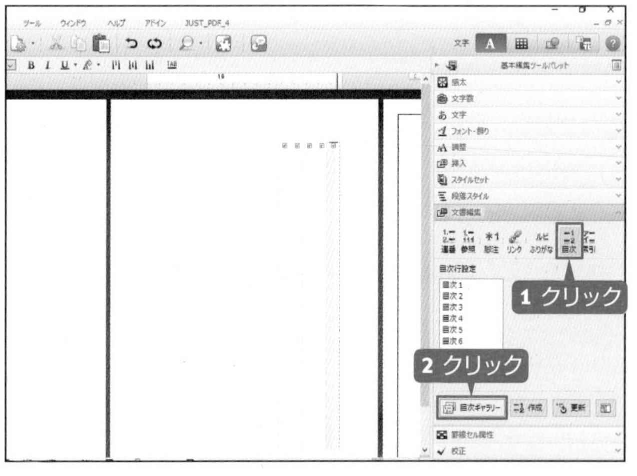

目次ページにスタイルを設定する

1. 目次ページにノンブル(ページ番号)を表示しないようにするために、本文とは別のページスタイルを設定します。サブ表紙と中扉の間の数行を範囲指定します。
2. [書式−ページスタイル/中扉/奥付−ページスタイルの設定] を選択します。
3. [新規] をクリックし、[目次] というページスタイル名を入力します。
4. [ヘッダ・フッタ] タブの[ページ番号] で[表示しない] のチェックをオンにします。[スタイル] タブ、[フォント] タブは、中扉と同じ設定にします。
5. OK をクリックします。

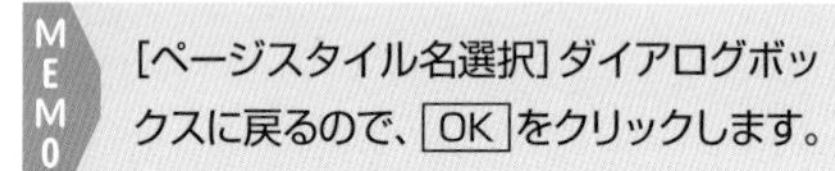
MEMO [ページスタイル名選択] ダイアログボックスに戻るので、OK をクリックします。

目次を作成する

1. [文書編集] パレットの [目次] をクリックします。
2. 目次ギャラリー をクリックします。

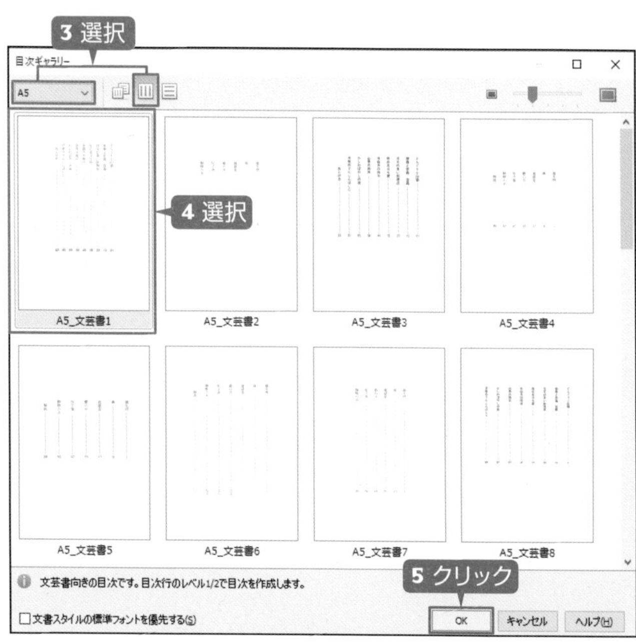

3 [A5] サイズ、[縦組] を選択します。

4 使いたいデザインを選択します。ここでは[A5_文芸書1] を選択しています。

5 OK をクリックします。

6 目次の挿入位置をクリックします。

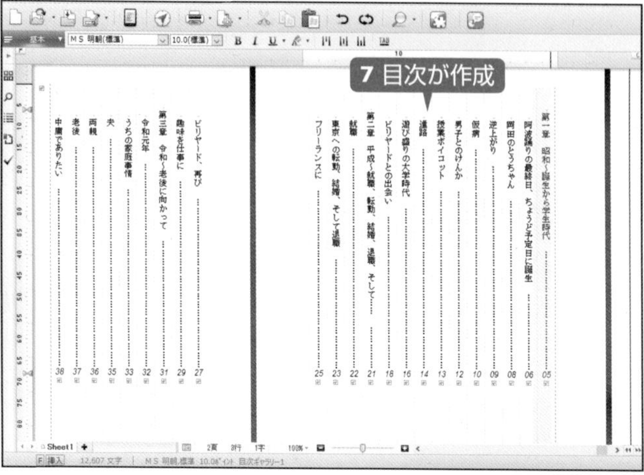

7 目次が作成されます。

6-3 見開き表示でレイアウトを確認する

冊子の作成では、ページをめくる境目で文章が切れないか、見出しや画像など見開きでどうレイアウトされるかに配慮して、執筆・編集することがあります。一太郎では見開きで2ページずつ並べて表示できます。

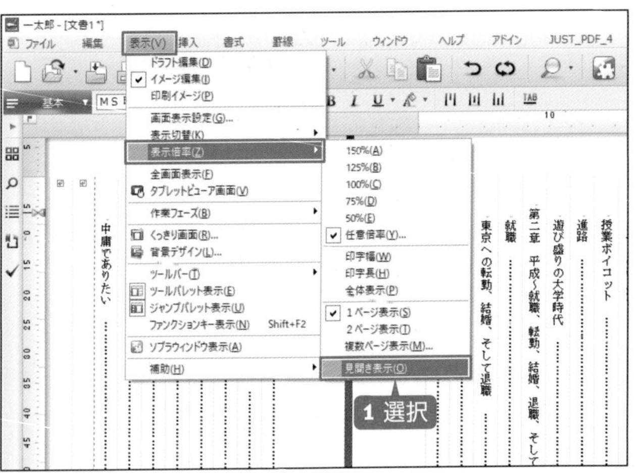

1 [表示－表示倍率－見開き表示] を選択します。

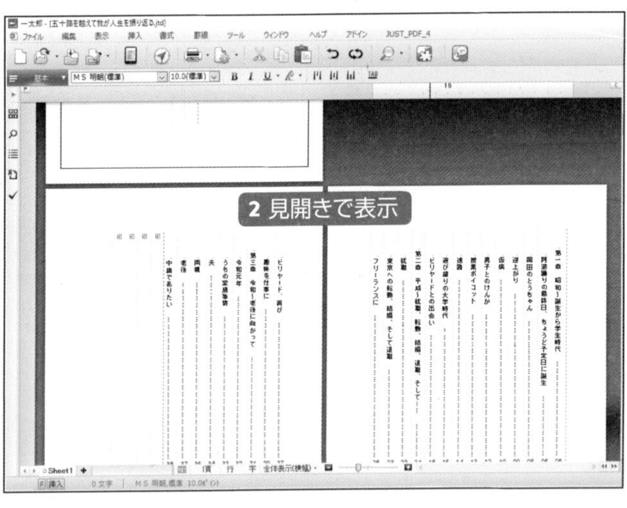

2 見開きで表示されます。縦書き(右とじ)のため、先頭ページは左側から表示され、画面は縦方向にスクロールします。

横書きの場合

横書き(左とじ)の場合は、先頭ページは右側から表示されます。

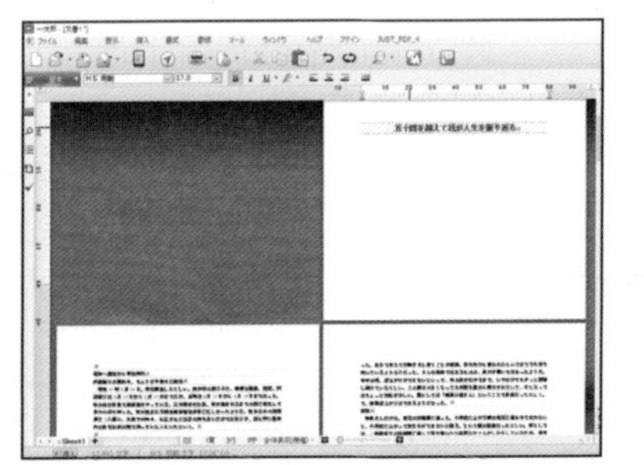

7 花子を使ってカバーと帯を作成する

「一太郎2020 プラチナ[35周年記念版]」に入っている「花子2020」を使って書籍のカバーと帯を作成してみましょう。「バラエティ用紙」を使うと、特別な知識がなくても簡単に作成できます。印刷所に入稿したい場合は、Photoshop形式で保存することもできます。

7-1 バラエティ用紙でカバーと帯を作成する

バラエティ用紙を利用すると、サイズや背幅、折り返し幅、帯の高さなどを設定するだけで、簡単にカバーと帯の原稿用紙を作成することができます。作図機能や写真を利用して、本格的なカバーと帯を作成してみましょう。花子2020の基本操作については、233ページからの特別付録で紹介しています。

カバー・帯のバラエティ用紙を作成する

1 花子2020を起動します。234ページを参照し、「A2単票-横方向」の図面スタイルを設定した後、[挿入]タブの[バラエティ用紙]をクリックします。

MEMO
ここでは、A5冊子を作る前提で用紙サイズを選んでいます。冊子の大きさの2倍(表紙、裏表紙)+背幅+帯が余裕を持って入るサイズを選択してください。印刷所を利用する場合は、印刷所の指定用紙サイズに従って設定しましょう。

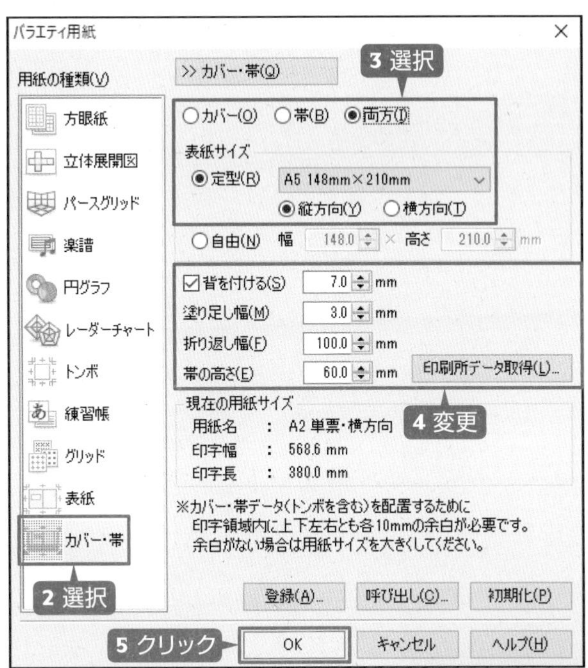

2 [カバー・帯]を選択します。

3 作成したいサイズなどを選択します。ここでは[両方]、[定型]の[A5]、[縦方向]を選択しています。

4 必要があれば背幅や折り返し幅、帯の高さなどを変更します。

5 OK をクリックします。

カバー全面に色を付ける

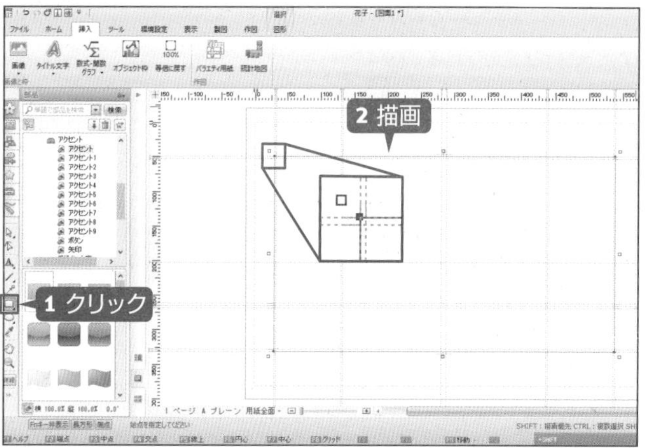

1 トンボが設定されたカバー・帯用の用紙が作成され、スケールガイドが表示されます。シンプルツールバーの［長方形］をクリックします。

2 カバー部分で上下左右塗り足しも含めるようにドラッグし、長方形を描きます。

MEMO
「トンボ」とは、印刷所が裁断する際に目安にするために付けられる印のことです。「塗り足し」とは、裁断がずれても印刷の柄が途切れることがないよう、余裕を持たせて実際のサイズより数ミリプラスする範囲のことです。

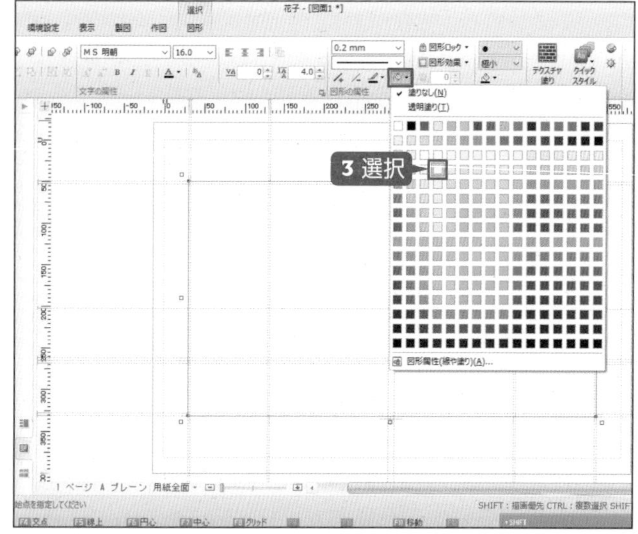

3 長方形が選択された状態のまま、［ホーム］タブの［塗り色］をクリックし、好みの色を選択します。ここでは薄い黄色を選択しています。

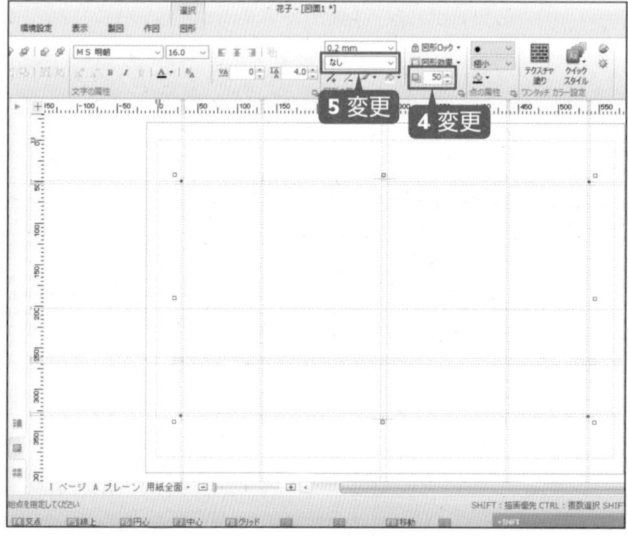

4 ［塗りの透明度］を［50］に変更します。

5 ［線種］を［なし］に変更します。

MEMO
長方形の選択を解除しておきます。

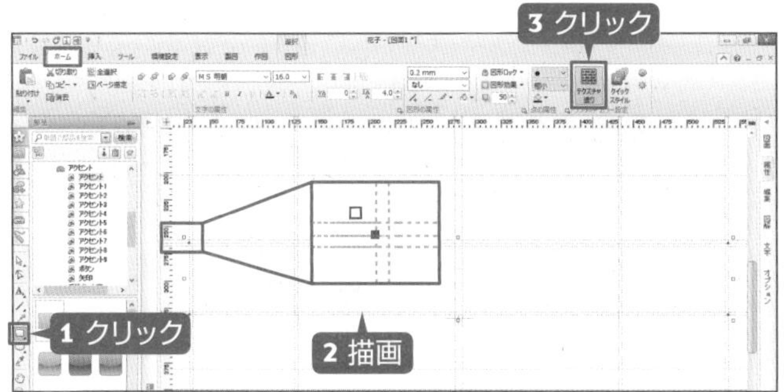

帯に図形を描く

1 シンプルツールバーの □[長方形] をクリックします。

2 帯部分で上下左右塗り足しも含めるようにドラッグし、長方形を描きます。

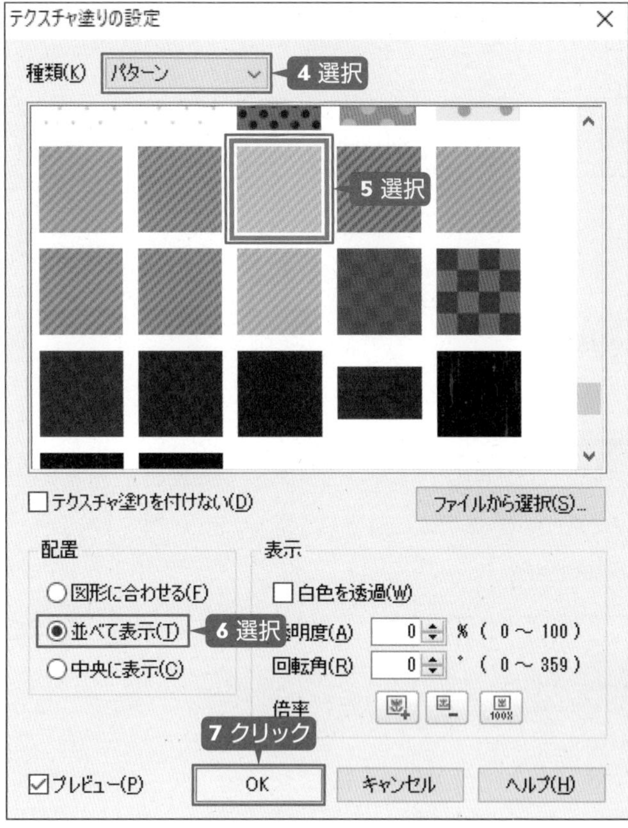

3 長方形が選択された状態のまま、[ホーム] タブの[テクスチャ塗り] をクリックします。

4 [テクスチャ塗りの設定] ダイアログボックスの[種類] で[パターン] を選択します。

5 好みのパターンを選択します。

6 [配置] で[並べて表示] を選択します。

7 OK をクリックします。

8 帯部分に描いた長方形にテクスチャ塗りが設定されました。

MEMO 長方形の選択を解除しておきます。

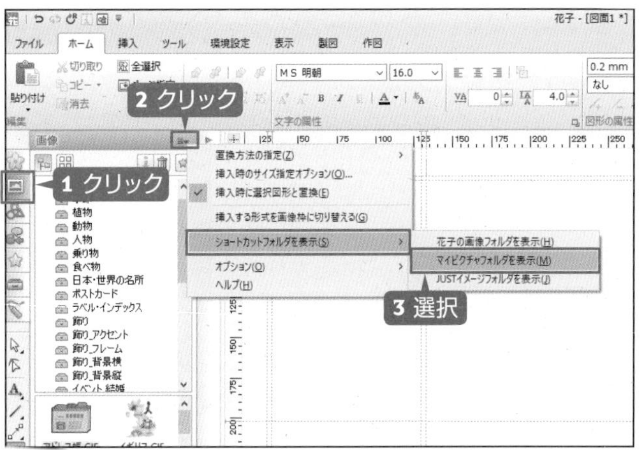

カバーに写真を配置する

1. マルチコンテンツウィンドウの［画像］タブをクリックします。
2. ［メニュー］をクリックします。
3. ［ショートカットフォルダを表示－マイピクチャフォルダを表示］を選択します。

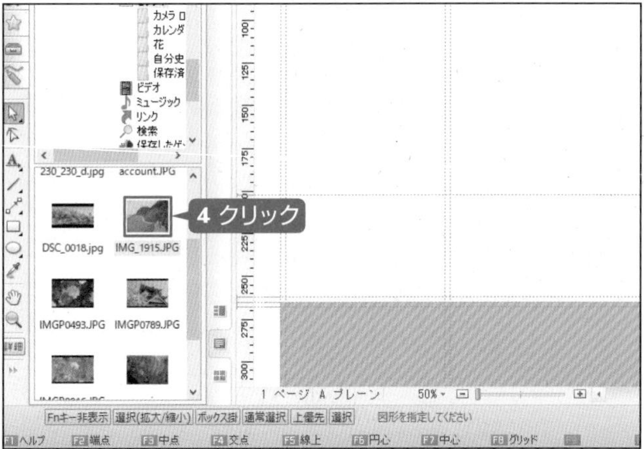

4. 挿入したい写真をクリックします。

> **MEMO** 次に表示される［イメージ枠のサイズ指定］ダイアログボックスで OK をクリックします。

5. 写真の大きさ、位置などを調整します。トリミングする場合は、写真を右クリックしてメニューから［トリミング］を選択します。

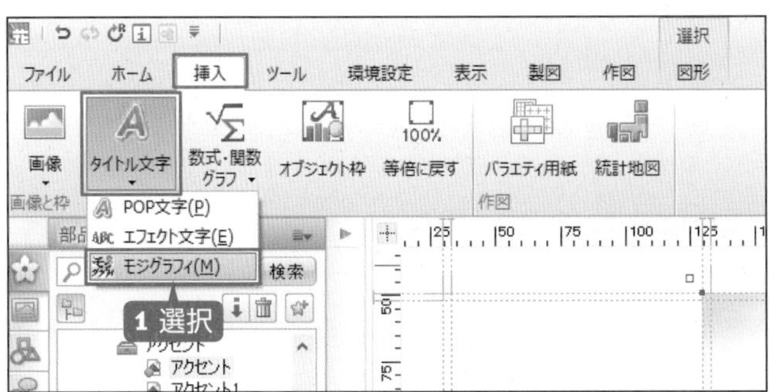

モジグラフィでタイトルを入力する

1. [挿入] タブの [タイトル文字－モジグラフィ] を選択します。

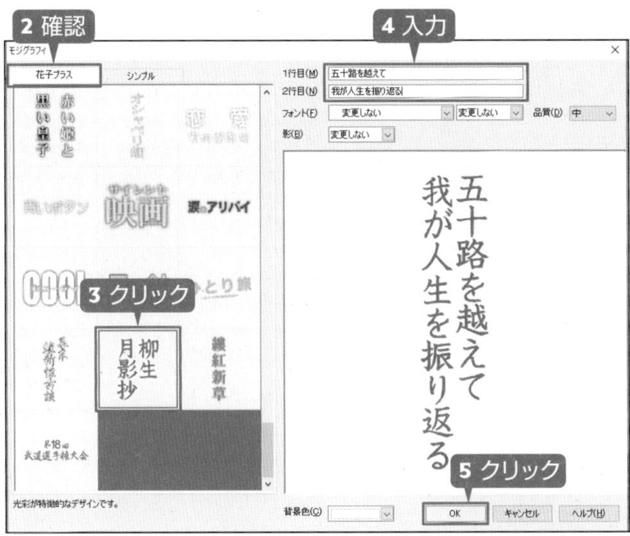

2. [モジグラフィ] ダイアログボックスで[花子プラス] タブが選ばれていることを確認します。
3. デザインの一覧で好みのデザインをクリックします。
4. タイトルを入力します。
5. OK をクリックします。

6. モジグラフィが挿入されるので、位置や大きさを調整します。タイトルは、帯にかぶらないように配置しましょう。

MEMO
モジグラフィの文字はグループ化された状態で配置されます。同様にして著者名も挿入しておきましょう。ここでは、縦書き文書の表紙に写真を挿入するため、左側に配置しています。

背表紙に図形と文字を挿入する

1 全面に背景色を付けたのと同様に、背表紙に長方形を描きます。

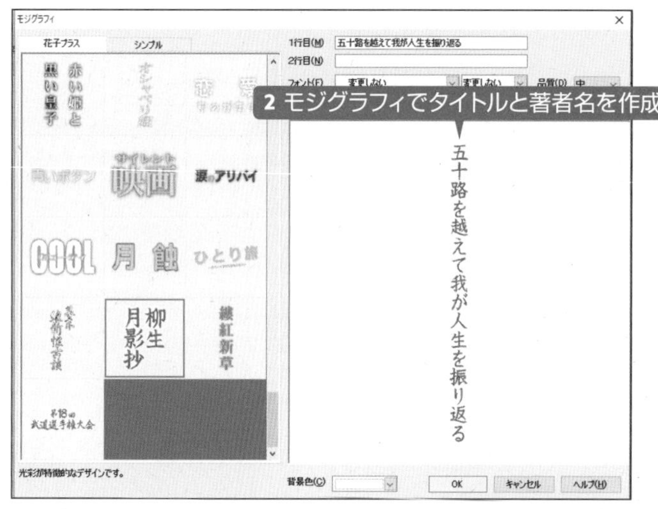

2 タイトル文字と同様に、モジグラフィで背表紙にタイトルと著作者を挿入します。

3 位置や大きさを調整します。

カバーに文字を入力する

1. シンプルツールバーの [横文字枠作成] をクリックし、[ホーム] タブの [フォント] でフォントを、[文字サイズ] でフォントサイズを指定します。

2. ドラッグして文字枠を作成します。

3. 文字を入力します。ここでは、3つの文字枠を作成して入力しています。

図面をPhotoshop形式で保存する

1. [ファイルー他形式の保存/開くーPhotoshop形式で保存] を選択します。

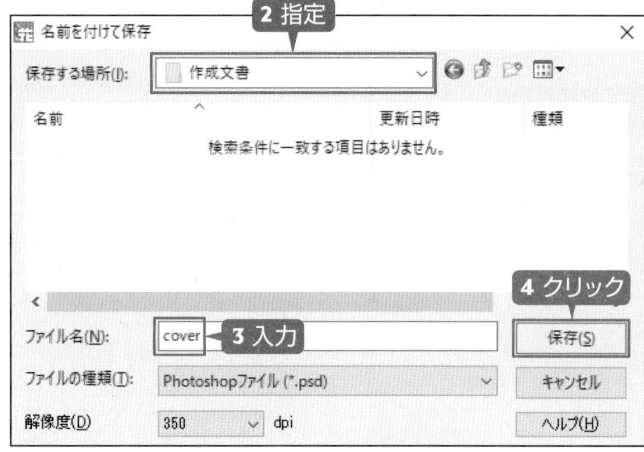

2. [名前を付けて保存] ダイアログボックスの[保存する場所] で、ファイルの保存先を指定します。

3. [ファイル名] にファイル名を入力します。

4. 保存 をクリックします。

MEMO
Photoshop形式で保存したファイルの拡張子は「PSD」となります。
花子2020の基本操作252ページを参照して、花子形式でも保存しておきましょう。

5. 対応しているソフトで開くと図面を確認できます。

MEMO
ここで使用しているのは、「IrfanView」というフリーソフトです。

特別付録

花子2020の基本操作

「花子」は、簡単な操作で美しい作品が作成できる統合グラフィックソフトです。基本図形や文字、さまざまなシーンで使えるイラストを組み合わせ、ビジュアル性の高いビジネス資料やハガキ、ポスターなどが作成できます。
ここでは図形の挿入や編集方法、文字入力や写真の配置といった、花子の基本的な操作について紹介しています。花子を初めて操作する方は、ぜひご一読ください。

図面スタイルを設定する

花子で作図をする前に、使用する用紙サイズやページ番号の有無などの図面スタイルを設定しておくと効率的です。作図をしたあとで用紙のサイズや方向を変更すると、レイアウトの調整が必要になることがあります。

用紙サイズや方向を設定する

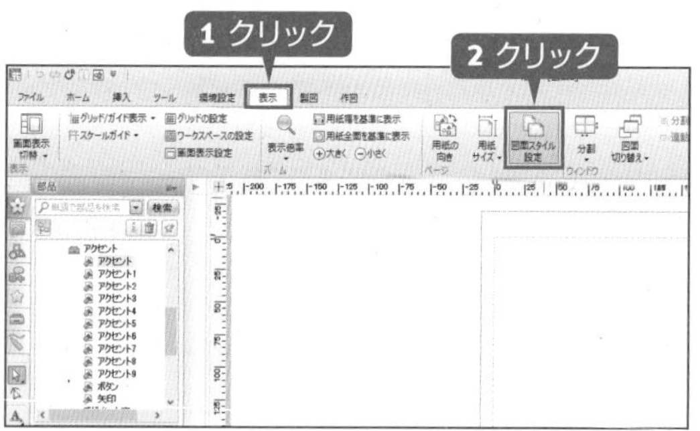

1 [表示] タブをクリックします。

2 [図面スタイル設定] をクリックします。

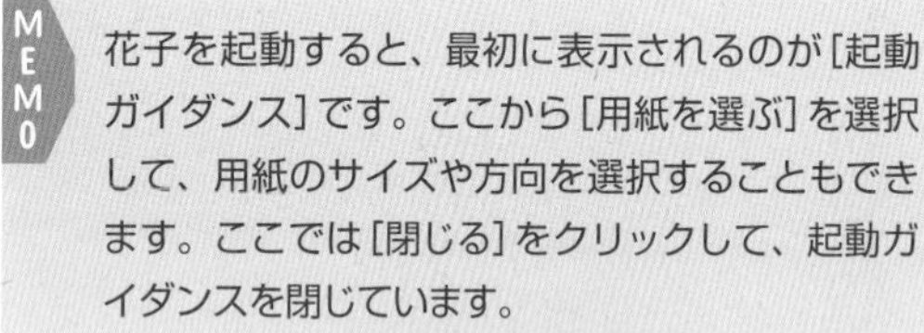

MEMO

花子を起動すると、最初に表示されるのが[起動ガイダンス]です。ここから[用紙を選ぶ]を選択して、用紙のサイズや方向を選択することもできます。ここでは[閉じる]をクリックして、起動ガイダンスを閉じています。

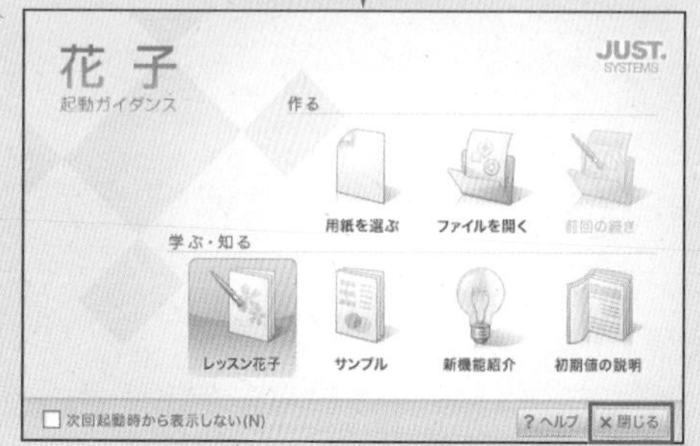

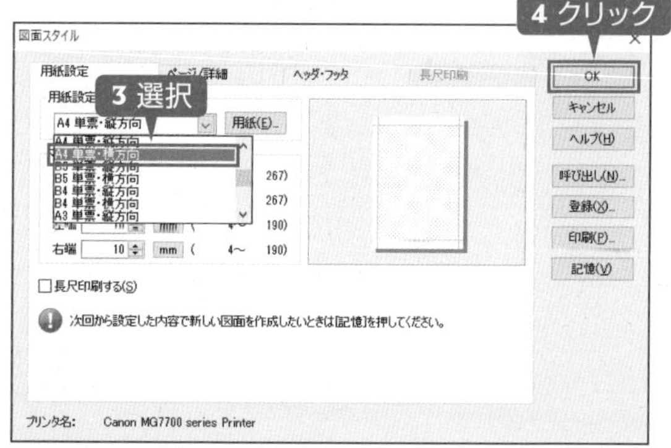

3 [図面スタイル] ダイアログボックスの[用紙設定] シートで、[用紙設定] の ⌄ をクリックし、用紙と方向の組み合わせを選択します。

4 OK をクリックすると、用紙サイズと方向が設定されます。

MEMO

ページやヘッダ・フッタなどは、タブを切り替えて設定します。なお、マージン(余白)は、使用するプリンターによって設定できる数値が異なります。

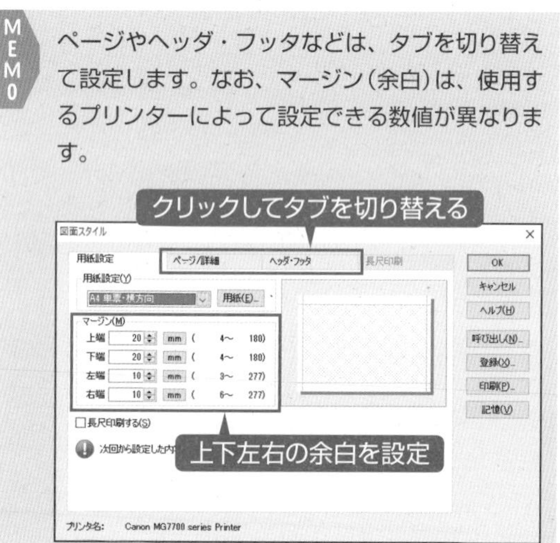

別の図面に素早く切り替える

複数の花子の図面を開いているとき、クリップウィンドウからファイルを切り替えることができます。

図面を切り替える

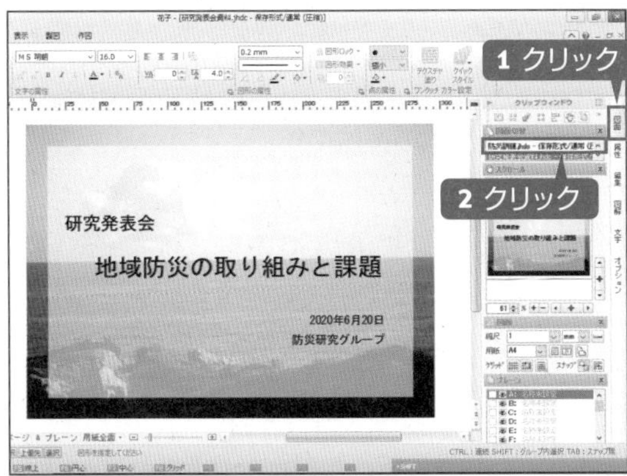

1 クリップウィンドウの［図面］タブをクリックします。

2 図面切替パレットで、表示したいファイル名をクリックします。

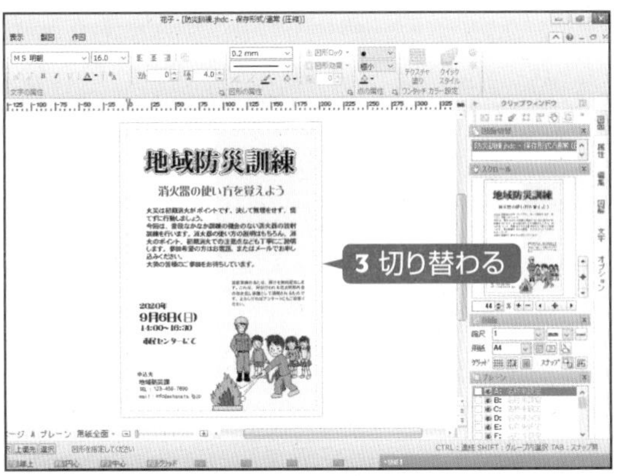

3 図面が切り替わります。

MEMO

をクリックして、見えていないファイル名を表示できます。

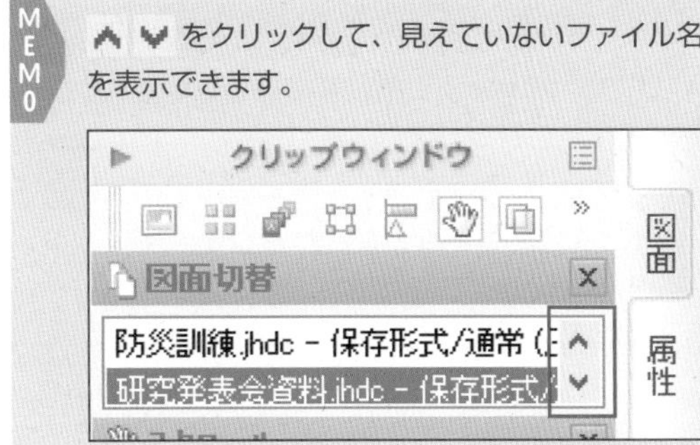

HINT クリップウィンドウの操作

クリップウィンドウには、花子の編集に便利なパレットが配置されています。タブをクリックして、必要なパレットを表示します。

クリップウィンドウを閉じるには、開いているタブをもう一度クリックするか、 をクリックします。

図形を図面に挿入する

花子では、さまざまな図形を一覧から選んで挿入できます。長方形や円のような基本的な図形からさまざまなシーンに使えるイラストまで、バラエティに富んだ図形が揃っています。

クリックして図形を挿入する

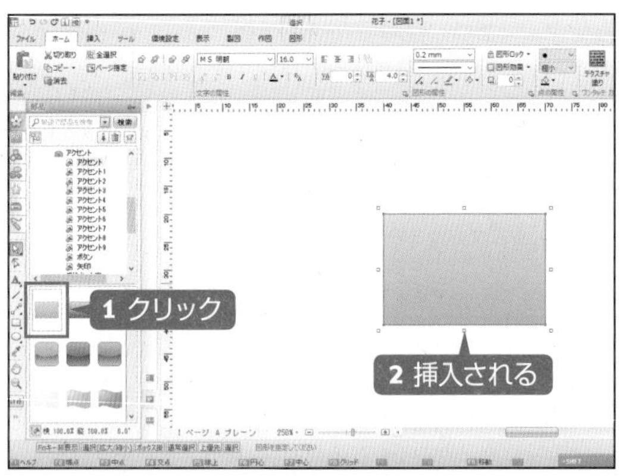

マルチコンテンツウィンドウの［部品］シートなどから、挿入したい図形をクリックします。

図形が画面中央に挿入されます。

MEMO 一覧の図形にマウスポインターを合わせると拡大表示されます。

MEMO マルチコンテンツウィンドウから図形をドラッグして、図面の好きな位置に挿入することもできます。

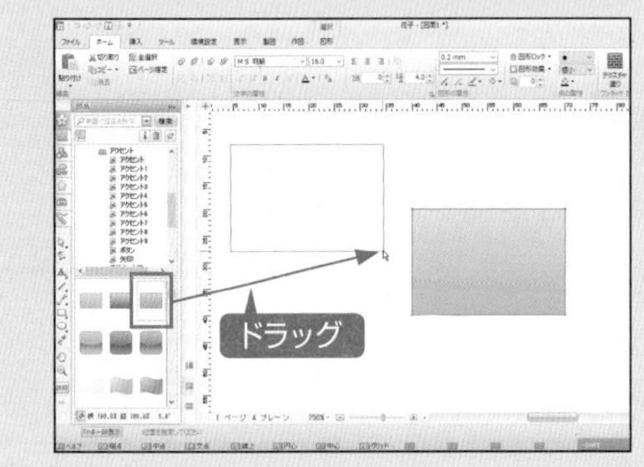

図形選択マークの大きさを変更する

図形を挿入したり、クリックしたりすると、周囲に図形選択マーク ロ が表示されます。この状態で図形の編集が可能になります。図形以外の場所をクリックすると、選択は解除されます。

花子2020からは図形選択マークが大きく表示できるようになり、編集しやすくなりました。図形選択マークのサイズは、［環境設定］タブの［オプション］をクリックし、［操作環境－表示－図形選択マークの表示を大きくする］で設定します。

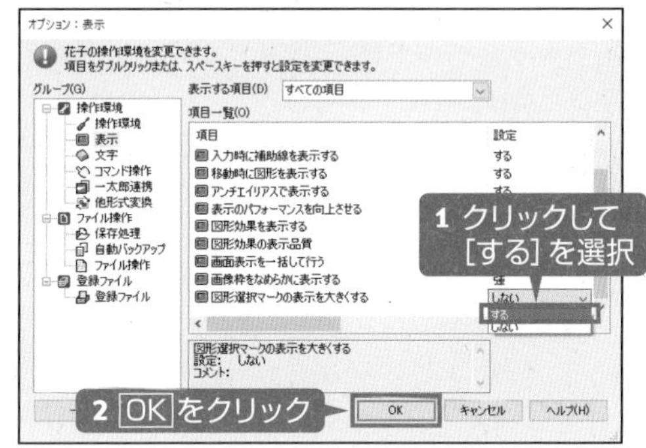

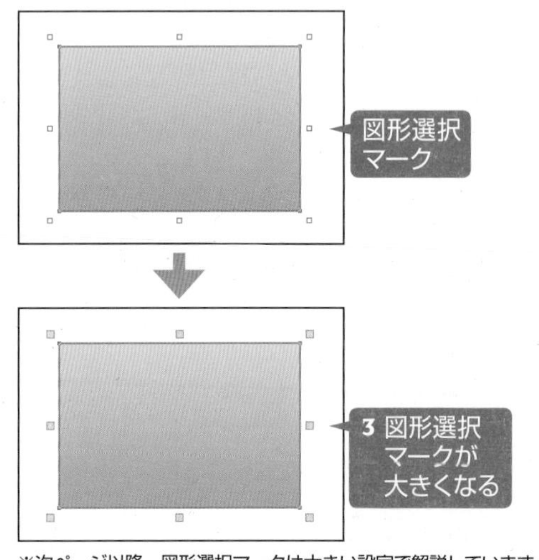

※次ページ以降、図形選択マークは大きい設定で解説しています。

図形をマウスで描く

マルチコンテンツウィンドウの［作図］シートから描きたい図形を選ぶと、マウスを動かして自由なサイズに描画できます。

長方形を描く

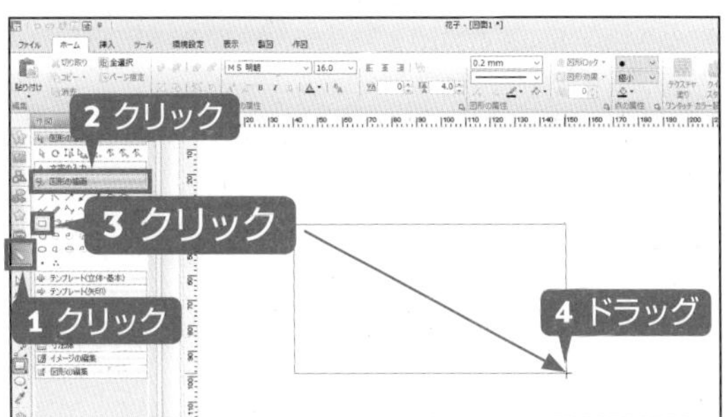

1 マルチコンテンツウィンドウの［作図］タブをクリックします。

2 ［図形の描画］をクリックします。

3 □［長方形］をクリックします。

4 始点から終点までドラッグします。始点と終点をクリックして描画することもできます。

MEMO シンプルツールバーからも作図ツールを選択できます。長方形を描くときは、□をクリックします。□を押し続けると、丸め長方形を選択できます。シンプルツールバーのアイコンのうち右下に黒い三角形のマークがあるものは、同様にして、別の種類の図形に切り替えられます。

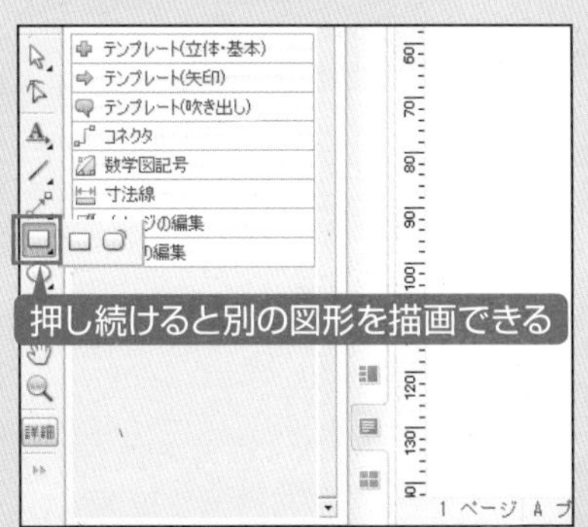

円弧を描画する

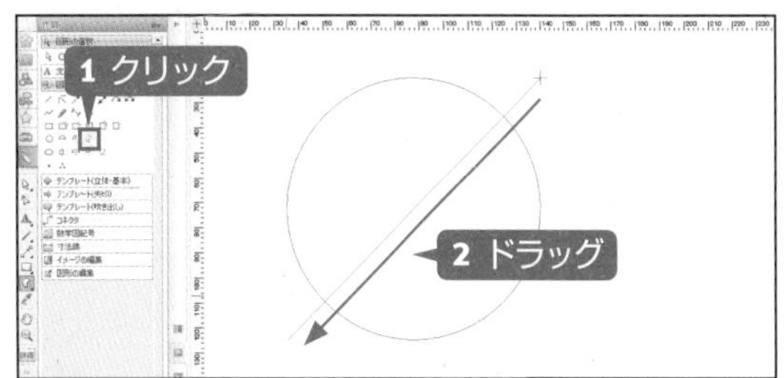

1 ［作図］シートの［図形の描画］で、［円弧］をクリックします。

2 ドラッグして円の大きさを決めて、マウスのボタンを離します。

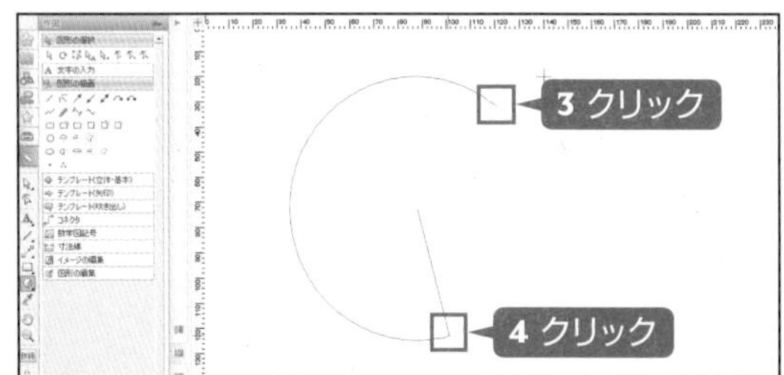

3 円弧の始点にしたい位置でクリックします。

4 終点にしたい位置でクリックすると、円弧が描画されます。

MEMO 円弧の始点と終点は、反時計回りに指定します。終点を決める前に Ctrl キーを押すと、時計回りで円弧を描画できます。

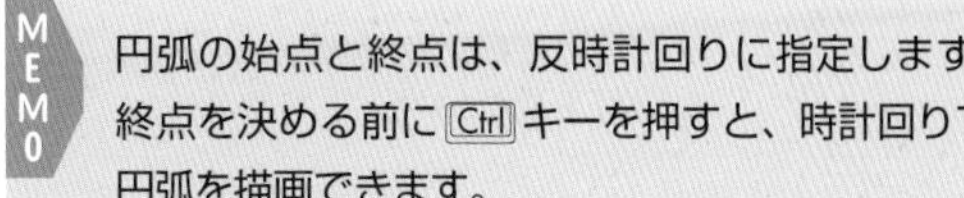

MEMO マウスポインターのそばの、数字が表示されるウィンドウは、数値を指定して作図する「数値コマンド入力」の入力欄です。Ctrl + D キーで、ウィンドウの表示／非表示を切り替えられます。本書では非表示にしています。

図形をドラッグして選択する

図形を編集するときは、あらかじめその図形を選択します。クリックする方法もありますが、ここではドラッグして選択する［ボックス掛］と［ボックス囲］を紹介します。

ドラッグした範囲にかかる図形を選択する（ボックス掛）

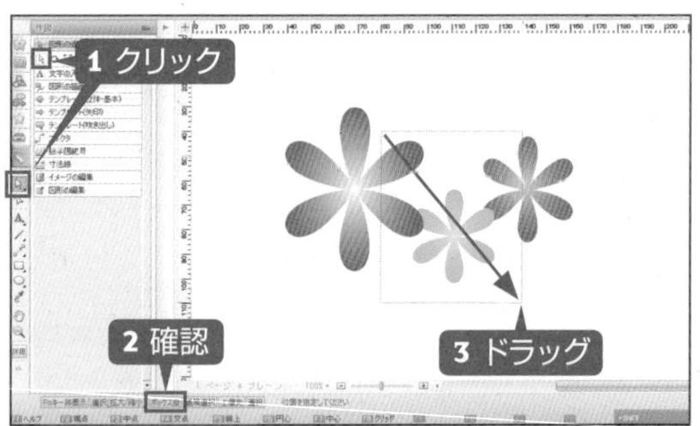

1 ［作図］シートまたはシンプルツールバーの ［図形の選択（拡大／縮小）］をクリックします。

2 ステータスラインに［ボックス掛］と表示されていることを確認します。

3 選択したい図形の一部が範囲にかかるようにドラッグします。

4 ドラッグした範囲にかかるすべての図形が選択されます。

［ホーム］タブの［全選択］をクリックすると、表示されているページの図形をすべて選択することができます。Ctrl＋Aキーを押しても同様です。

囲んだ図形だけを選択する（ボックス囲）

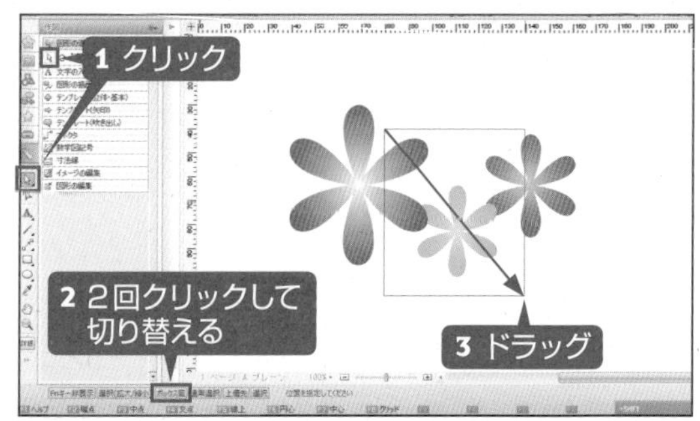

1 ［作図］シートまたはシンプルツールバーの ［図形の選択（拡大／縮小）］をクリックします。

2 ステータスラインの［ボックス掛］を2回クリックし、［ボックス囲］に切り替えます。

3 選択したい図形を囲むようにドラッグします。

4 ドラッグした範囲に完全に囲まれた図形のみが選択されます。

複数の図形を重ねて描いた場合、クリックやドラッグでは特定の図形を選択しづらいこともあります。その場合は、図形リストパレットを利用する方法もあります。図形リストパレットについては、243ページを参照してください。

図形を回転する

図形の選択アイコンを利用して、図形を自由な角度に回転させることができます。花子には複数の図形の選択アイコンが用意されており、目的によって使い分けます。

図形を回転する

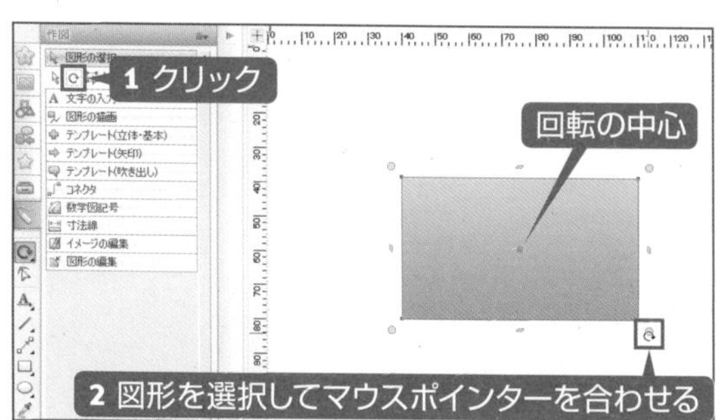

1 ［作図］シートの ［図形の選択（回転・せん断）］をクリックします。

2 図形をクリックして選択し、四隅の のいずれかにマウスポインターを合わせ、 の形状にします。

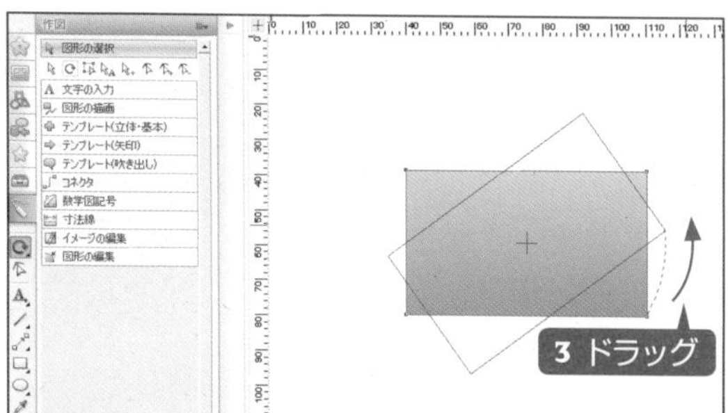

3 回転したい方向にドラッグします。

MEMO

元図を残して回転するには、Ctrl キーを押しながらドラッグします。また、45度ずつ回転したいときは、Shift キーを押しながらドラッグします。

図形を選択すると表示される［選択図形］タブで ［反時計回りに90度回転］や ［時計回りに90度回転］を選択して、90度単位で回転することもできます。

MEMO

［図形の選択（拡大／縮小）］で図形をクリックし、四隅の から少しずらしたところにマウスポインターを合わせると、 の形状に変わります。この状態でドラッグしても、図形を回転できます。

HINT

図形を斜めに変形する（せん断）

［作図］シートの ［図形の選択（回転・せん断）］で図形を選択すると、四辺中央には が表示されます。このいずれかにマウスポインターを合わせて、 の形状にし、変形させたい方向にドラッグすると、図形を斜めにゆがめることができます。

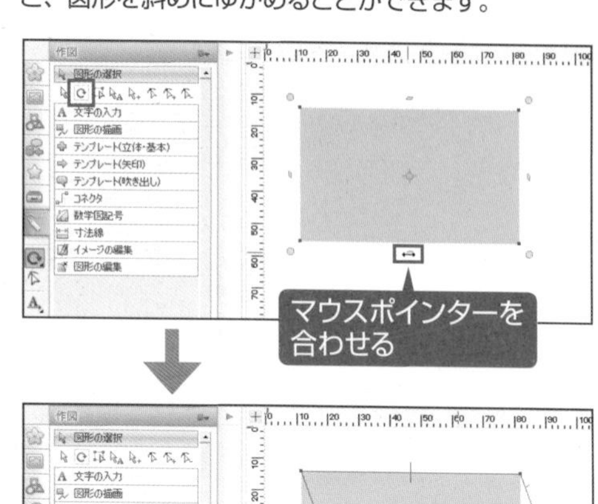

図形の線種や色を設定する

図形の線の、幅や種類、色などを設定します。直線や曲線の端点の形状、連続直線や多角形の接続部（角）の形状も設定できます。

線幅、線種、色を設定する

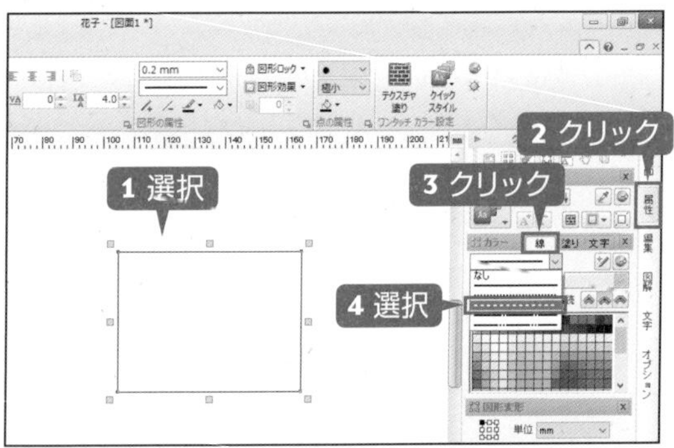

1 図形を選択します。

2 クリップウィンドウの［属性］タブをクリックします。

3 カラースタイルパレットの［線］タブをクリックします。

4 ［線種］の をクリックし、一覧から線種を選択します。

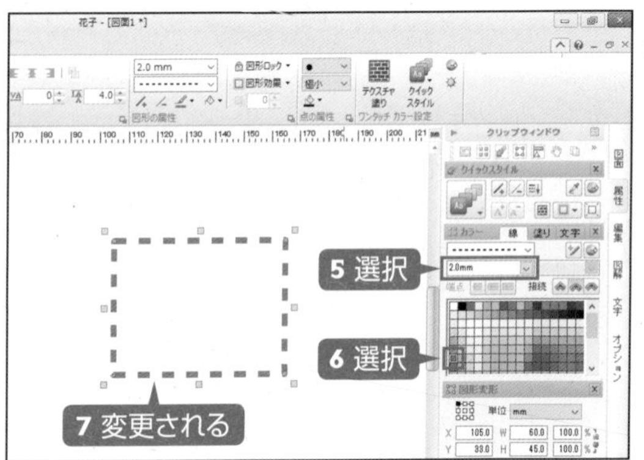

5 線種が変更されます。同様に線幅を選択します。

6 線幅が変更されます。カラーパレットから色を選択します。

7 色が変更されます。

端点と接続部の形状を設定する

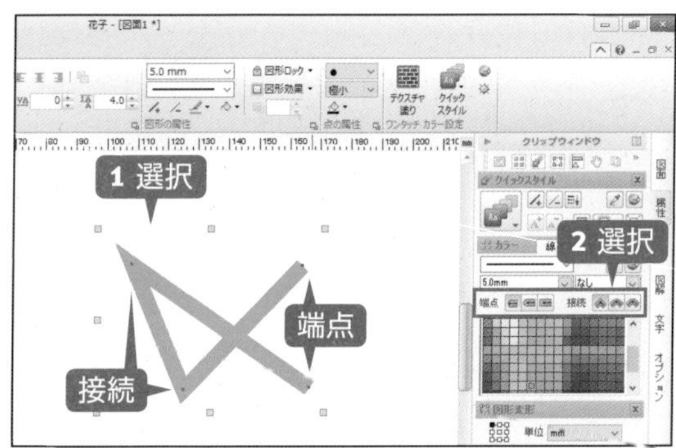

1 図形を選択します。

2 カラースタイルパレットの［線］シートで［端点］と［接続］の形状を選択します。

3 端点と接続部の形状が変更されます。

MEMO

［属性］タブを再度クリックすると、クリップウィンドウが最小化されます。

MEMO

画面上部のリボンで、線種や端点の設定をすることもできます。線幅や線種、線色は［ホーム］タブで、［端点］や［接続］の形状は、［作図］タブの［図形変換ー端点形状］を選択して変更できます。

図形の塗り色を設定する

図形の塗りには、1色に塗りつぶすベタ塗りのほか、格子柄や斜線などを設定できるパターン塗り、多色で塗れるグラデーション塗りがあります。

図形を1色で塗りつぶす

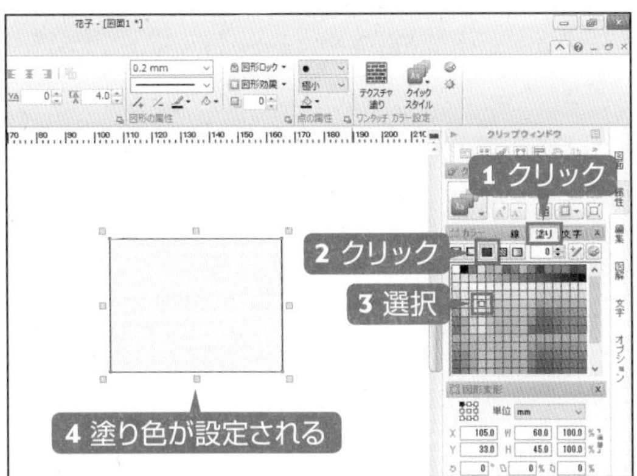

1 図形を選択し、クリップウィンドウの［属性］シートのカラースタイルパレットで［塗り］タブをクリックします。

2 ■［ベタ塗り］をクリックします。

3 カラーパレットから色を選択します。

4 塗り色が設定されます。

HINT 透明度を設定する

図形に透明度を設定して、別の図形と重ねたときに透けて見える効果を出せます。下図は、線のない図形をベタ塗りし、［透明度］を「50」に設定しています。

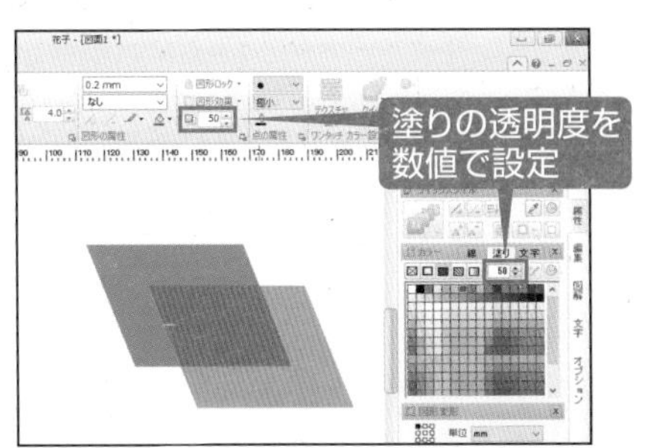

図形にグラデーション塗りを設定する

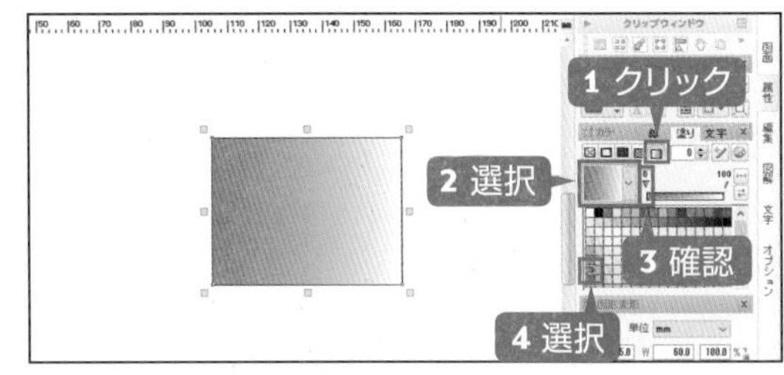

1 図形を選択し、［塗り］シートの □［グラデーション塗り］をクリックします。

2 ∨ をクリックし、グラデーションパターンを選択します。

3 グラデーションバーの「0」の色のポイントが▼になっていることを確認します。

4 カラーパレットから色を選択します。

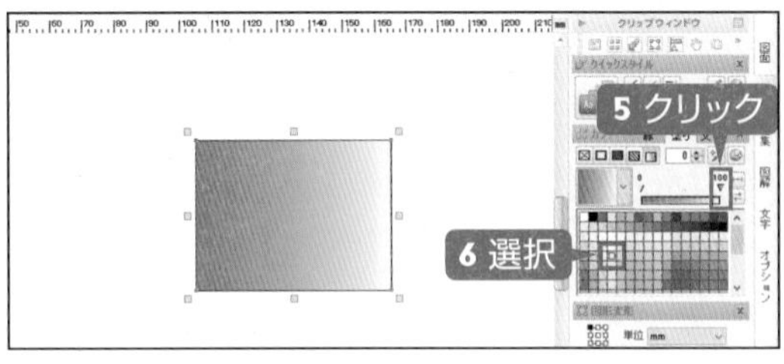

5 グラデーションバーの「100」の色のポイントをクリックして▼にします。

6 カラーパレットから色を選択すると、グラデーション塗りが設定されます。

MEMO ⇄［反転］をクリックすると、色の位置を入れ替えることができます。

MEMO パターン塗りは、［塗り］シートの ▧［パターン塗り］をクリックして設定します。

線や塗り色をまとめて設定する

クイックスタイルパレットに用意されたカラーデザインをクリックすれば、線色、塗り色、文字色のバランスのとれた図形が作成できます。また、カラースキーマを利用して、イラストの色合いを簡単に変更することもできます。

クイックスタイルを利用する

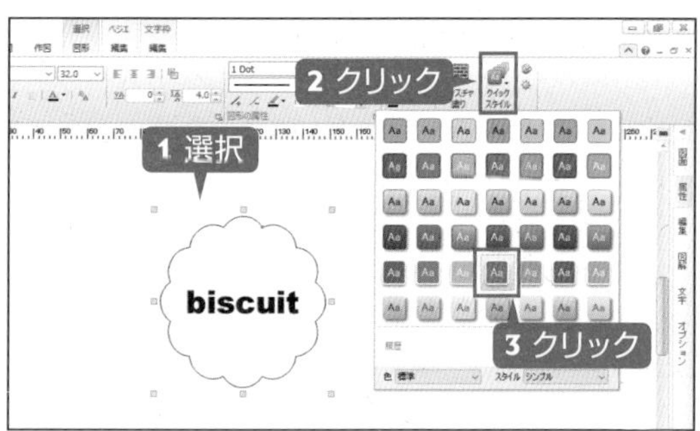

1 図形を選択します。

2 [ホーム] タブの [クイックスタイル] をクリックします。

3 一覧から適用したいスタイルをクリックします。

MEMO 下部にある [色] と [スタイル] を切り替えてバリエーションを表示できます。

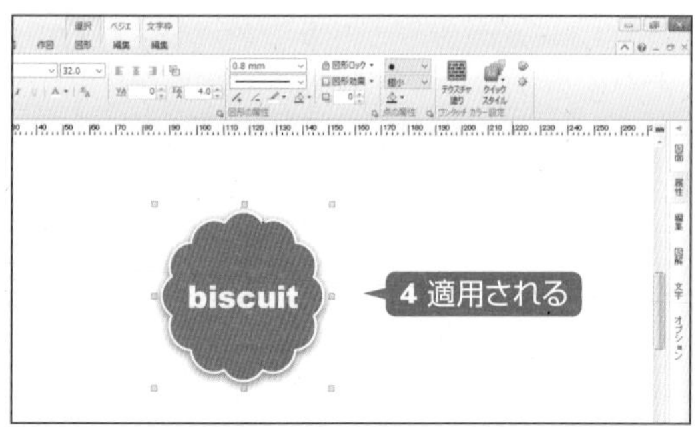

4 図形に、選択したスタイルが適用されます。

MEMO 選択している図形は、図形に文字を入力した「文字付き図形」です。「文字付き図形」については248ページを参照してください。

カラースキーマで色合いを変更する

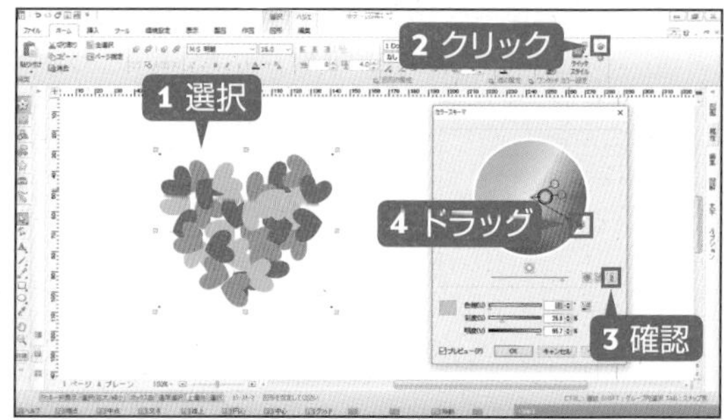

1 色合いを変更したい図形を選択します。

2 [ホーム] タブの [カラースキーマ] をクリックします。

3 [カラースキーマ] ダイアログボックスで、[すべてのカラーポイントを連動させる] になっていることを確認します。

4 カラーポイントをドラッグします。

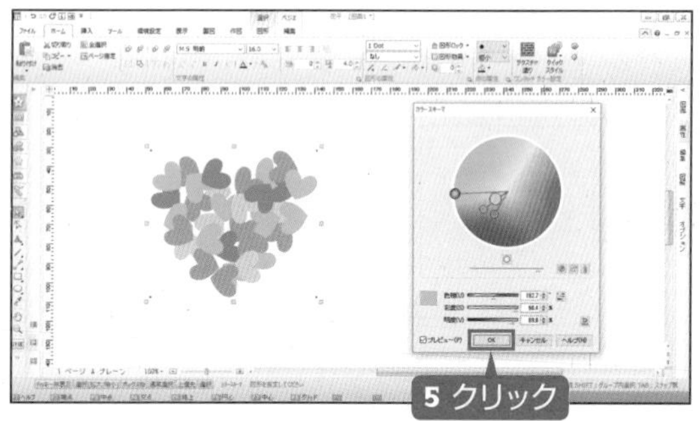

5 カラーポイントの位置を決め、OK をクリックすると図形の色合いが変わります。

MEMO 特定の色だけ変更したい場合は、Alt キーを押しながら該当するカラーポイントをドラッグします。

図形の上下を変更する

複数の図形を配置したとき、先に配置した図形が「下」、あとから配置した図形が「上」になります。この「上」と「下」の関係を変更します。

選択した図形を「最も下」に配置する

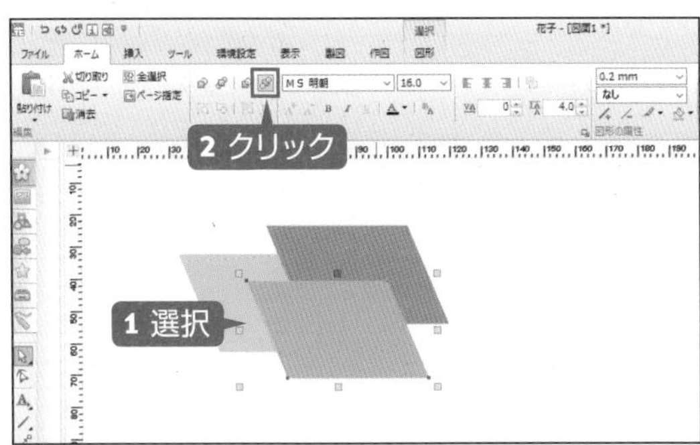

1 最も下に配置したい図形を選択します。

2 ［ホーム］タブで ［最も下］を選択します。

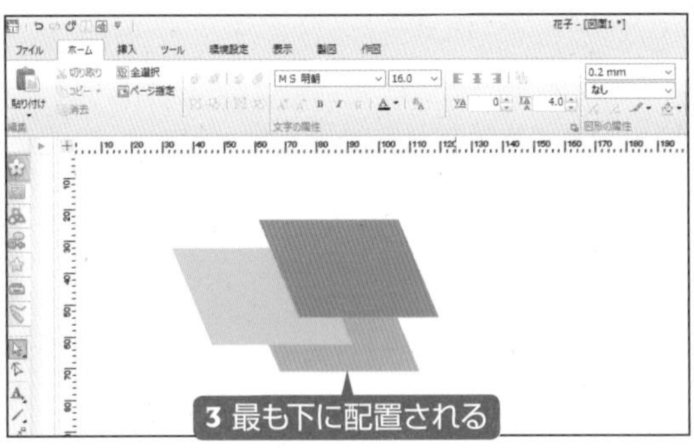

3 選択した図形が最も下に配置されます。

MEMO

図形の上下を変更するアイコンは、［最も下］のほか、［最も上］、［1つ上］、［1つ下］もあります。選択しやすい図形を選び、アイコンを使い分けます。

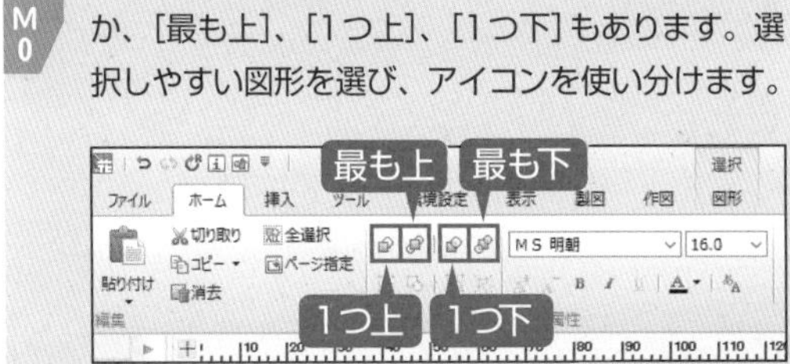

図形リストパレットで図形の上下を入れ替える

表示されている図形を一覧にした「図形リストパレット」では、クリックしづらい位置の図形も容易に選択でき、そこから図形の上下を入れ替えることもできます。図形リストパレットは、クリップウィンドウの任意のタブを開いて表示します。

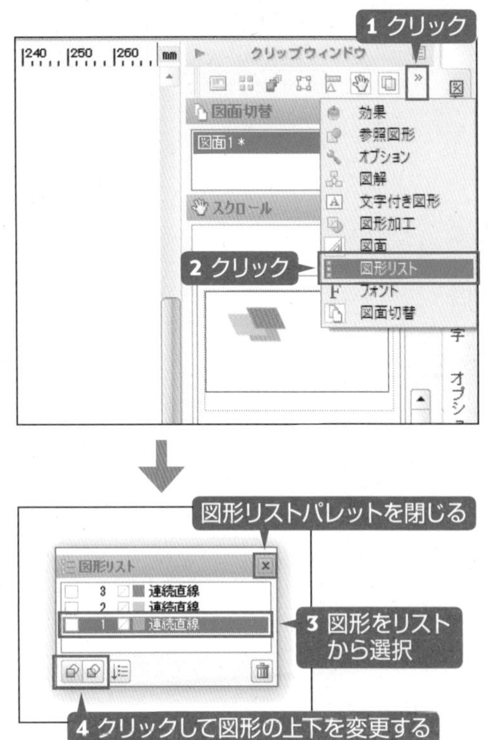

複数の図形をまとめて扱えるようにする

合成は、複数の図形を１つの図形として扱えるようにする機能です。グループ化は、複数の図形を１つのグループとして扱える機能です。合成した図形を複数選択してグループ化したり、グループ化した図形を、さらに別のグループにまとめたりすることもできます。

図形を合成する

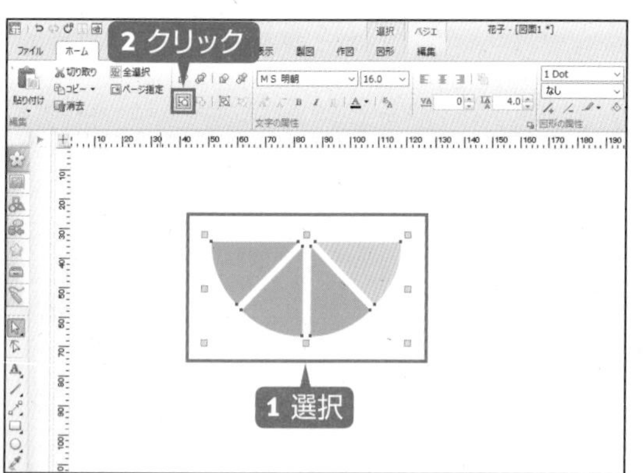

1 合成したい複数の図形をすべて選択します。

2 ［ホーム］タブの ［合成］をクリックします。

3 選択した図形が合成され、1つの図形となります。

MEMO
合成した図形を解除するときは、［ホーム］タブの ［合成解除］をクリックします。

図形をグループ化する

1 グループ化したい複数の図形を選択します。

2 ［ホーム］タブの ［グループ化］をクリックします。

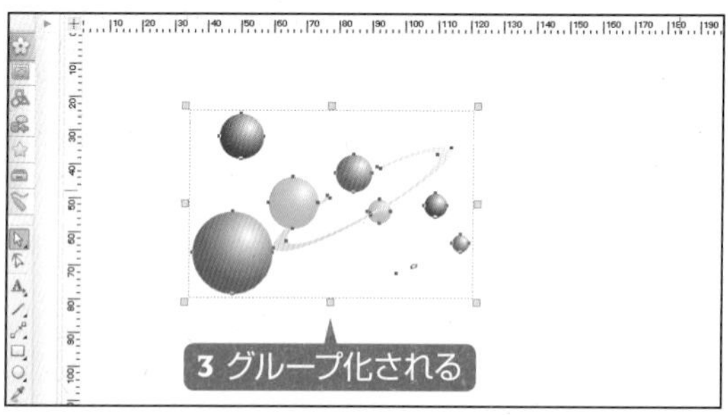

3 図形がグループ化され、1つのグループとして扱えるようになります。

グループを解除するときは、［ホーム］タブまたは［選択図形］タブの ［グループ解除］をクリックします。
グループ化では、グループを解除することなく、特定の図形だけを選択できます。その場合は Shift キーを押しながら、選択したい図形をクリックします。

部品を使う

花子では、部品ファイルに登録された図形を「部品」と呼んでいます。円や長方形など基本的な図形から、さまざまなシーンで使えるイラストまで23000点以上の部品が豊富に用意されています。自由にキーワードを入力して、検索することもできます。

部品をフォルダツリーから探す

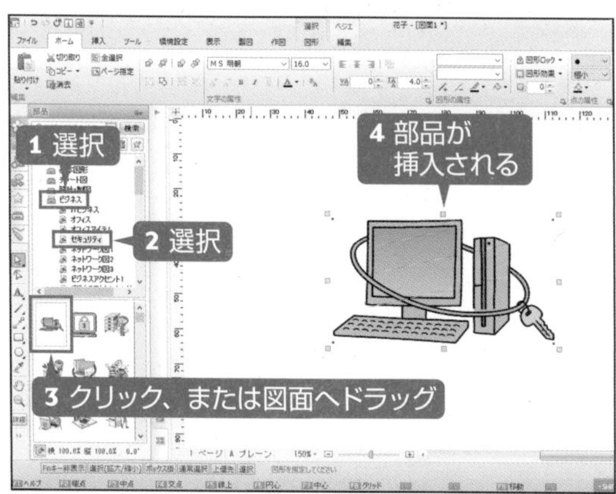

1 マルチコンテンツウィンドウの［部品］タブのフォルダツリーから、部品の種類を選択します。

2 部品ファイルを選択します。

3 一覧から、挿入したい部品をクリック、または図面へドラッグします。

4 部品が挿入されます。

部品一覧の部品を、クリックすれば画面中央に、ドラッグすれば自由な位置に挿入することができます。クリック操作で複数の部品を挿入したいときは、1つ部品を挿入するたびに選択を解除してから操作します。

部品一覧の部品にマウスポインターを合わせると拡大表示され、細部を確認してから部品を挿入することができます。

部品を検索する

1 ［部品］シートの検索欄に、キーワードを自由に入力します。

2 検索 をクリックします。

3 部品が検索されます。使いたい部品をクリック、または図面へドラッグして挿入します。

花子2020では掲示物や学級新聞、イベントポスターなどに使いやすいイラストがさらに増えました。イベントの部品では、文字を入力し直して使えるタイプのものもあり、目を引くポスターやチラシがさらに手軽に作れるようになりました。

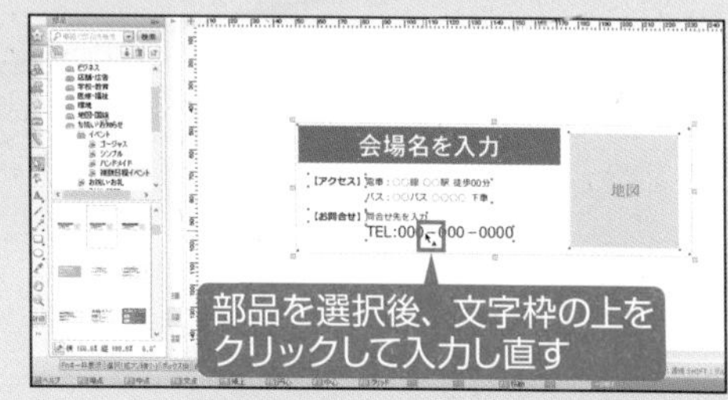

文字を入力する

文字入力には、文字入力ウィンドウを利用する方法と、図面をクリックして入力する方法とがあります。文字入力ウィンドウはワープロ感覚で入力でき、文字量の多い資料の作成に便利です。図面をクリックして、自由な位置に文字を入力することもできます。

文字入力ウィンドウに文字を入力する

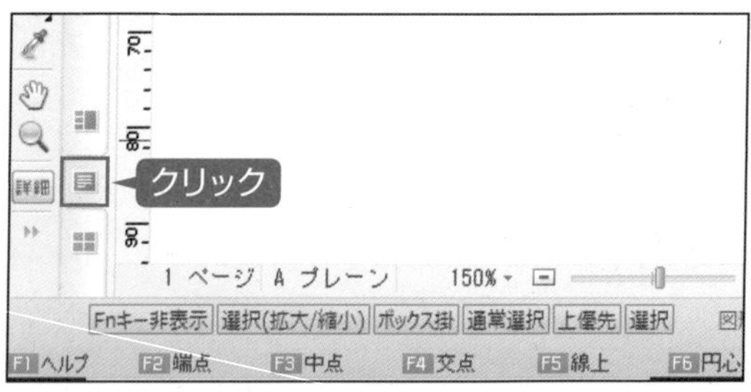

1 文字入力ウィンドウを表示するため、画面左下の [文字入力] をクリックします。

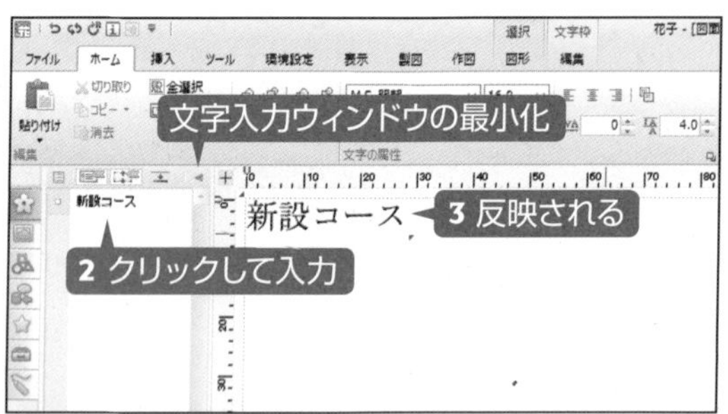

2 文字入力ウィンドウ内の領域をクリックし、文字を入力します。

3 図面に反映されます。

Enter キーを押すと、同じ項目(同じ文字枠)の中で改行されます。新しい項目(新しい文字枠)を作成するときは、項目の先頭または末尾で Ctrl + Enter キーを押します。

図面をクリックして文字を入力する

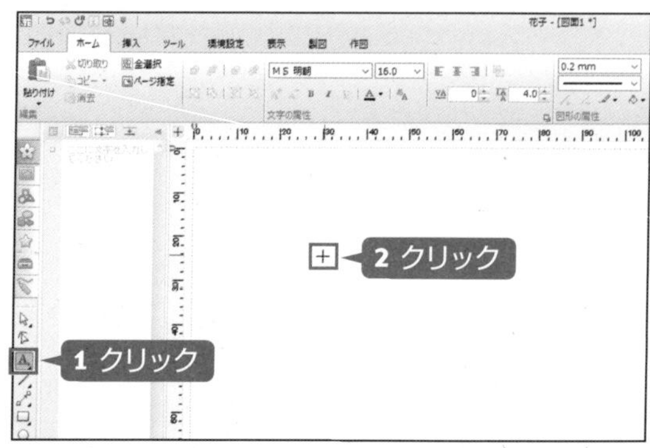

1 シンプルツールバーの [横組文字枠作成] をクリックします。

2 入力する位置でクリックします。

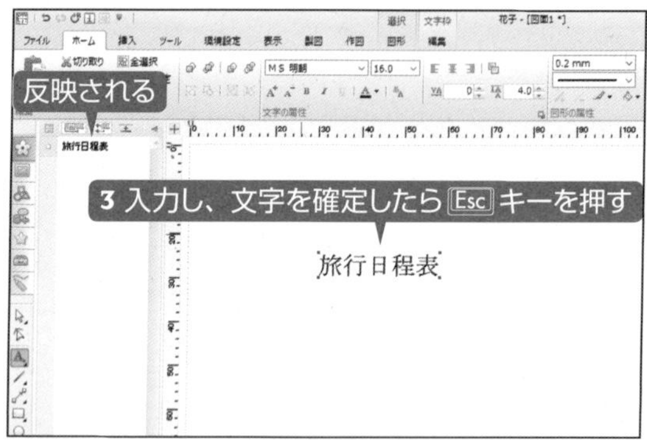

3 カーソルが表示されたら文字を入力し、確定したら Esc キーを押して、文字枠を閉じます。

縦組の文字枠を作成するときは、シンプルツールバーの [横組文字枠作成] をマウスのボタンで押し続けると表示される、 [縦組文字枠作成] をクリックします。[作図] シートの [文字の入力] グループからも選べます。

文字を編集する

文字のフォントや文字サイズ、色の設定には、フォントパレットを利用すると便利です。花子2020からクリップウィンドウに搭載されたフォントパレットでは、フォントがグループ分けされていて、目的のフォントを素早く探すことができます。

フォント、文字サイズ、文字色を変更する

1 文字枠を選択します。

2 クリップウィンドウの[文字]タブをクリックします。

3 フォントパレットで、プレビュー をクリックします。

4 フォントの種類をクリックします。

MEMO

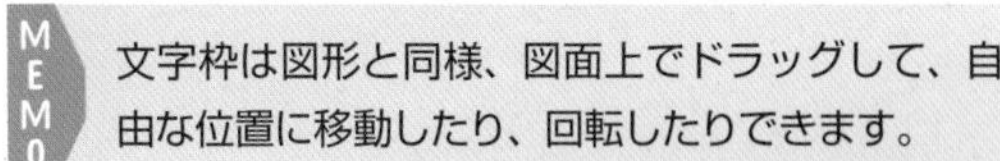

文字枠は図形と同様、図面上でドラッグして、自由な位置に移動したり、回転したりできます。

5 フォントにマウスポインターを合わせると、文字枠にプレビュー表示され、確認できます。

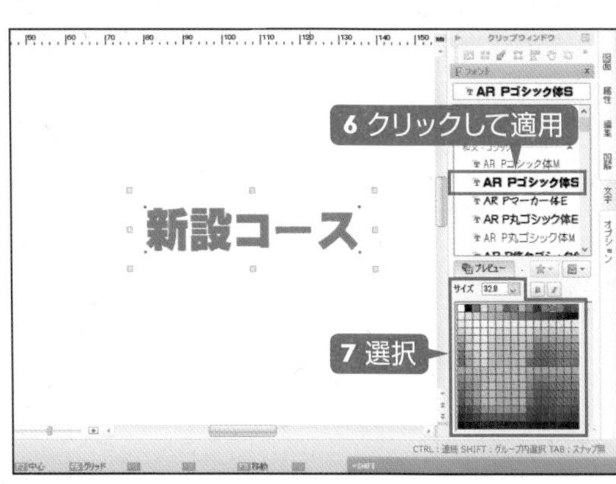

6 フォントをクリックすると、文字に適用されます。

7 文字サイズや文字色を選択します。

MEMO

カラーパレットの色にマウスポインターを合わせると、色も文字枠にプレビュー表示され、確認できます。

MEMO

横組みの文字枠を縦組みにするには、[属性]タブのカラースタイルパレットで [縦文書]をクリックします。カラースタイルパレットでは、組み方の変更のほか、文字色やフォント、字間や行間に関する編集などもできます。

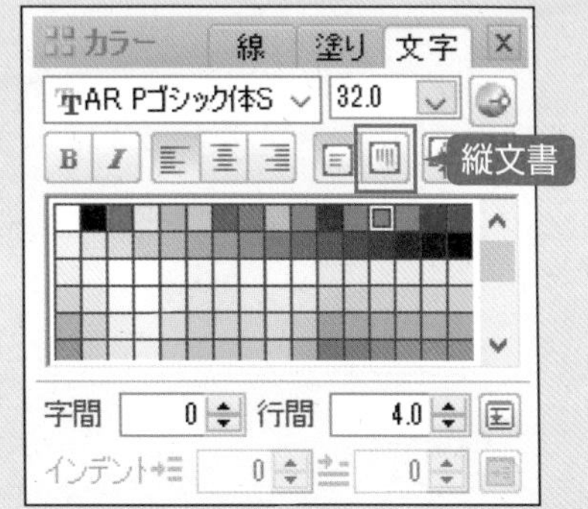

文字付き図形を作る

「文字付き図形」は図形に文字を配置したものです。タイトルや図解など、さまざまに利用できます。文字付き図形を作成するには、図形に文字を直接入力する方法や、入力済みの文字を図形で囲む方法などがあります。

図形に文字を入力する

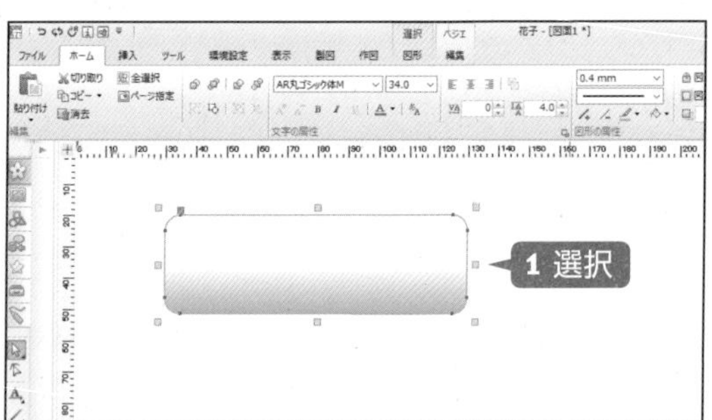

1 図形を選択します。

2 文字を入力し、Esc キーを押して文字枠を閉じます。必要があれば、フォントや文字色、文字サイズを変更します。

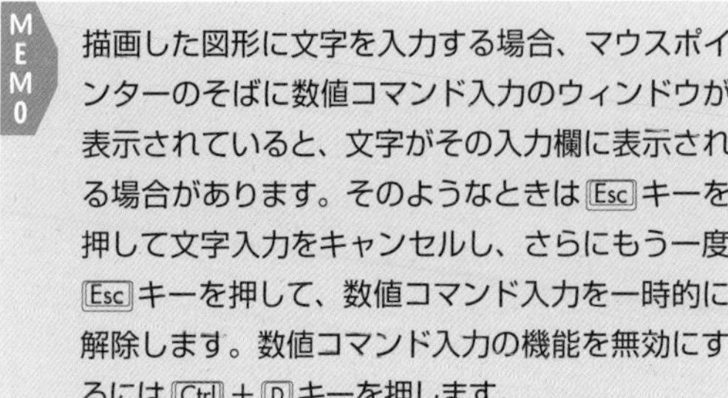

MEMO

描画した図形に文字を入力する場合、マウスポインターのそばに数値コマンド入力のウィンドウが表示されていると、文字がその入力欄に表示される場合があります。そのようなときは Esc キーを押して文字入力をキャンセルし、さらにもう一度 Esc キーを押して、数値コマンド入力を一時的に解除します。数値コマンド入力の機能を無効にするには Ctrl ＋ D キーを押します。

文字を入力して図形で囲む

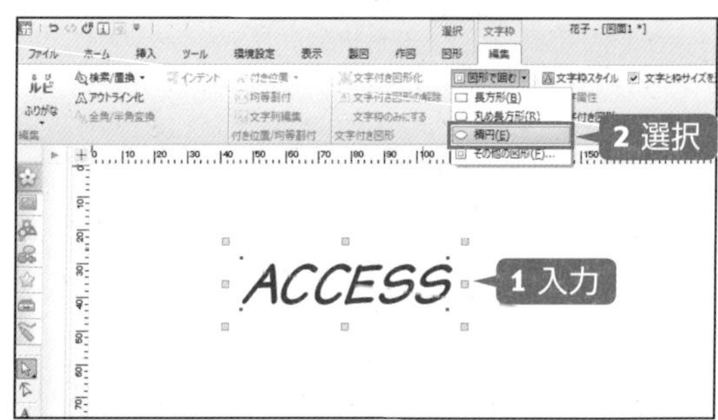

1 文字を入力します。

2 文字枠が選択された状態で［文字枠編集］タブの［図形で囲む］の▼をクリックし、文字と組み合わせたい図形を選択します。

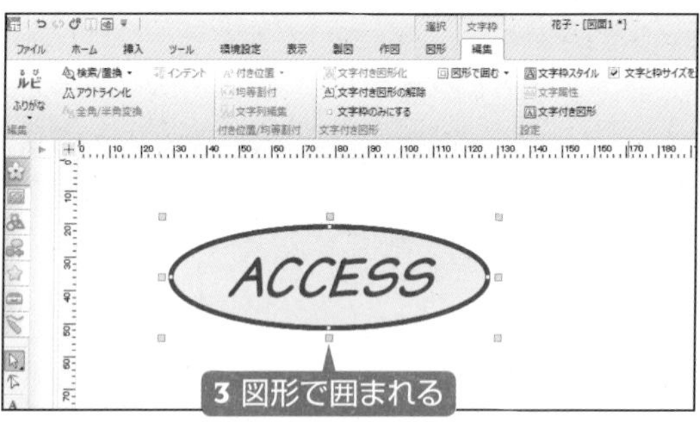

3 文字が図形で囲まれます。必要があれば、図形の線や塗りなどを変更します。

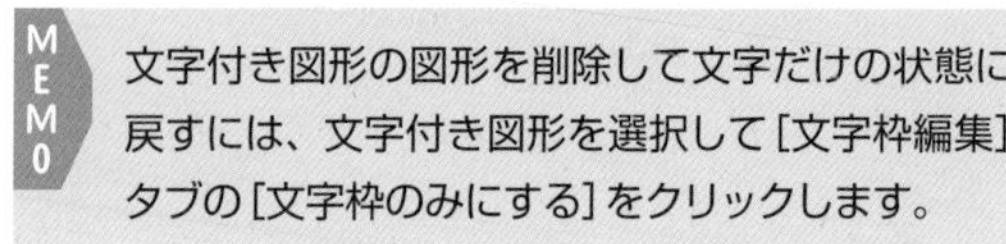

MEMO

文字付き図形の図形を削除して文字だけの状態に戻すには、文字付き図形を選択して［文字枠編集］タブの［文字枠のみにする］をクリックします。

写真を挿入する

スマートフォンやデジタルカメラなどで撮影した写真をパソコンに保存すれば、花子に挿入することができます。トリミングして、不要な部分を削除することもできます。

写真を挿入する

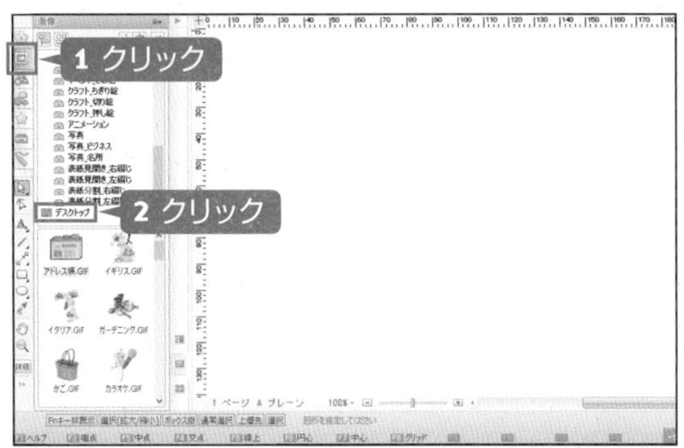

1 マルチコンテンツウィンドウの［画像］タブをクリックします。

2 一覧の一番下にある［デスクトップ］をクリックします。

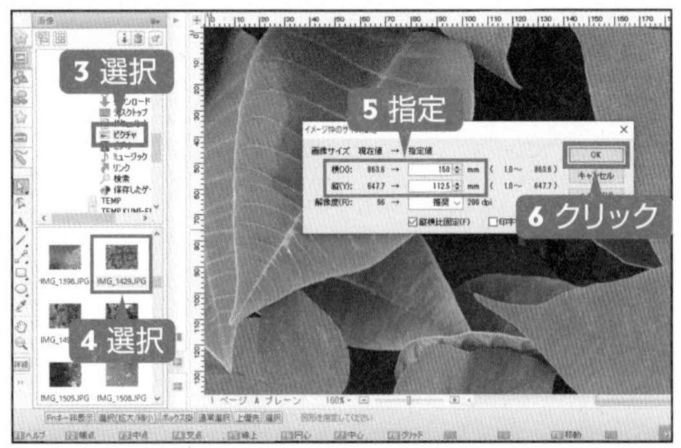

3 写真を保存したフォルダーを選択します。

4 挿入したい写真を選択します。

5 ［イメージ枠のサイズ指定］ダイアログボックスが表示されたときは、写真のサイズを指定します。キャンセル をクリックすると、等倍で挿入されます。

6 OK をクリックすると、指定したサイズで写真が挿入されます。

写真をトリミングする

1 トリミングしたい写真を右クリックします。

2 ショートカットメニューの［トリミング］を選択します。

3 ［イメージ枠のトリミング］ダイアログボックスの［縦横比］で縦横比を選択します。

4 周囲の □ をドラッグしたり、枠全体をドラッグしたりして、残したい部分が枠の中に収まるように調整します。

5 OK をクリックすると、写真がトリミングされます。

MEMO

挿入した写真を回転させたいときは、写真を右クリックしてショートカットメニューを表示し、［イメージ枠の回転・反転］にマウスポインターを合わせ、回転方法を選択します。

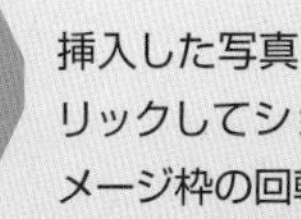

サムネイルでページの操作をする

複数ページの資料を作るときは、サムネイルを利用すると効率的です。サムネイルは図面を縮小して表示する機能です。ファイルの全体の構成が一覧でき、ページの切り替えや移動などがスピーディに行えます。

2ページ目に切り替える

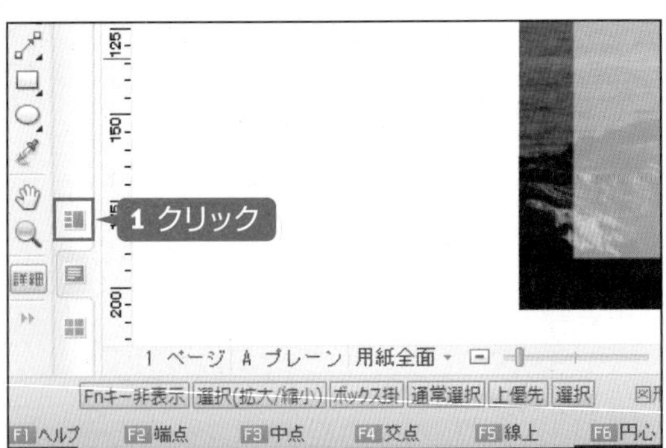

1 画面下部の [サムネイル] タブをクリックします。

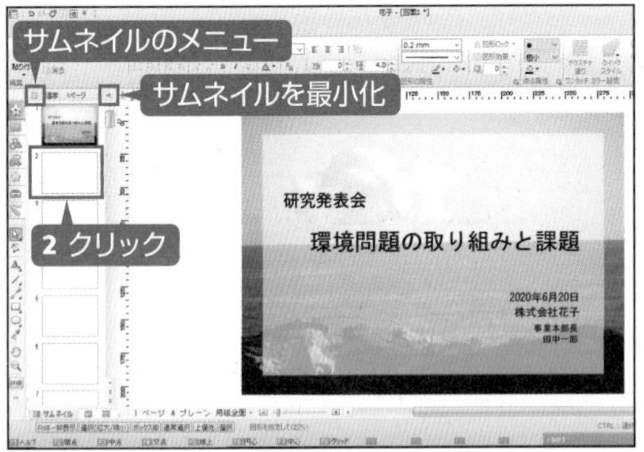

2 サムネイルが表示されたら、2ページ目をクリックします。

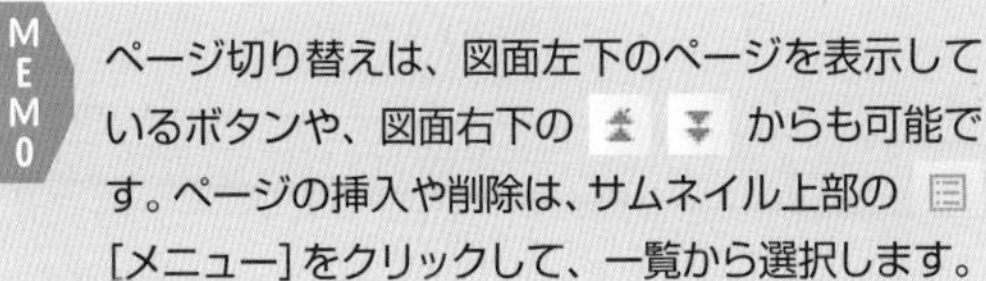

MEMO ページ切り替えは、図面左下のページを表示しているボタンや、図面右下の からも可能です。ページの挿入や削除は、サムネイル上部の [メニュー] をクリックして、一覧から選択します。

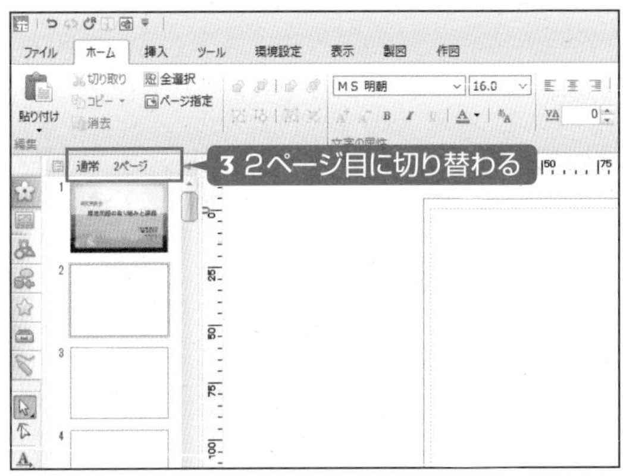

3 2ページ目に切り替わります。このようにページを切り替えて作図をし、複数ページのデータを作成します。

ページを移動する

1 移動するページをドラッグします。

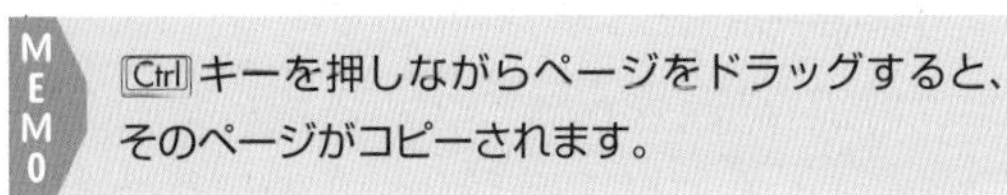

MEMO Ctrl キーを押しながらページをドラッグすると、そのページがコピーされます。

プレーンに分けて作図する

花子では、図形や文字枠などの1つ1つにAからNまでのプレーン番号を割り当てて管理しています。初期値はAプレーンです。図形によって入力プレーンを変え、特定のプレーン番号の図形だけを選択したり、表示したりすれば、効率的に作図できます。

入力プレーンを切り替える

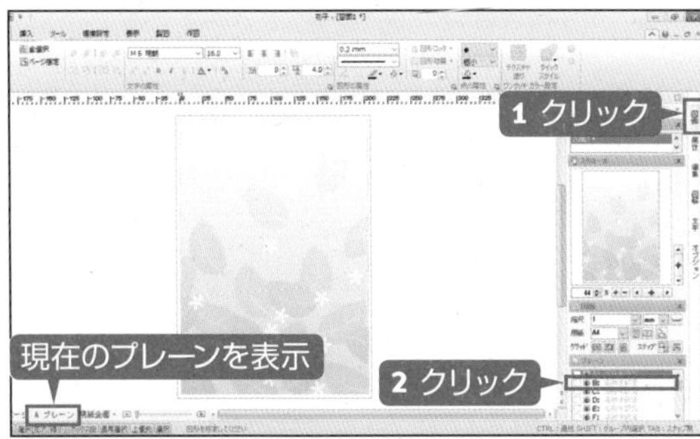

1. 初期値であるAプレーンに図形を配置し、クリップウィンドウの[図面]タブをクリックします。
2. プレーンパレットのBをクリックします。

3. 入力プレーンが切り替わります。この状態で配置した図形や文字はBプレーンに入力されます。
4. 図形や文字を配置します。

MEMO どのプレーンに入力しても、先に書いた図形はあとから描いた図形の「下」となります。背景をあとから描いた場合は図形の上下を変更し、先に配置した図形や文字が見えるようにします。図形上下については243ページを参照してください。

Aプレーンを非表示にする

1. プレーンパレットでAプレーン以外のプレーンを選択します。
2. Aプレーンの をクリックします。

3. が となり、Aプレーンの内容が図面上で非表示になります。図形の選択も不可になるため、それを示す も表示されます。

MEMO プレーンパレットでは、プレーン名や 、その左側の をクリックして、入力プレーンや内容の表示／非表示、選択可／不可を切り替えます。図のように切り替えると、Bプレーンに入力、Aプレーンは表示されているが選択できない状態となり、誤ってAプレーンの図形を選択することなく、Bプレーンの編集ができます。

図面を保存する

図面の作成を始めたら、早めに名前を付けて保存をしておきましょう。通常の花子の形式で保存するほか、PDF形式など、他の形式で保存することもできます。

花子形式で保存する

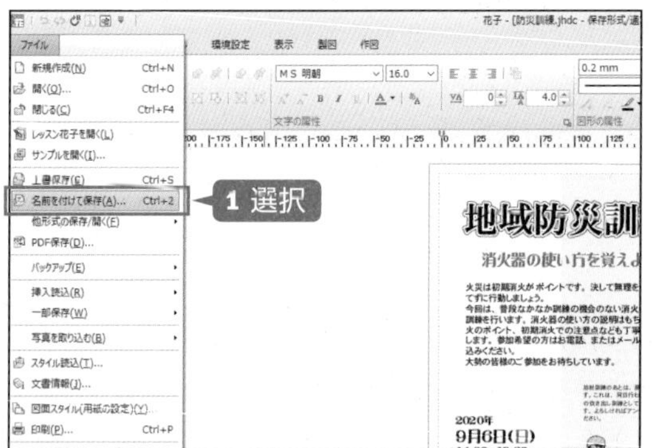

1 ［ファイル－名前を付けて保存］を選択します。

2 ［名前を付けて保存］ダイアログボックスの［場所］で、ファイルの保存場所を選択します。

3 ［ファイル名/URL］にファイル名を入力します。

4 OK をクリックすると、図面が保存されます。

MEMO 画像などイメージ枠のある図面は、［保存形式］で［通常（圧縮）］を選択すると、ファイルサイズを小さくして保存できます。

PDF形式で保存する

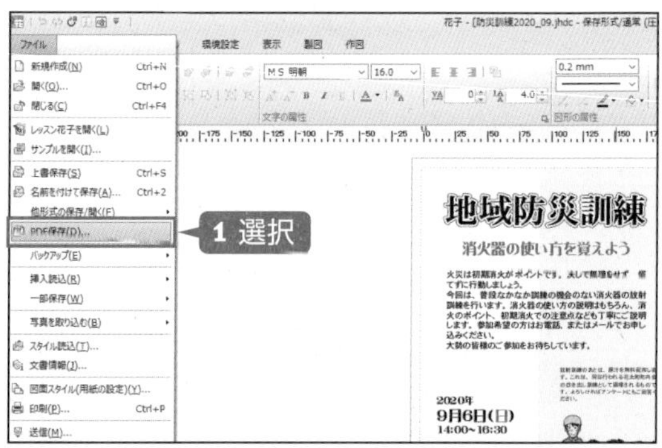

1 ［ファイル－PDF保存］を選択します。［PDF形式で保存］ダイアログボックスが表示されたら、ファイルの保存先やファイル名を入力し、OK をクリックします。

JUST PDFがインストールされた環境では、［PDF形式で保存］ダイアログボックスではなく、保存形式が「PDFファイル（＊.PDF）」になっている［名前を付けて保存］ダイアログボックスが表示されます。このダイアログボックスでは、保存を実行するボタンは 保存 となります。

PDF形式で保存する前に花子の形式でも保存しておくことをおすすめします。花子であとから修正などができて便利です。

［ファイル－他形式の保存/開く］を選択すると、PowerPoint形式やPhotoshop形式を選択できます。また、形式によっては、［ファイル－名前を付けて保存］を選択し、［名前を付けて保存］ダイアログボックスの［保存形式］から、他の形式を選択することもできます。

図面を印刷する

図面が完成し、保存をしたら、部数などを指定して印刷をします。拡大縮小印刷や、複数ページを１枚に割り付けるレイアウト印刷などの印刷方法もあります。

ページや部数を指定して印刷する

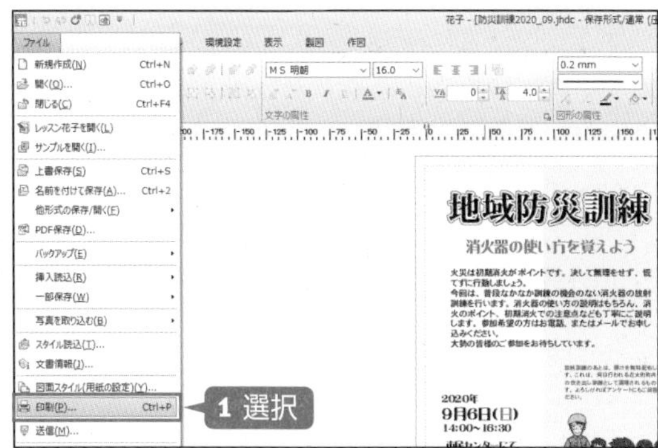

1 [ファイル−印刷] を選択します。

2 [印刷] ダイアログボックスの [範囲] で、印刷するページや部数を設定します。

3 OK をクリックして印刷します。

[印刷] ダイアログボックスで設定を変更すると、キャンセル が 終了 に変わることがあります。このとき、終了 をクリックすると、印刷はしないで設定を終了します。次回、[ファイル−印刷] を選択すると、その設定が表示されます。

拡大縮小印刷をする

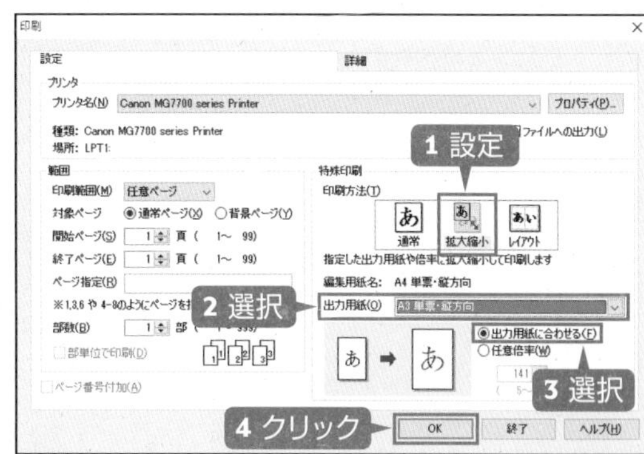

1 [印刷] ダイアログボックスの [特殊印刷] の [印刷方法] で、[拡大縮小] を選択します。

2 [出力用紙] で、実際に印刷する用紙サイズを選択します。

3 [出力用紙に合わせる] を選択します。

4 OK をクリックして印刷します。

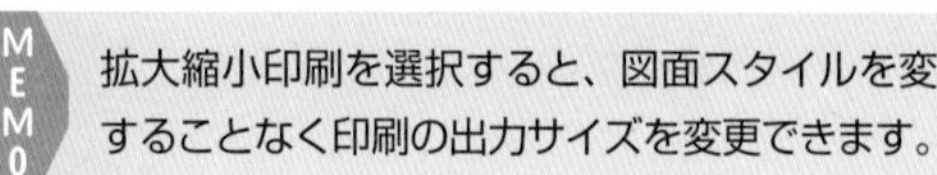

MEMO 拡大縮小印刷を選択すると、図面スタイルを変更することなく印刷の出力サイズを変更できます。

HINT レイアウト印刷をする

１枚の用紙に複数のページを印刷したいときは、レイアウト印刷の設定をします。[特殊印刷] の [印刷方法] で、[レイアウト] を選択し、[レイアウト数] で１枚の用紙に印刷するページ数を選択します。

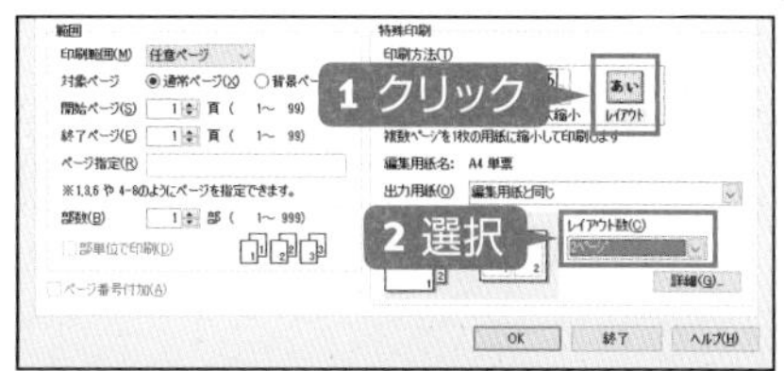

索引

英数字

あ行

か行

さ行

た行

な行

は行

ま行

や行

ら行

わ行

内藤由美（ないとう ゆみ／フリーライター）
ジャストシステムを退社後、IT関連のライター・編集者として活動。ソフトウェアの解説本、パソコンやスマートフォンの活用記事などを執筆。日経BP社のムックや書籍の編集も担当。趣味が高じてビリヤード雑誌でも執筆中。

小原裕太（おばら ゆうた／フリーライター）
ガジェット系フリーライター。実務系から趣味系のアプリ、デジタルカメラやスマートフォン、タブレットに関する著作多数。ご連絡は@obayouまで。

中野久美子（なかの くみこ／テクニカルライター・編集者・インストラクター）
「わかりやすく伝える」をモットーにソフトウェアの解説本などの執筆・編集に携わる。パソコンインストラクターとしても活動し、書籍やセミナーなどを通じ、パソコンの楽しさを発信中。

●「一太郎 2020」「一太郎 2020 プラチナ［35 周年記念版］」の操作に関するご質問は、株式会社ジャストシステム　サポートセンターにお問い合わせください。
●その他、本書で紹介したハードウェア・ソフトウェア・システム本体に関するご質問は、各メーカー・開発元の担当部署にお問い合わせください。
●本書の内容に基づく運用結果について、弊社は責任を負いません。ご了承ください。
●万一、乱丁・落丁本などの不良がございましたら、お手数ですが株式会社ジャムハウスまでご返送ください。送料は弊社負担でお取り替えいたします。
●本書の内容に関する感想、お問い合わせは、下記のメールアドレスあるいはFAX番号あてにお願いいたします。電話によるお問い合わせには、応じかねます。
メールアドレス◆mail@jam-house.co.jp　FAX番号◆03-6277-0581
●可能な限り、最新の情報を収録するように努めておりますが、商品のお買い上げの時期によって、同一書籍にも多少の違いが生じるケースがあります。また、これは本書の刊行時期以降の改変などについて保証するものではございません。ご了承ください。

まるごと活用！ 一太郎 2020 基本&作例編
2020 年 2 月 7 日　初版第 1 刷発行

著者　内藤由美＋小原裕太＋中野久美子
発行人　池田利夫
発行所　株式会社ジャムハウス
〒170-0004　東京都豊島区北大塚 2-3-12
ライオンズマンション大塚角萬 302 号室
カバー・本文デザイン　船田久美子
印刷・製本　シナノ書籍印刷株式会社

ISBN978-4-906768-74-5
定価はカバーに明記してあります。